네이버는
이렇게한다!

**쉽고 빠른
모바일 웹 UI 개발**

쉽고 빠른 모바일 웹 UI 개발

지은이 손찬욱, 김성철

테크니컬 에디팅 박춘권, 김붕미, 유영경, 이인실, 장주혜

펴낸이 박찬규 엮은이 이대엽 디자인 북누리 표지디자인 아로와 & 아로와나

펴낸곳 위키북스 전화 031-955-3658, 3659 팩스 031-955-3660

주소 경기도 파주시 문발로 115 세종출판벤처타운 311호

가격 22,000 페이지 352 책규격 188 x 240 x 20mm

초판 발행 2014년 2월 25일

ISBN 978-89-98139-43-8 (93000)

등록번호 제406-2006-000036호 등록일자 2006년 05월 19일

홈페이지 wikibook.co.kr 전자우편 wikibook@wikibook.co.kr

이 도서의 국립중앙도서관 출판시도서목록(CIP)은
서지정보유통지원시스템 홈페이지(http://seoji.nl.go.kr)와
국가자료공동목록시스템(http://www.nl.go.kr/kolisnet)에서 이용하실 수 있습니다.
CIP제어번호 2014004517

네이버는 이렇게한다!

쉽고 빠른 모바일 웹 UI 개발

Quick and Easy Mobile Web UI Development　손찬욱 · 김성철 지음

위키북스

머리말

이 책은 네이버에서 사용하는 모바일 자바스크립트 프레임워크인 JMC(Jindo Mobile Component)를 만들면서 겪은 경험을 기술 문서 형태로 사내에 공유한 것을 계기로 쓰게 됐다. 완성도 높은 브라우저와 훌륭한 디버깅 도구가 있는 데스크톱 환경과 달리 다양한 버그가 있는 브라우저와 열악한 디버깅 도구만 있는 모바일 환경에서의 개발은 사막에서 물을 찾는 것과 같이 힘들고 막연한 작업이었다. 하지만 그 사막에서 오아시스를 찾을 수 있었다.

이 책에서는 사막에서 찾은 오아시스의 일부를 다룬다. 국내 1위 포털 서비스에서 경험할 수 있는 전문적인 기술을 주제로 작성하려 했으나, 자바스크립트와 마크업(HTML, CSS)에 관한 기초 지식이 있는 초보 개발자들도 쉽게 모바일 웹 서비스를 만들 수 있도록 주제를 바꿨다.

이 책은 자바스크립트를 이용한 모바일 웹 개발의 원리와 JMC 활용, 애니메이션 성능, 모바일 디버깅을 다루며 총 5부로 구성했다.

1부에서는 모바일 웹의 특징을 설명한다. 모바일 웹과 모바일 앱의 특징을 비교해 모바일 웹의 가능성과 한계를 살펴본다. 데스크톱과 다른 모바일 웹 환경의 특징을 살펴봄으로써 모바일 웹 UI를 개발할 때 주의해야 할 내용을 주로 다룬다. 그와 더불어 대표적인 모바일 프레임워크도 설명한다.

2부에서는 프런트엔드 개발 프로세스에 대한 일반적인 내용을 설명하고, 모바일 웹에서 발생하는 이벤트의 특징을 데스크톱 환경과 비교해 자세히 설명한다. 단말기별, 운영체제별, 버전별로 다르게 동작하는 이벤트의 특징을 소개하고 이를 확인할 수 있는 예제를 제공한다.

3부는 1 ~ 2부에서 설명한 모바일 웹의 특징을 토대로 실제 모바일 웹에서 자주 사용하는 기능을 직접 구현하면서 기본 원리를 익힐 수 있도록 구성했다.

4부는 네이버 모바일 웹 메인 페이지를 따라 한 샘플 페이지를 JMC를 활용해 직접 개발해 본다. 샘플 페이지를 개발하면서 실제 모바일 웹 서비스를 구현할 때 고려해야 할 사항을 간접적으로 경험할 수 있게 구성했다.

부록에서는 본문에서 미처 다루지 못한 애니메이션 구현 방법과 성능 향상 방법, 모바일 환경에서 범용적으로 사용할 수 있는 디버깅 도구를 설명한다.

원고를 쓰고 있는 지금 이 순간에도 모바일 기술은 계속 변화하고, 새로운 플랫폼, 새로운 개발 도구, 새로운 기기들이 쏟아져 나오고 있다. 이런 모든 것을 다 다룰 수 없는 것이 안타깝지만 이 책에서 설명하고 있는 원리를 익힌다면 변화하는 모바일 기술도 쉽게 따라갈 수 있으리라고 확신한다.

이 책에서 설명하는 예제와 소스코드

이 책에서 설명하는 주요 예제의 동작은 다음 주소에서 확인할 수 있다.

- 예제의 동작 확인

  http://wikibook.github.io/navermobileuidev

  http://me2.do/GyPhdCSW

주요 예제의 소스코드는 다음 주소에서 확인할 수 있다.

- 예제의 소스코드 공유

  https://github.com/wikibook/navermobileuidev

4부에서 설명하는 샘플 페이지를 만드는 데 필요한 예제 파일을 다음 주소에서 내려받을 수 있다.

- 예제 파일 내려받기

  http://wikibook.github.io/navermobileuidev/Part04/Part04_Sample_Site.zip

저자의 말

이 책에서 소개한 내용은 대부분 사내에 공유한 기술 문서를 함께 작성한 동료들이 몸소 경험해서 얻은 값진 결과다. 이 자리를 빌어 이 책의 근간이 된 문서를 함께 작성한 이현철 차장님, 현성식 과장님, 윤종문 과장님, 김지한 대리님, 그리고 JMC의 큰 그림을 그려 주신 박종운 팀장님과 류진경 팀장님, JMC를 함께 만든 JMC의 엄마 오혜진 과장님께 다시 한 번 감사의 말을 전하고 싶다.

마지막으로 내 인생의 최대 행운인 사랑하는 아내 미홍과 세상에서 가장 소중한 아들 예준이에게 사랑한다는 말을 전하고 싶다.

- 손찬욱 -

모바일 웹 서비스를 개발하며 파편화된 환경에 대응하는 것은 쉬운 일이 아니다. 이 책에서는 이러한 문제를 해결하고 다양한 기기에 적용할 수 있는 방법을 되도록 쉽게 설명하려 했다. 모바일 웹을 개발할 때 이 책이 미미하나마 도움이 됐으면 한다. 책을 쓰자고 처음 손을 내밀어 주시고 많은 경험을 바탕으로 조언을 아끼지 않으신 손찬욱 님께 감사드리며, 뒤에서 조력자가 돼 주신 박춘권 님께도 감사드린다.

- 김성철 -

01
모바일 웹과 모바일 웹 개발·······················14

02

모바일 웹 개발과 이벤트······44

03
모바일 웹에서 자주 사용하는 UI

04

컴포넌트를 활용한 UI 제작 ··················· 234

05
부록 ··· 304

01

모바일 웹과
모바일 웹 개발

01
모바일 웹

2000년대 초반에 스마트폰과 비슷한 기능을 제공하는 PDA, 팜(Palm)과 같은 모바일 기기가 나와 잠시 화제가 됐지만 대중화되지 못하고 극히 일부의 사람들만 사용했다. 그러나 2007년 애플 아이폰의 등장과 함께 스마트폰과 태블릿 PC 시장은 폭발적으로 증가했다. 시장조사 기관인 Strategy Analytics에 따르면 2012년 3분기에 전 세계 스마트폰 보급 대수는 10억 대를 돌파했고, 3년 후인 2015년에는 20억 대를 돌파할 것으로 예상한다.[1]

2011년 11월을 기준으로, 국내 스마트폰 가입자 수는 2천만 명을 넘어섰다.[2] 국민 10명 가운데 4명은 스마트폰을 이용하고 있으며, 경제활동 인구 2,500만 명 가운데 대부분이 스마트폰을 이용하고 있다.

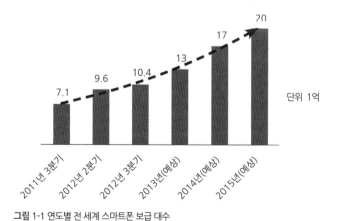

그림 1-1 연도별 전 세계 스마트폰 보급 대수

1 Ingrid Lunden, "Mobile Milestone: The Number Of Smartphones In Use Passed 1 Billion In Q3, Says Strategy Analytics",
http://techcrunch.com/2012/10/16/mobile-milestone-the-number-of-smartphones-in-use-passed-1-billion-in-q3-says-strategy-analytics.
2 "스마트폰 대중화 시대의 본격적 개막 : 가입자 2천만명 돌파",
http://www.korea.kr/policy/pressReleaseView.do?newsId=155795251&pWise=www2.

소수의 특정 사람들만 사용하던 스마트폰이 불과 몇 년 만에 대다수 사람들의 생활필수품이 된 것이다. 이러한 갑작스러운 환경의 변화로 스마트폰을 대상으로 한 다양한 모바일 서비스와 콘텐츠도 함께 등장했다. 이 같은 모바일 서비스와 콘텐츠는 서비스의 용도에 따라 모바일 웹이나 모바일 앱으로 제작된다.

1장에서는 모바일 웹과 모바일 앱을 살펴보고, 현재 모바일 웹이 가진 한계를 극복하려는 다양한 노력들도 살펴본다.

모바일 웹과 모바일 앱

'모바일'은 '이동하는' 또는 '움직임이 자유로운'이라는 뜻으로, 사무실이나 집에서만 사용할 수 있는 기기와 달리 이동하면서 사용할 수 있는 스마트폰, 태블릿 PC 등을 말한다.

모바일 웹은 이러한 모바일 범주에 속하는 기기에 최적화된 웹을 말한다. 모바일 앱도 모바일 범주에 속하는 기기에 최적화된 앱을 말한다. 여기서 앱은 운영체제 혹은 플랫폼에서 제공하는 SDK(software development kit)를 기반으로 개발된 애플리케이션을 지칭하는 용어다. 즉, 브라우저에서 동작하는 서비스와는 다른 별도의 애플리케이션으로 구성된 모바일 서비스를 지칭한다.

모바일 웹과 모바일 앱은 서비스나 콘텐츠를 제공한다는 역할은 같지만 동작하는 플랫폼과 구현 방식에 따라 구분된다. 이러한 기술적인 차이 때문에 서비스나 콘텐츠의 용도에 따라 모바일 웹으로 개발할 것인지 모바일 앱으로 개발할 것인지 나뉜다.

다음은 2010년 10월 어도비(Adobe)에서 발표한 자료로, 콘텐츠별로 사용자가 모바일 웹과 모바일 앱을 사용하는 비율을 조사한 내용이다.

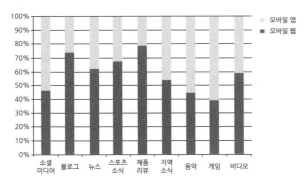

그림 1-2 콘텐츠별 모바일 웹과 모바일 앱의 사용률[3]

대체로 새로운 정보를 지속적으로 제공하는 것이 목적인 제품 리뷰, 블로그, 스포츠 소식, 뉴스 등에서는 모바일 웹을 사용하고, 게임이나 음악과 같이 하드웨어 성능이 높아야 하거나 모바일 기기의 하드웨어를 제어해야 하는 영역에서는 모바일 앱을 사용하고 있음을 알 수 있다.

물론 외국 자료이고 조금은 오래된 자료이기 때문에 현재의 국내 실정과 맞지 않을 수 있다. 하지만 사용률 차이가 발생하는 원인을 살펴보는 것은 가까운 미래의 기술 동향을 알 수 있는 한 가지 방법이다. 선호도 차이가 발생하는 원인은 모바일 웹과 모바일 앱의 특징을 알면 충분히 이해할 수 있다.

모바일 웹과 모바일 앱의 특징

모바일 웹은 브라우저에서 동작하는 서비스라서 사용자는 URL 정보만 알면 사용할 수 있다. 또한 웹 표준에 맞게 개발하면 다양한 플랫폼에서 동작하기 때문에 개발 생산성이 높고 유지보수하기 쉽다.

반면 모바일 앱은 운영체제 또는 플랫폼에 따라 각기 다르게 개발해야 하기 때문에 개발 생산성이 낮고 유지보수하기 어렵다. 또한 플랫폼에 따라 각기 다른 앱 스토어에서 다운로드해야 하기 때문에 배포와 설치가 쉽지 않다. 물론 모바일 웹에 비해 뛰어난 성능과 모바일 기기의 하드웨어를 제어할 수 있다는 점은 모바일 앱의 가장 큰 장점이다.

---

3   Matt Asay, "Apps overrated in mobile web wars", http://www.theregister.co.uk/2011/07/19/apps_versus_browser_in_mobile.

다음은 모바일 웹과 모바일 앱의 특징을 비교한 내용이다.

표 1-1 모바일 웹과 모바일 앱의 특징

비교 항목	모바일 웹	모바일 앱
설치 방식	설치 단계 없음(브라우저 접속)	앱 스토어에서 바이너리 파일을 모바일 기기에 다운로드해서 설치해야 한다.
배포 방식	배포 단계 없음(브라우저 접속)	완성된 바이너리 파일을 앱 스토어의 배포 절차에 따라 진행해야 한다.
구현 방식	웹 표준에 맞게 단일 개발	모바일 기기의 운영체제 또는 플랫폼에 따라 다르게 개발해야 한다.
주요 사용 서비스	블로그, 뉴스와 같은 콘텐츠 중심의 서비스	게임, 음악 등 높은 하드웨어 성능과 하드웨어 제어가 필요한 서비스
장점	• 플랫폼에 상관없이 개발할 수 있기 때문에 개발 생산성이 높고 유지보수하기 쉽다. • 설치 및 배포가 쉽다.	• 웹에 비해 실행 속도가 빠르다. • 모바일 기기의 하드웨어를 제어할 수 있다.
단점	• 앱에 비해 실행 속도가 느리다. • 모바일 기기의 하드웨어를 제어하기 어렵다.	• 플랫폼이나 기기에 따라 별도로 개발해야 하기 때문에 개발 생산성이 낮고 유지보수하기 어렵다. • 배포 및 설치가 불편하다.

모바일 웹과 모바일 앱 모두 장단점이 있다. 모바일 웹은 성능과 하드웨어 제어에 한계가 있고, 모바일 앱은 크로스 플랫폼에 대응하기 위한 개발 비용이 높고 배포와 설치가 어렵다. 하지만 지금도 계속 이러한 기술적인 문제를 해결하기 위해 많은 사람들이 연구하고 있다.

모바일 웹의 한계 극복

모바일 앱에 비해 실행 속도가 느리고 모바일 기기의 하드웨어를 제어할 수 없다는 모바일 웹의 단점을 극복하려는 노력이 있다. 여러 부분에서 실행 속도를 높이도록 성능을 향상시키고 있고, 하드웨어 기기를 제어하기 위한 표준 규약도 만들고 있다.

성능 향상

브라우저에서 동작하는 모바일 웹의 성능 향상은 곧 브라우저의 성능 향상을 뜻한다. 브라우저의 성능 향상은 크게 '렌더링 엔진의 성능 향상'과 '자바스크립트 엔진의 성능 향상', '하드웨어 가속화', '하드웨어 장비의 성능 향상'을 이야기할 수 있다.

처음 세 가지는 브라우저 자체의 성능 향상과 관련이 있고, 마지막은 물리적인 장비의 개선에 해당한다.

브라우저의 성능 향상

브라우저의 성능 향상에 대해 이야기하기에 앞서 모바일 브라우저를 간략하게 살펴보자. 모바일 브라우저는 모바일 기기의 화면에 최적화된 UI와 UX를 고려해 만든 브라우저다. iOS의 사파리와 안드로이드의 기본 브라우저가 대표적인 모바일 브라우저다. 그 외에 모바일 플랫폼에 호환되는 오페라 미니, 파이어폭스 모바일 브라우저, 모바일 크롬 등 다양한 브라우저가 있다. 하지만 일반적으로 iOS의 사파리와 안드로이드의 기본 브라우저를 기준으로 모바일 웹을 만든다. 이 두 브라우저는 모두 웹킷(Webkit) 기반으로 만들어졌다. 웹킷은 최근까지도 지속적으로 렌더링 엔진과 자바스크립트 엔진을 개선하고 있으며, 웹에서도 하드웨어 가속을 사용해 성능을 향상시킬 수 있도록 개선하고 있다.

렌더링 엔진의 성능 향상

브라우저의 화면은 DOM(document object model)으로 구성되며, 구성된 DOM이 화면에 보이기 때문에 브라우저의 렌더링 성능은 DOM을 얼마나 빨리 제어할 수 있느냐에 달렸다고 할 수 있다. 다음은 안드로이드 기본 브라우저와 동일한 엔진을 사용하는 크롬 브라우저의 버전별 DOM 성능을 비교한 그래프다. 크롬 17보다 크롬 19에서 DOM 처리 속도가 빨라져 렌더링 엔진의 성능이 향상된 것을 확인할 수 있다.

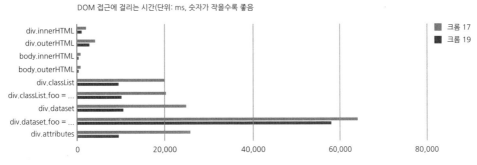

그림 1-3 크롬 17과 크롬 19의 DOM 성능 비교[4]

---

4 Sam Dutton, "Big boost to DOM performance - WebKit's innerHTML is 240% faster", http://updates.html5rocks.com/2012/04/Big-boost-to-DOM-performance---WebKit-s-innerHTML-is-240-faster.

자바스크립트 엔진의 성능 향상

다음은 크롬 브라우저의 자바스크립트 실행 성능을 나타낸 그래프다. 여기서 V8은 자바스크립트 엔진의 이름이다. 렌더링 엔진과 마찬가지로 자바스크립트 엔진 역시 버전이 높아질수록 지속적으로 성능 향상이 이뤄지고 있는 모습을 볼 수 있다.

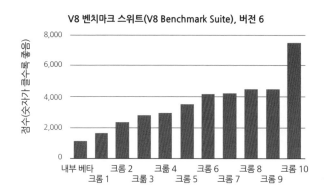

그림 1-4 크롬의 버전별 자바스크립트 실행 성능[5]

하드웨어 가속 기술 사용

화면을 구성할 때 하드웨어인 GPU(graphics processing unit)의 가속 기능을 이용하면 소프트웨어를 이용해 화면을 구성할 때보다 훨씬 빠르게 화면을 구성할 수 있다. 웹에서도 Canvas, WebGL, CSS 3D Transforms 등 여러 영역에서 하드웨어 가속을 사용할 수 있게 되면서 더욱 빠르게 화면을 구성하고 애니메이션을 더 부드럽고 빠르게 동작하게 할 수 있다. 다음은 웹에서도 하드웨어 가속 기술을 사용할 수 있는 영역을 표시한 그림이다.

---

5   Vinay Gowda, "Top 10 Features of Chrome 10!", http://tech18.com/top-10-features-chrome-10.html.

HTML5 비디오	Canvas, SVG, CSS	WebGL, CSS 3D Transforms
	WebKit	
	WebCore	
	Graphics Port	
GStreamer, QuickTime, WebM, WMW	Cairo, Skia, Direct2D OpenVG	OpenGL
비디오 디코더	CPU(SIMD)	GPU
비디오 가속	2D 가속	3D 가속

그림 1-5 하드웨어 가속화 영역[6]

하드웨어 장비의 성능 향상

초기 모바일 기기는 단일 코어에 메모리 용량도 작았지만, 요즘 출시되는 모바일 기기는 쿼드 코어에 2GB 메모리, 그래픽 카드까지 있을 정도로 PC에 버금가는 하드웨어를 갖추고 있다. 이러한 하드웨어의 성능 향상은 곧 브라우저의 성능 향상으로 이어진다.

다음은 아이폰 3GS, 아이폰 4, 아이폰 4s에 모두 iOS 5를 설치한 후 자바스크립트 실행 성능을 측정한 결과다. 3D 가속, 암호화, 정규 표현식, 문자열 등 다양한 경우에 대한 테스트를 진행한 결과, 하드웨어 성능이 좋을수록 실행 속도가 빠르다는 것을 알 수 있다. 단순히 하드웨어 성능이 향상된 것만으로 자바스크립트 실행 성능이 향상되는 것을 볼 수 있다.

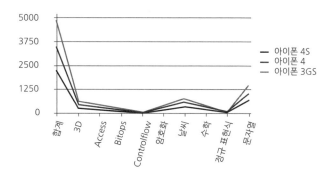

그림 1-6 아이폰 하드웨어 향상에 따른 자바스크립트 실행 성능 차이[7]

---

6   Joone Hur, "Hardware Acceleration in WebKit", http://www.slideshare.net/joone/hardware-acceleration-in-webkit.
7   "iOS5 SunSpider: iPhone 4S vs iPhone 4 vs iPhone 3GS", http://davidbcalhoun.com/2011/ios5-sunspider-iphone-4s-vs-iphone-4-vs-iphone-3gs.

하드웨어 제어

모바일 기기의 하드웨어를 제어하기 위해 W3C(World Wide Web Consortium)의 여러 워킹 그룹(working group)에서는 하드웨어 제어를 위한 웹 표준 규약을 만들고 있다. 이런 규약을 브라우저가 지원한다면 HTML이나 자바스크립트로 모바일 기기의 하드웨어 정보를 얻거나 하드웨어를 제어할 수 있게 된다. 대표적인 워킹 그룹으로 'W3C Device API Working Group'을 들 수 있다. 이곳에서는 다음과 같은 장비 API의 표준을 개발하고 있다.

표 1-2 Device API 워킹 그룹에서 개발 중인 API 표준

API 이름	설명
Battery Status	기기의 배터리 정보에 접근하기 위한 API
Calendar	기기의 일정 정보에 접근하기 위한 API
Contacts	기기의 주소록 정보에 접근하기 위한 API
Media Capture	기기의 오디오, 이미지, 비디오 기능에 접근하기 위한 API
HTML Media Capture	HTML 폼(form)으로 기기의 마이크와 카메라에 접근하고 오디오 파일과 사진 파일을 업로드하는 기능을 제공하는 API
Messaging	기기의 SMS, MMS, 메일 기능에 접근하기 위한 API
System Information	기기의 기본적인 속성(배터리 용량, 네트워크 대역폭, CPU 부하, 저장 용량, 입출력 기기)에 대한 정보를 얻는 API
Gallery	기기에 있는 미디어 갤러리에 접근하는 API

2014년까지 API 작업을 완료하는 것을 목표로 진행하고 있기 때문에 늦어도 2015년 3분기 정도면 브라우저에서도 하드웨어를 제어할 수 있을 것이다.[8]

모바일 웹의 한계에 대한 더 자세한 이야기는 네이버 개발자 블로그인 helloworld에 실린 "네이티브앱에서 웹앱으로: 모바일 웹앱의 현주소"[9]를 참고하기 바란다.

---

8   Device API Working Group의 진행 상황에 대한 내용은 "Device APIs Working Group Charter(http://www.w3.org/2011/07/DeviceAPICharter.html)"를 참고한다.

9   http://helloworld.naver.com/helloworld/179084

1장에서는 모바일 웹과 모바일 앱을 살펴봤다. 각기 장단점이 있지만 기술이 지속적으로 발전한다는 것을 전제로 모바일 웹과 모바일 앱의 가능성을 살펴본다면 모바일 웹이 향후 모바일 앱을 대체할 것으로 보인다. 낮은 성능과 하드웨어 제어 문제가 해결된다면 단순히 스마트폰에서뿐만 아니라 TV, 자동차와 같은 다양한 환경에서 모바일 웹이 활용될 수 있을 것이다.

모바일 웹의 중요성과 방향성을 알았으니 다음 장에서는 모바일 웹에 대해 더 자세히 살펴보겠다.

02
모바일 웹의 특징

다양한 플랫폼에서 표준화된 웹 기술을 적용할 수 있다는 것은 개발자와 사용자 모두에게 바람직한 일이다. 개발자는 단일 소스로 개발하고, 단일 개발 환경, 단일 테스트 환경을 구축할 수 있다. 이러한 구조 덕분에 시스템의 변경과 관리가 쉬워져 유지보수 및 테스트 비용도 상당히 절약할 수 있다. 사용자는 다양한 환경에서도 동일한 사용자 UI를 사용할 수 있기 때문에 서비스를 더 쉽고 일관성 있게 사용할 수 있다.

모바일 웹 역시 이러한 웹 환경과 동일하기 때문에 많은 이점이 있다. 하지만 모바일이기 때문에 생기는 어려움이 있고, 모바일이기 때문에 누리는 이점이 있다. 2장에서는 실제 모바일 웹 환경에서만 경험할 수 있는 어려움과 이점을 살펴본다.

많은 브라우저 환경

초창기 웹에서는 표준이 거의 존재하지 않았다. 물론, W3C에 의해 1994년 10월부터 웹 표준이 개발되고 있었지만 당시에는 각 개발사가 브라우저를 임의로 만들고 있었다. 그래서 인터넷 익스플로러에 맞게 개발한 웹 페이지가 파이어폭스나 오페라에서 정상적으로 동작하지 않는 일이 비일비재했다. 이때 플랫폼은 단일 플랫폼인 웹이지만 개발자는 서비스를 브라우저별로 따로 구현해야 했다.

초창기 웹에 비해 웹 표준이 지켜지고는 있지만 이러한 문제는 이제 태동기인 모바일 웹에서도 비슷하게 있다. 초창기 PC에서 웹 브라우저가 웹 표준을 지키지 않아서 문제였다면, 모바일 웹에서는 웹 브라우저가 웹 표준을 미처 구현하지 못해서 문제가 발생한다. 또한 브라우저의 종류와 버전 때문에, 제조사가 기기에 맞춰 수정한 브라우저 차이 때문에, 앱에서 사용하는 웹뷰와 기본 브라우저 사이의 차이 때문에 브라우저 파편화(fragmentation)가 발생한다.

다음은 브라우저와 기기, 실행 환경에 따른 다양한 모바일 환경을 정리한 표다.

표 2-1 모바일 환경

환경	구분	비고
브라우저	iOS용 사파리	3.x, 4.x, 5.x, 6.x, 7.x
	안드로이드 브라우저	2.x, 3.x, 4.x
	기타	크롬, 파이어폭스, 모바일 오페라 등
모바일 기기	애플	아이팟 터치, 아이폰 3GS, 아이폰 4, 아이폰 4s, 아이폰 5, 아이폰 5c, 아이폰 5s, 아이패드, 아이패드 2, 아이패드 3, 아이패드 미니 등
	안드로이드용 모바일 기기 제조사(삼성, LG, 팬텍 등)	• 삼성 안드로이드 폰, LG 안드로이드 폰, 베가 안드로이드 폰 등 • 갤럭시 S2, 갤럭시 S3, 갤럭시 S4, 옵티머스, 옵티머스Z, 옵티머스Q, 베가 등 • 각 제조사별 다양한 제품 보유
실행 환경	기본 브라우저	모바일 기기에서 제공하는 기본 브라우저, iOS용 사파리, 안드로이드 브라우저 등
	하이브리드앱[10]	네이티브 앱[11]의 웹뷰(WebView)[12]

주로 사용하는 iOS와 안드로이드를 기준으로 정리했는데도 경우의 수가 무수히 많다. 대략 다음과 같은 경우로 나눌 수 있으며, 산술적으로 n^4에 해당할 정도로 많은 파편화가 발생할 수 있다.

그림 2-1 모바일 웹에서 파편화가 발생할 수 있는 경우의 수

초창기 모바일 웹에서는 정말로 위와 같이 브라우저 종류와 버전에 따라, 기기의 종류에 따라 다양한 문제가 발생했지만 현재는 많이 안정화됐다.

---

10 하이브리드 앱은 네이티브 앱의 기술과 웹의 기술을 함께 사용한 애플리케이션이다. 변경이 잦은 콘텐츠 영역은 웹 기술을 사용할 수 있는 웹뷰로 만들고, 그 밖의 영역은 네이티브 앱 기술을 이용해 만든다.
11 네이티브 앱은 운영체제나 플랫폼에서 제공하는 SDK를 기반으로 개발된 애플리케이션이다.
12 웹뷰는 네이티브앱 내에서 웹 기술을 사용할 수 있는 환경, 즉 네이티브 앱에 내장된 브라우저다.

예를 들어, position:fixed 속성은 안드로이드 2의 기본 브라우저와 안드로이드 3의 기본 브라우저가 지원은 하지만 화면이 깜빡이는 기기도 있었고, 스크롤 이후에 요소가 다시 배치되는 경우도 있었다. 반면 하이브리드앱의 웹뷰에서는 정상으로 동작하는 경우도 있었다. 그래서 개발자가 position:fixed 속성을 사용할 때는 운영체제 종류, 버전, 기기 종류에 따라 position:fixed를 사용할 수 있는 경우와 사용할 수 없는 경우를 별도로 구현해야 했다.

하지만 다행히도 운영체제와 브라우저의 버전이 높아질수록, 새로운 기기가 출시될수록 파편화가 점차 없어지고 있다. 젤리빈(안드로이드는 4.1)부터 이러한 파편화가 거의 없어졌고, iOS는 운영체제 개발 회사와 기기 제조 회사가 동일하다 보니 브라우저의 버전별 이슈를 제외하고는 거의 문제가 없다. 물론 운영체제나 실행 환경, 기기에 따른 성능 차이는 여전히 있다.

기기별 다양한 해상도

일반적으로 PC 기반의 웹 페이지는 1024 × 768px 또는는 1280 × 1024px 등과 같이 고정된 해상도에 최적화되도록 구성한다. 하지만 모바일에서는 480 × 320px이나 960 × 640px 등과 같이 기기마다 해상도가 다르기 때문에 모바일 웹을 개발할 때는 더 다양한 해상도를 고려해야 한다.

다음은 스마트폰 및 태블릿 PC의 해상도를 정리한 내용이다.

표 2-2 스마트폰, 태블릿PC 해상도

기종	해상도(가로 x 세로, 단위: px)
아이폰 3GS	320 x 480
아이폰 4, 아이폰 4s	640 x 960
아이폰 5, 아이폰 5c, 아이폰 5s	640 x 1136
아이패드, 아이패드 2, 아이패드 미니	768 x 1024
아이패드 3세대, 아이패드 4세대, 아이패드 미니 2	1536 x 2048
갤럭시 S, 갤럭시 S2, 갤럭시 S2 HD, 옵티머스, 옵티머스Z, 옵티머스Q, 옵티머스 빅, 옵티머스 2X, 베가, 디자이어HD, 넥서스원	480 x 800
갤럭시탭	600 x 1024
옵티머스 뷰	768 x 1024
갤럭시 S3, 갤럭시 S2 HD, 갤럭시 노트2, 옵티머스 G	720 x 1280
갤럭시 노트, 갤럭시 탭2	800 x 1280

기종	해상도(가로 x 세로, 단위: px)
갤럭시 S4, 갤럭시 노트3, G2, 옵티머스 G Pro	1080 x 1920
넥서스 7	1200 x 1920

다양한 해상도에 대응하는 방법은 크게 두 가지다. 하나는 CSS3의 미디어 쿼리(media query)를 이용해 브라우저의 크기에 사이트를 맞추는 방법이다. 다른 하나는 모바일 기기의 폭에 사이트를 맞추는 방법이다. 미디어 쿼리는 2장에서 설명하는 범위를 벗어나기 때문에 구체적으로 언급하지 않겠다. 미디어 쿼리에 대해서는 "16. 미디어 쿼리 적용(243쪽)"을 참고하기 바란다.

모바일 기기의 폭에 사이트를 맞추는 방법은 HTML의 〈meta〉 태그에 viewport 속성을 설정하는 것이다. 일반적으로 모바일 앱과 같은 느낌을 주려고 웹 페이지를 확대하거나 축소하는 기능은 사용하지 않고, 모바일 기기의 폭에 해상도를 맞춘다.

다음은 기기의 폭에 맞게 페이지가 확대되거나 축소되지 않도록 지정하는 예다.

```
<html>
    <head>
        <meta name="viewport" content="width=device-width, initial-scale=1.0,
            maximum-scale=1.0, minimum-scale=1.0, user-scalable=no" />
        ...
    </head>
    ...
</html>
```

〈meta〉 태그의 viewport 속성에 적용되는 세부 속성의 의미는 다음과 같다.

표 2-3 〈meta〉 태그의 viewport 속성

속성	설명
width	모바일 기기의 폭을 설정. device-width로 값을 설정하면 모바일 기기의 폭에 맞춰서 보이게 할 수 있다.
initial-scale	페이지가 보이는 기본 비율. 1이면 모바일 기기의 가로 해상도로 맞춰진다.
maximum-scale	페이지가 보이는 최대 비율
minimum-scale	페이지가 보이는 최소 비율
user-scalable	페이지의 확대/축소 가능 여부

해상도 외에도 모바일 웹은 PC 웹과 다르게 기기가 회전해서 가로와 세로가 바뀌는 경우도 고려해야 한다. 모바일 기기의 회전은 "orientationchange 이벤트(70쪽)"에서 자세히 다룬다.

최신 웹 기술

모바일 브라우저에서는 데스크톱의 최신 브라우저에서 지원하기 시작한 HTML5와 CSS3 같은 최신 웹 기술을 사용할 수 있다. 이러한 기술의 자세한 내용은 이 책의 범위에서 벗어나기 때문에 간략하게 소개만 하겠다.

HTML5

HTML은 원래 웹 페이지의 구조를 기술하는 언어로서, 제목, 단락, 목록, 링크와 같은 구조적 문서를 만드는 마크업 언어다. 하지만 웹 환경이 빠르게 변화하면서 웹 페이지 구조 표현을 넘어 최신 멀티미디어 콘텐츠를 브라우저에서 표현해야 할 필요성이 생겼다. 이와 관련해 W3C에서는 기존 HTML을 확장해 멀티미디어와 데이터 처리, 서버 통신 기능을 포함하는 HTML5 표준안을 개발했다.

HTML5 표준안을 구현한 브라우저는 〈video〉 태그와 〈audio〉 태그를 지원해 ActiveX 컨트롤이나 플래시와 같은 별도의 플러그인을 설치하지 않아도 브라우저에서 비디오와 오디오를 재생할 수 있다. 그리고 〈canvas〉 태그, SVG, WebGL 등을 이용해 웹 페이지에서 그래픽 요소를 자유롭게 그릴 수 있다. 그뿐만 아니라 데이터를 저장하는 스토리지 명세를 제공해 브라우저 내부에서 데이터를 관리할 수도 있다. 이 밖에도 서버 통신을 위한 기능, 시맨틱 웹을 위한 태그 등 많은 표준안을 제공하고 있다.

한 가지 다행인 점은 초창기 모바일 웹 브라우저에서도 HTML5를 적극적으로 수용해 이를 활용할 수 있다는 것이다. 다만 모든 기능이 구현돼 있지 않기 때문에 반드시 지원 여부를 확인하고 사용해야 한다.

다음은 모바일 브라우저의 HTML5 지원 여부를 알 수 있는 "Can I use..." 사이트[13]다. HTML5 표준안 진행 상태별, 지원 브라우저별로 각 명세의 지원 여부를 알 수 있다.

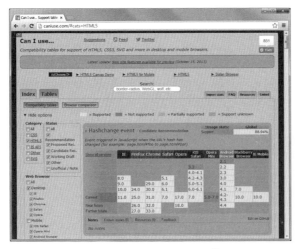

그림 2-2 "Can I use..." 사이트에서 본 HTML5 지원 상태[14]

HTML5 기술을 이용하면 웹에서도 앱과 같은 기능을 사용할 수 있는 리치 클라이언트(rich client) 사이트를 손쉽게 만들 수 있다. HTML5에 대한 자세한 내용은 시중에 나와 있는 HTML5 관련 서적을 참고하기 바란다.

CSS3

CSS는 HTML로 만든 웹 페이지의 구조에 디자인을 더하는 언어다. HTML이 HTML5로 발전한 것처럼 CSS도 CSS3로 발전했다. CSS3는 단순히 디자인을 더하는 작업뿐만 아니라, 더 정교한 웹 페이지를 만들 수 있는 속성이 추가됐고 자바스크립트로만 구현할 수 있었던 애니메이션 효과도 지원한다.

HTML5와 마찬가지로 모바일 웹에서는 이러한 CSS3를 초창기 모바일 웹 환경에서도 사용할 수 있다. 하지만 CSS3의 표준안이 아직 결정되지 않은 상태라서 웹 브라우저 제조사별로 특정한 접두어(prefix)를 붙여서 사용해야 한다. 예를 들어, iOS, 안드로이드는 웹킷 기반 브라우저이기

---

13 http://caniuse.com
14 http://caniuse.com/#cats=HTML5

때문에 CSS3 Transition을 사용하려면 '-webkit-transition'처럼 '-webkit-' 접두어를 붙여야 한다.

다음은 브라우저 제조사별 접두어다.

표 2-4 브라우저 제조사별 접두어

접두어	설명
-webkit-	웹킷 엔진 기반의 브라우저에서 사용한다. 웹킷 기반 브라우저로 사파리, 안드로이드 브라우저, 크롬이 있다.
-moz-	파이어폭스에서 사용한다.
-o-	오페라에서 사용한다.
-ms-	인터넷 익스플로러에서 사용한다.

모바일 웹이 CSS3를 지원하는 덕분에 앱에서와 같은 화려한 애니메이션을 안정적으로 빠르게 구현할 수 있다. 하지만 모든 모바일 웹 브라우저가 CSS3를 지원하지는 않으므로 꼭 지원 여부를 확인해야 한다. 다음은 "Can I use..." 사이트에서 CSS3 지원 여부를 조회한 화면이다. CSS3 진행 상태별, 지원 브라우저별 각 명세의 지원 여부를 알 수 있다.

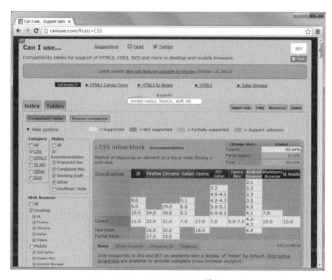

그림 2-3 "Can I use..." 사이트에서 본 CSS3 지원 상태[15]

---

15 http://caniuse.com/#cats=CSS

자바스크립트

자바스크립트는 동적인 웹 페이지를 구성하는 데 필요한 언어다. PC뿐만 아니라 모바일 브라우저에서도 사용한다. 다만, 모바일 브라우저에서는 PC의 최신 브라우저에서만 지원하는 ECMAScript 5를 기본으로 지원한다. 물론 모든 모바일 웹 브라우저가 ECMAScript 5를 지원하는 것은 아니다.

> **ECMAScript**
>
> ECMAScript는 ECMA-262에 의해 표준화된 언어로서, 자바스크립트가 이 표준에 호환되는 언어다. ECMAScript 5는 자바스크립트를 사용하는 데 유용한 객체와 메서드를 이전 버전보다 더 많이 제공하고, strict mode와 같은 오류 검증 문법을 추가했다. ECMAScript 5를 이용하면 더 안전하고 간결한 코드를 작성할 수 있다.

다음은 모바일 브라우저의 ECMAScript 5 지원 여부를 나타낸 표다.

표 2-5 모바일 브라우저의 ECMAScript 5 지원 현황

ECMAScript5	iOS 4	iOS 5	iOS 6~7	안드로이드 2.1	안드로이드 2.2	안드로이드 2.3	안드로이드 4.0	안드로이드 4.x
Object.createc	O	O	O	X	O	O	O	O
Object.defineProperty	O	O	O	X	O	O	O	O
Object.defineProperties	O	O	O	X	O	O	O	O
Object.getPrototypeOf	O	O	O	O	O	O	O	O
Object.keys	O	O	O	X	O	O	O	O
Object.seal	X	O	O	X	X	X	O	O
Object.freeze	X	O	O	X	X	X	O	O
Object.preventExtensions	X	O	O	X	X	X	O	O
Object.isSealed	X	O	O	X	X	X	O	O
Object.isFrozen	X	O	O	X	X	X	O	O
Object.isExtensible	X	O	O	X	X	X	O	O
Object.getOwnPropertyDescriptor	O	O	O	X	O	O	O	O
Object.getOwnPropertyNames	O	O	O	X	O	O	O	O
Date.prototype.toISOString	O	O	O	O	O	O	O	O
Date.Xw	O	O	O	O	O	O	O	O
Array.isArray	O	O	O	X	O	O	O	O
JSON	O	O	O	O	O	O	O	O
Function.prototype.bind	X	X	O	X	X	X	O	O
String.prototype.trim	O	O	O	X	O	O	O	O

ECMAScript5	iOS 4	iOS 5	iOS 6~7	안드로이드 2.1	안드로이드 2.2	안드로이드 2.3	안드로이드 4.0	안드로이드 4.x
Array.prototype.indexOf	O	O	O	O	O	O	O	O
Array.prototype.lastIndexOf	O	O	O	O	O	O	O	O
Array.prototype.every	O	O	O	O	O	O	O	O
Array.prototype.some	O	O	O	O	O	O	O	O
Array.prototype.forEach	O	O	O	O	O	O	O	O
Array.prototype.map	O	O	O	O	O	O	O	O
Array.prototype.filter	O	O	O	O	O	O	O	O
Array.prototype.reduce	O	O	O	O	O	O	O	O
Array.prototype.reduceRight	O	O	O	O	O	O	O	O
Getter in property initializer	O	O	O	O	O	O	O	O
Setter in property initializer	O	O	O	O	O	O	O	O
Property access on strings	O	O	O	O	O	O	O	O
Reserved words as property names	X	O	O	X	X	X	O	O
Zero-width chars in identifiers	X	X	O	X	X	X	X	O
Immutable undefined	X	O	O	X	X	X	X	O
Strict mode	X	O	O	X	X	X	X	O

앞의 표를 자세히 보면 iOS 6과 안드로이드 4.1부터는 ECMAScript 5에서 지원하는 모든 기능을 사용할 수 있다는 점을 알 수 있다.

그 밖의 특징

앞에서 다룬 내용을 제외하더라도 모바일 웹은 PC 웹과 다른 여러 특징이 있다.

네트워크

국내에서는 Wi-Fi나 4G, 4G LTE 등 네트워크 속도가 빠른 서비스를 제공하는 곳이 많지만, 여전히 PC에 비해 네트워크 속도가 느리다. 특히 3G 환경은 다른 통신 환경에 비해 네트워크 속도가 느리기 때문에 이런 점을 고려하지 않고 개발하면 성능과 관련된 문제가 많이 생길 수 있다. 속도가 보장된다고 해도 Wi-Fi를 사용할 수 없는 환경에서는 네트워크를 사용하는 것 자체가 사용자에게는 비용이 된다. 따라서 서버로부터 실시간으로 데이터를 주기적으로 가져오는 기능과 같은 것은 설계 단계에서부터 신중히 검토해야 한다.

한정된 전원

모바일 웹은 휴대가 간편한 기기에서 실행되기 때문에 PC와 다르게 기기에 전원이 계속 공급되지 않는다. 따라서 모바일 웹을 개발할 때는 전력 소모량도 고려해야 한다. 전력 소모가 심한 하드웨어 가속, 주기적인 요청 등을 무분별하게 사용해서는 안 된다.

열악한 디버깅 환경

에뮬레이터 혹은 시뮬레이터를 이용한 디버깅 환경을 제공하지만 반응 속도가 느리고 터치(touch) 이벤트 같은 많은 기능이 실제 기기와 다르게 동작하기 때문에 디버깅 도구를 사용해 개발하기가 쉽지 않다. 모바일 환경에서 디버깅하는 방법은 "부록 C. 모바일 웹 디버깅(333쪽)"에서 자세히 설명한다.

이 장에서는 모바일 웹이 PC 웹과 다른 특징을 살펴봤다. 다양한 브라우저 환경 탓에 발생할 수 있는 파편화 문제, 다양한 해상도 문제, 네트워크 속도, 전력 소모, 디버깅 문제 등 모바일 웹은 많은 단점을 가지고 있다. 하지만 최신 웹 기술을 사용할 수 있다는 장점도 있다. 모바일 웹 개발자가 모바일 웹이 안고 있는 단점을 고민하고 개선해 나간다면 향후 이러한 단점은 사라지고 장점으로 가득 차리라고 생각한다.

3장에서는 모바일 웹 환경의 문제를 조금이라도 더 쉽게 해결할 수 있는 모바일 자바스크립트 프레임워크를 알아본다.

03
모바일 자바스크립트 프레임워크

모바일 웹이 웹이라는 단일 플랫폼을 사용하긴 하지만 운영체제의 종류나 버전, 모바일 기기의 종류에 따라 동작 방식이 다를 수 있다. 또한 모바일 웹 브라우저가 최신 웹 기술을 지향하긴 하나 버전에 따라 지원하는 범위와 완성도가 각각 다르다.

이러한 파편화 문제를 모두 고려해 UI를 직접 개발하면 개발자는 모바일 웹의 이점을 얻지 못할 수도 있다. 개발자는 매번 특정 운영체제, 특정 버전, 특정 장비에 맞게 서비스를 별도로 개발해야 하며, 개발된 서비스를 변경할 때는 매번 다양한 환경에서 테스트를 진행해야만 할 것이다. 또한 모바일 앱과 같은 UI를 지향하는 모바일 웹에서 운영체제의 종류나 버전, 모바일 기기의 종류에 상관없이 일관된 성능과 사용자 경험을 사용자에게 제공하는 것은 매우 어려운 일이면서 많은 비용이 소요되는 일이다.

반복적이고 귀찮은 작업을 줄이고, 파편화 문제에서 벗어나 좀더 자유롭게 개발자 본인의 코드에만 집중하도록 도와주는 것은 없을까? 다행히 이러한 고민의 결과로 만들어진 여러 모바일 자바스크립트 프레임워크와 라이브러리가 있다.

3장에서는 이러한 모바일 자바스크립트 프레임워크와 라이브러리를 살펴보겠다.

자바스크립트 프레임워크

모바일 자바스크립트 프레임워크를 살펴보기에 앞서 근간이 되는 자바스크립트 프레임워크를 알아보자.

『GoF의 디자인 패턴』(에릭 감마 외 지음, 2007)으로 유명한 랄프 존슨(Ralph Johnson) 교수는 프레임워크를 "소프트웨어에서 재사용 가능한 설계로, 재사용이 가능하게끔 일련의 협업화된 형태로 클래스를 제공하는 것"[16]이라고 정의했다. 프레임워크는 라이브러리와 달리 애플리케이션의 틀과 구조를 결정할 뿐만 아니라, 그것을 기반으로 작성된 개발자의 코드를 설계자의 의도에 맞게 제어한다. 프레임워크는 소프트웨어 개발 과정에서 발생하는 다양한 문제를 프레임워크 설계자가 사전에 고려해 개발자가 문제를 피하거나 해결할 수 있도록 토대를 마련한 것이다.

웹 브라우저에서 동작하는 자바스크립트 프레임워크가 브라우저 파편화 문제를 담당하는 것도 이러한 맥락에서다. 자바스크립트 프레임워크는 기본적으로 PC의 브라우저를 대상으로 다음과 같은 기능을 제공한다.

- 브라우저 차이에 따른 호환성 문제 처리와 브라우저 정보 제공
- 웹 페이지와 구성 요소의 정보 확인과 조작
- DOM 정보 확인과 조작
- 이벤트 핸들러 처리
- AJAX를 이용한 동적인 데이터 처리

대표적인 프레임워크로는 jQuery[17], Prototype[18], Jindo 프레임워크[19], YUI[20], Dojo[21], Sencha Ext JS[22] 등이 있다.

모바일 자바스크립트 프레임워크

모바일 자바스크립트 프레임워크는 크게 두 가지 부류로 나눌 수 있다.

---

16 원문의 내용은 http://st-www.cs.illinois.edu/users/johnson/frameworks.html을 참고한다.
17 http://jquery.com
18 http://prototypejs.org
19 http://jindo.dev.naver.com
20 http://yuilibrary.com
21 http://dojotoolkit.org
22 http://www.sencha.com/products/extjs

자바스크립트 프레임워크의 기능을 모바일 웹 환경에 맞게 경량화한 프레임워크와, 데스크톱과는 다른 모바일 앱과 유사한 UI와 UX를 만들 수 있도록 지원하는 프레임워크로 나눌 수 있다.

경량화한 자바스크립트 프레임워크

기본적으로 일반 자바스크립트 프레임워크에 있는 기능을 대부분 제공한다. 다만 데스크톱에 비해 네트워크 속도가 느리고 하드웨어 성능이 떨어지는 모바일 웹 환경에 맞게 소스코드 자체가 경량화되고 터치에 최적화된 프레임워크다.

데스크톱용 브라우저의 오류를 피하는 부분처럼 모바일과 상관없는 부분을 제거해 소스코드의 크기를 줄였으며, 모바일 웹의 장점을 살려 HTML5와 CSS3 같은 최신 웹 기술을 사용해 더 나은 사용자 경험을 제공한다. 더불어 모바일 웹의 대표 사용자 인터페이스인 터치 인터페이스를 활용할 수 있는 기능을 제공한다.

대표적인 프레임워크로는 Zepto와 Jindo Mobile이 있다.

표 3-1 경량화한 자바스크립트 프레임워크

이름	설명 및 지원 사이트	크기(Gzip 적용 기준)	라이선스
Zepto	오픈소스 프로젝트로 운영되고 있으며, jQuery와 호환되는 문법을 지향한다. 웹킷 기반의 브라우저를 지원한다. • 공식 홈페이지: http://zeptojs.com	9.7KB	MIT License
Jindo mobile	모바일 환경에 맞게 경량화한 Jindo 프레임워크로서 모비일 브라우저를 지원한다. 실제 사용하는 코드만을 추출해 경량화할 수 있는 Jindo 추출기를 제공한다. • 공식 홈페이지: http://jindo.dev.naver.com/jindo_home/JindoJS.html	38KB	LGPL V2

경량화된 자바스크립트는 모바일 앱과 같은 UI와 UX를 제공하는 프레임워크의 기반이 되는 프레임워크로서 대개 두 프레임워크를 함께 사용된다.

모바일 앱과 같은 UI와 사용자 경험을 제공하는 프레임워크

일반적으로 모바일 자바스크립트 프레임워크라고 하면 이 부류의 프레임워크를 의미한다. 터치로 이뤄지는 상호작용에서 모바일 앱과 동일한 사용자 경험을 제공하고 다양한 애니메이션 효과를 제공해 웹이 아닌 앱과 같은 경험을 느끼게 하는 프레임워크다. 또한 일부 프레임워크는 다양한 기기 환경에 따라 화면 구성을 다르게 표현하는 반응형 웹 기술을 제공해 스마트폰, 태플릿 PC뿐만 아니라 데스크톱 환경도 함께 지원한다.

대표적인 모바일 자바스크립트 프레임워크로 jQuery Mobile, Sencha Touch, 그리고 네이버에서 만든 모바일 자바스크립트 프레임워크인 JMC(Jindo Mobile Component)가 있다.

jQuery Mobile

jQuery Mobile[23]은 jQuery에서 만든 모바일 프레임워크로서, 현재 가장 많이 알려져 있고 가장 많이 사용하는 모바일 프레임워크다. jQuery Mobile에서 지원하는 기본 태그만으로도 모바일 앱과 같은 UI를 만들 수 있다. 또한 드래그 앤드 드롭 방식의 UI 빌더와 테마 룰러 도구를 제공해 쉽고 간단하게 멀티 디바이스 환경을 지원하는 모바일 서비스를 만들 수 있다. 가장 많은 환경을 지원하고 있으며, jQuery와 함께 사실상 업계 표준으로 자리 잡은 프레임워크다.

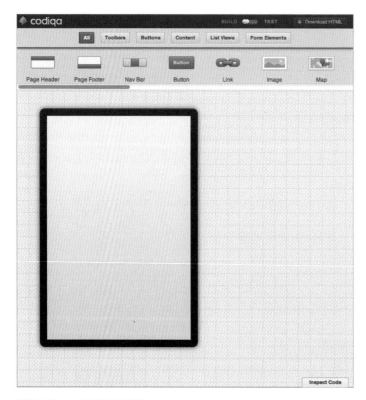

그림 3-1 jQuery Mobile의 UI 빌더

---

23 http://jquerymobile.com

Sencha Touch

Sencha Touch[24]는 Sencha Ext JS에서 개발한 프레임워크로서 현존하는 프레임워크 가운데 가장 방대하고 체계적인 API를 제공한다. jQuery Mobile과 다르게, 스크립트 기반의 개발 스타일을 채택해 객체와 메서드, 상속과 확장 등의 객체지향 기법과 고급 스크립트 개념이 API에 녹아 있는 것이 특징이다. 따라서 자바의 Swing과 같은 프로그래밍 방식의 UI 개발에 익숙한 개발자에게 적합하다. 스크립트 기반의 개발이기 때문에 복잡한 화면과 자유도가 높은 애플리케이션을 구성하기에 적합하다. 또한 멀티 디바이스 환경을 지원하며 웹이 아닌 앱과 같은 룩앤필(look and feel)을 제공하므로 손쉽게 앱과 같은 웹을 개발할 수 있다.

그림 3-2 방대하고 체계적인 API를 제공하는 Sencha Touch

JMC

JMC[25]는 네이버에서 만든 국산 모바일 자바스크립트 프레임워크로서 Jindo 프레임워크를 기반으로 개발됐다. JMC는 앞의 두 모바일 프레임워크와 다르게, 마크업과 스크립트를 함께 이용해 개발한다. 기본적인 마크업을 작성하고, 자바스크립트로 인스턴스를 구성하는 방식으로 개발하기 때문에 디자인을 바꾸기 쉽고 초기 로딩 속도가 다른 프레임워크보다 빠르다. 또한 국산 모바일 환경에 최적화됐기 때문에 다양한 기기에서도 최적의 성능을 보장한다. 기본적인 마크업 지식과 자바스크립트 지식만 갖추고 있으면 성능 좋은 모바일 웹을 손쉽게 개발할 수 있다.

---

24 http://www.sencha.com/products/touch/
25 http://jindo.dev.naver.com/jindo_home/Mobile.html

앞에서 설명한 대표적인 모바일 자바스크립트 프레임워크의 특징을 다음과 같이 정리했다.

표 3-2 모바일 자바스크립트 프레임워크의 특징

구분	jQuery Mobile	Sencha Touch	JMC
개발 난이도	낮음	높음	보통
개발 방식	마크업 기반	스크립트 기반	마크업+스크립트 기반
기반 프레임워크	jQuery 또는 Zepto	Sencha Ext JS	Jindo 프레임워크 또는 Jindo Mobile
CSS 스타일	테마 룰러 도구 지원	Sass(syntactically awesome stylesheets) 기반	일반 CSS
UI 제작 도구	지원	지원	지원 안 함
용량	적음	큼	보통
로딩 속도	보통 동적으로 마크업 재생성	느림 동적으로 마크업 생성	빠름
반응형 웹	지원	지원	지원 안 함
디자인 자유도 (디자인 수정)	보통	낮음	높음
표현 자유도 (기능 다양성)	보통	높음	보통
지원 환경	다양함 iOS, 안드로이드, 윈도우폰, 블랙베리, 팜 WebOs, 오페라 모바일, 파이어폭스모바일, 안드로이드용 크롬(Chrome for Android) 등	한정적 iOS, 안드로이드, 블랙베리 등	한정적 iOS, 안드로이드, 윈도우폰, 안드로이드용 크롬
최적화 대상	모바일+데스크톱	모바일+데스크톱	모바일
국내 환경 최적화 여부	지원 안 함	지원 안 함	지원
라이선스	MIT 또는 GPL2	상용 소프트웨어 라이선스 (commercial software license) 상용 OEM 라이선스 (commercial OEM license) GPL3	LGPL2

그 밖의 라이브러리

위에서 언급한 프레임워크 외에도 모바일 웹에서 유용하게 사용할 수 있는 라이브러리가 있다. 대표적인 라이브러리 유형이 바로 폴리필(Polyfill) 라이브러리다.

폴리필은 브라우저가 구현하지 않은 API 기능을 자바스크립트나 플래시 등의 웹 언어로 구현해 브라우저 기능을 모방하는 행위를 의미한다. 이 방식의 장점은 웹 표준 브라우저의 기능을 모방했기 때문에 향후 브라우저의 버전이 바뀌더라도 동일한 인터페이스를 보장하므로 개발자는 소스 코드를 추가로 변경할 필요가 없다는 것이다. 또한 개발자가 각 브라우저의 특성을 고려할 필요가 없기 때문에 서비스 모듈에 더 집중할 수 있다. 폴리필에 대한 자세한 내용은 Remy Sharp가 작성한 "What is a Polyfill?"[26]을 참고하기 바란다.

엄밀하게 말하면 폴리필 라이브러리는 모바일 웹이 아닌 데스크톱 웹을 대상으로 만든 라이브러리다. 하지만 모바일 웹을 개발할 때도 이러한 라이브러리를 이용하면 개발에 더욱 집중할 수 있다.

표 2-5에서 봤듯이 ECMAScript 5의 Function.prototype.bind() 메서드는 iOS 6 이상과 안드로이드 4.0 이상에서 사용할 수 있다. 모바일 웹을 개발할 때 브라우저 종류, 버전에 상관없이 bind를 쓰고자 한다면 폴리필 라이브러리인 es5-shim[27]을 사용한다.

표 3-3 운영체제별 Function.prototype.bind 지원 여부

ECMAScript5	iOS 4	iOS 5	iOS 6~7	안드로이드 2.1	안드로이드 2.2	안드로이드 2.3	안드로이드 4.0	안드로이드 4.x
Array.isArray	O	O	O	X	O	O	O	O
JSON	O	O	O	O	O	O	O	O
Function. prototype.bind	X	X	O	X	X	X	O	O
String. prototype.trim	O	O	O	X	O	O	O	O

---

26 http://remysharp.com/2010/10/08/what-is-a-polyfill
27 https://github.com/kriskowal/es5-shim

다음은 es5-shim 라이브러리로 Function.prototype.bind를 사용하는 예다.

```
<html>
    <head>
        <script src="es5-shim.js"></script>
    </head>
    <body>
        <script>
            function Model() {
                this.number = Math.ceil(Math.random() * 12) + 1;
            }


            Model.prototype.show = function() {
                console.log('hi! your number is ' + this.number);
            };

            // 1초 후에 Model의 number를 콘솔로 출력
            Model.prototype.showAfterOneSec = function() {
                window.setTimeout(this.show.bind(this), 1000);
            };

            new Model().showAfterOneSec();
        </script>
    </body>
</html>
```

모바일 웹 브라우저의 지원 여부와 상관없이 웹 표준에 맞게 개발할 수 있다. 물론 이런 부분을 jQuery나 Jindo 프레임워크의 메서드로 처리할 수도 있다. 하지만 그럴 경우 프레임워크에 의존성이 생겨 프레임워크가 변경되면 작성한 코드는 사용할 수 없는 코드가 된다. 이러한 의존성을 버리고 웹 표준에 맞게 개발하려는 것이 폴리필 라이브러리를 사용하는 의도이기도 하다.

폴리필 라이브러리는 ECMAScript 5에 대한 라이브러리 말고도 HTML5와 CSS3에 해당하는 많은 영역의 라이브러리가 존재한다. 폴리필 라이브러리에 대한 자세한 내용은 Modernizr에서 작성한 HTML5 Cross Browser Polyfills 문서[28]를 참고하기 바란다.

---

28 HTML5 Cross Browser Polyfills 문서는 https://github.com/Modernizr/Modernizr/wiki/HTML5-Cross-browser-Polyfills에서 볼 수 있다.

프레임워크는 반복적이고 귀찮은 작업을 줄이고 웹의 파편화 문제, UI와 UX 문제도 담당한다. 개발자는 프레임워크를 사용함으로써 자신의 소스코드를 작성하는 데 더욱 집중할 수 있고, 이는 생산성의 향상으로 이어진다. 모바일 웹에서 이러한 프레임워크를 사용하면 모바일 앱 수준의 UI를 짧은 시간에 개발할 수 있다.

하지만 프레임워크의 종류가 많기 때문에 프레임워크를 선정할 때는 개발하는 산출물의 용도와 요구사항에 따라 적합한 프레임워크를 선택해야 한다. 가령, 간단한 앱과 같은 UI로 구성된 화면을 다양한 기기에 대응할 수 있게 개발하려면 jQuery Mobile을 사용하는 것이 좋을 것이고, 복잡한 앱과 같은 화면을 구성해야 한다면 Sencha Touch를 이용하는 것이 좋을 것이다. 또한 특색 있는 디자인과 국내 환경에 적합한 서비스를 개발해야 한다면 JMC를 선택하는 것이 적절할 것이다.

02

모바일 웹 개발과
이벤트

04
모바일 웹 UI 개발

서버 측 웹 개발의 핵심 가운데 하나가 데이터를 얼마나 효과적으로 브라우저까지 가지고 오느냐라면, UI 개발의 핵심은 얼마나 효과적이고 적절하게 사용자의 동작에 반응하느냐라고 할 수 있다.

UI를 개발할 때는 항상 다음의 상황을 염두에 둔다.

1. 사용자에게 보이는 UI를 화면에 구성한다.
2. 사용자는 특정한 UI에 특정한 행위를 한다.
3. 사용자의 행위에 반응한다.

UI 개발은 사용자에게 정보를 보여주고, 사용자의 동작에 반응하도록 UI를 구성하고 만드는 것이다. 모바일 웹에서의 UI 개발도 이와 다르지 않다. 단지 서비스를 사용하는 환경이 PC가 아니라 모바일이라는 것뿐이다.

4장에서는 UI 구성 요소를 살펴보고, 사용자의 액션에 반응하는 UI 구성 요소를 만들 때 필요한 이벤트를 살펴보겠다.

웹 페이지 구성 요소

웹 개발에서 UI 구성 요소에 해당하는 부분
은 브라우저에 표현되는 웹 페이지다. 이 웹
페이지는 일반적으로 HTML과 CSS, 자바
스크립트로 구성돼 있다.

그림 4-1 웹 페이지 구성 요소

이 가운데 HTML과 CSS는 사용자에게 정보를 제공하거나 사용자의 입력을 받을 수 있는 UI 요
소를 구성한다. 자바스크립트는 이러한 UI 요소를 동적으로 제어하는 역할을 한다. 이해를 돕기
위해 이를 자동차에 비유하면 다음과 같다.

HTML(자동차 프레임)

CSS(자동차 디자인)

자바스크립트(자동차 엔진)

그림 4-2 자동차에 비유한 웹 페이지의 구성 요소

HTML은 차의 프레임에 해당한다. 자동차의 구조와 모양을 결정하는 프레임같이 HTML은 웹 페이지의 뼈대와 같은 구조와 내용을 구성한다.

CSS는 차의 디자인에 해당한다. 자동차의 디자인과 같이 CSS는 HTML로 구성된 구조(레이아웃)에 글꼴, 색상, 크기, 위치와 같은 미적인 부분을 정의하는 데 사용된다.

마지막으로 자바스크립트는 차의 엔진과도 같아서 웹 페이지에서 동적인 역할을 담당해 생동감 있는 웹 페이지를 만든다. 물론 CSS3에는 애니메이션 기능이 포함돼 있어 자바스크립트와 함께 동적인 역할을 함께 담당하고 있다.

이렇게 각 구성 요소가 서로 상호작용해야 하나의 완성도 높은 웹 페이지가 만들어진다.

이벤트 처리

이벤트는 사용자가 모바일 화면에 손가락을 댔을 때(touchstart), 손가락을 화면에 댄 상태로 이동했을 때(touchmove), 손가락을 댔다가 뗐을 때(touchend) 등과 같은 상황에서 사용자가 어떤 동작을 했는지를 UI 구성 요소에 알려주는 역할을 한다. 이러한 이벤트는 사용자의 동작에 반응하는 UI 구성 요소를 만들 때 꼭 필요한 요소이며 UI 개발의 핵심이다.

이벤트 설정 방법

어떤 요소에서 특정한 이벤트가 발생할 때 특정한 동작을 하려면 이벤트 발생 시 처리할 작업을 설정해야 한다. 이벤트 발생 시 처리할 작업을 설정하는 방법은 크게 두 가지로 나눌 수 있다. 이 벤트가 발생돼야 할 요소에 직접 적용하는 인라인(inline) 형태와 이벤트 핸들러를 사용하는 방법 이다.

간단하게 alert() 메서드를 호출하는 예제를 보며 이벤트를 설정하는 방법을 알아보겠다.

인라인 방식

다음은 버튼을 누르면 "버튼을 선택하셨습니다."라는 경고 메시지를 표시하는 인라인 형태의 이벤트 설정 예다.

```
<button id="btn" onclick="alert('버튼을 선택하셨습니다.');">
    버튼
</button>
```

인라인 방식은 특정 요소에서 발생하는 이벤트에 처리할 작업을 쉽게 적용할 수 있다는 장점이 있다. 하지만 이벤트의 흐름을 제어할 수 없다. 또한 자바스크립트와 HTML이 섞여서 사용되기 때문에 코드가 복잡해지면 유지보수와 관리가 어렵다는 단점이 있다.

이벤트 핸들러 방식

이벤트 핸들러란 이벤트와 연결돼 있는 함수다. 이벤트가 발생하면 연결돼 있는 함수인 이벤트 핸들러를 실행한다. 이벤트 핸들러 방식에는 전통적인 모델, 마이크로소프트 모델, W3C 모델이 있다. 모바일에서는 전통적인 모델과 W3C 모델만을 지원한다.

전통적인 모델은 하나의 요소에 이벤트별로 하나의 이벤트 핸들러를 설정하는 방법이다. 이벤트별로 이벤트 핸들러를 하나만 설정할 수 있고 여러 이벤트 핸들러를 설정할 수는 없다. 다음은 전통적인 모델의 이벤트 핸들러를 사용한 예다.

```
<div id="btn">
    버튼
</div>

<script>
    document.getElementById("btn").onclick = function(event) {
        alert('버튼을 선택하셨습니다.')
    };
</script>
```

W3C 모델은 하나의 이벤트에 여러 이벤트 핸들러를 설정할 수 있는 방법이다. W3C 모델은 요소의 addEventListener() 메서드를 이용해 이벤트 핸들러를 등록한다. addEventListener() 메서드의 형식은 다음과 같다.

```
Element.addEventListener("이벤트명", 핸들러함수, boolean 형태의 이벤트 모델)
```

메서드의 이름에서 추측할 수 있듯이 같은 이벤트에 이벤트 핸들러를 계속 추가(add)할 수 있다. 또한 이벤트 버블링과 이벤트 캡처링을 설정할 수 있다. 기본값은 이벤트 버블링이다. 이 책에서는 주로 W3C 모델의 이벤트 핸들러를 사용했다.

다음은 앞의 예제와 동일한 기능을 하는 코드를 W3C 모델의 이벤트 핸들러를 사용해 작성한 예다.

```
<button id="btn">버튼</button>

<script>
    document.getElementById("btn").addEventListener("click", function(event) {
        alert('버튼을 선택하셨습니다.');
    });
</script>
```

이벤트 버블링과 이벤트 캡처링

컵에 들어 있는 탄산음료(사이다 같은)의 기포가 아래에서 위로 올라가는 것과 같이 DOM의 자식 요소로부터 부모 요소로 올라오며 이벤트 핸들러가 실행되는 것을 이벤트 버블링이라고 한다.

반대로 DOM의 부모 요소에서 발생한 이벤트가 자식 요소로 내려가며 이벤트 핸들러가 실행되는 것을 이벤트 캡처링이라고 한다

다음 그림과 같이 구성된 HTML에서 이벤트 버블링일 경우에는 IMG 요소에 이벤트가 발생한 후 A 요소에 이벤트가 발생한다. 반면 이벤트 캡처링일 경우에는 A 요소에 이벤트가 발생하고 IMG 요소에 이벤트가 발생한다.

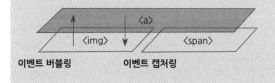

이벤트 버블링   이벤트 캡처링

마이크로소프트 모델

W3C 모델과 같이 하나의 이벤트에 여러 이벤트 핸들러를 설정할 수 있는 모델이다. 하지만 인터넷 익스플로러 9 이하에서만 사용할 수 있으며, 이벤트 버블링만 지원한다. 요소의 attachEvent() 메서드로 이벤트 핸들러를 등록한다.

```
Element.attachEvent("on이벤트명", 핸들러함수);
```

4장에서는 웹 UI를 개발할 때 필요한 구성 요소(HTML, CSS, 자바스크립트)의 역할과 이벤트 핸들러를 설정하는 방법을 간단히 살펴봤다. 구성 요소와 이벤트 처리 방법은 모바일 웹 UI 개발에서나 PC 웹 UI 개발에서나 차이가 없다. 하지만 이벤트의 발생 빈도와 순서, 이벤트 동작 등에서는 모바일 웹과 PC 웹에서 차이가 있다. 이벤트의 차이에 대한 자세한 내용은 다음 장에서 다루겠다.

05
모바일 브라우저와 이벤트

그래픽 사용자 인터페이스를 제공하는 모든 애플리케이션은 '이벤트 기반의 프로그래밍 모델'을 사용한다. 웹 브라우저 또한 이벤트 기반의 프로그래밍 모델을 사용한다.

이벤트 기반의 프로그래밍 모델이란 이벤트가 발생했을 때 처리해야 할 이벤트 처리 코드를 작성하는 식으로 프로그램을 작성하는 방법이다. 이때 이벤트 처리 코드를 '이벤트 핸들러'라고 부른다. 이벤트는 사용자의 액션이나 시스템(웹 브라우저)의 상태 변화에 따라 발생한다. 예를 들어, 웹 브라우저는 사용자가 버튼을 클릭하거나 문서의 로딩이 끝났을 때 이벤트를 발생시킨다.

자바스크립트 애플리케이션이 특정 문서 요소에서 발생하는 이벤트에 관심이 있다면 해당 요소의 이벤트에 이벤트 핸들러를 등록할 수 있다. 이벤트 핸들러를 효과적으로 작성하면 모바일 웹에서 더 인터랙티브하고 사용성이 좋은 웹 페이지를 개발할 수 있다. 따라서 이벤트를 이해하고 다루는 방법을 아는 것은 프런트엔드 개발에서 매우 중요하다.

모바일 브라우저에서 발생하는 이벤트도 데스크톱 브라우저에서 발생하는 이벤트와 크게 다르지 않다. 그러나 데스크톱과 사용자 인터페이스가 달라서 추가로 제공되거나 지원되지 않는 이벤트가 있다.

5장에서는 모바일 브라우저에서 발생하는 이벤트의 동작과 사용법, 특징을 설명하겠다.

모바일 브라우저 이벤트

모바일 환경의 사용자 인터페이스는 데스크톱 환경의 사용자 인터페이스와 다르다. 예를 들어, 모바일 기기에서는 데스크톱 PC의 키보드와 마우스 대신 소프트 키보드와 터치 액션을 제공한다. 그뿐만 아니라 데스크톱에서 지원하지 못하는 다양한 기기 정보를 제공한다. 이러한 차이점으로 모바일 브라우저는 데스크톱과 다른 별도의 이벤트를 제공하면서 데스크톱의 이벤트도 함께 제공한다.

데스크톱에서 발생하는 이벤트라도 모바일 브라우저에서는 이벤트 발생 순서, 발생하는 요소, 발생 빈도가 다르기 때문에 그 차이점을 분명히 알아야 한다. 예를 들면, focus 이벤트와 blur 이벤트는 모바일 브라우저에서는 폼 요소에서만 발생하기 때문에 링크나 다른 요소에서는 사용할 수 없다.

모바일 브라우저 전용 이벤트

모바일 브라우저에서는 터치 사용자 인터페이스에서 발생하는 이벤트와 회전과 같이 기기의 상태에 따라 발생하는 이벤트가 추가로 지원된다. 추가로 지원되는 이벤트는 다음과 같다. 각 이벤트에 대한 자세한 내용은 "6. 모바일 브라우저 전용 이벤트(57쪽)"에서 설명한다.

표 5-1 모바일 브라우저 전용 이벤트

이벤트	설명	특징
터치 이벤트	• 스크린에 손가락을 터치했을 때 발생한다. • touchstart 이벤트, touchmove 이벤트, touchend 이벤트, touchcancel 이벤트가 발생한다.	• 안드로이드 2.1에서는 오류가 있다. 자세한 내용은 "터치 이벤트 (57쪽)"를 참고한다. • 마우스 이벤트보다 먼저 발생한다.
제스처 이벤트	• 스크린에 손가락을 2개 이상 터치했을 때 발생한다. • gesturestart 이벤트, gesturemove 이벤트, gestureend 이벤트가 발생한다.	안드로이드 3.0 이상과 iOS에서 지원한다.
orientationchange 이벤트	기기가 회전할 때 발생한다.	안드로이드 2.2의 기본 브라우저부터 지원한다.
devicemotion 이벤트	기기의 기울기와 가속도를 알아낼 수 있다.	

데스크톱 브라우저와 다르게 동작하는 이벤트

데스크톱 브라우저와 모바일 브라우저에서 공통적으로 발생하지만 동작 방식이나 순서가 다른 이벤트가 있다. 예를 들면, focus 이벤트와 blur 이벤트는 모바일 브라우저에서는 폼 요소에서만 발생한다. 그리고 mousewheel 이벤트는 iOS용 사파리에서만 발생한다. 또한 resize 이벤트는 모바일 브라우저의 주소창이 움직일 때 발생하기도 한다.

다음 표에서 데스크톱 브라우저와 모바일 브라우저에서 발생하는 이벤트가 환경에 따라 어떻게 다르게 동작하는지 정리했다. 각 이벤트에 대한 자세한 내용은 "7. 데스크톱과 다르게 동작하는 이벤트(85쪽)"에서 설명한다.

표 5-2 데스크톱 브라우저와 모바일 브라우저에서 다르게 발생하는 이벤트

이벤트	데스크톱 브라우저 특징	모바일 브라우저 특징
click	마우스를 눌렀다가 뗄 때 발생	• 터치 이벤트와 마우스 이벤트 발생 이후에 마지막에 발생한다. • click 이벤트에 핸들러를 사용하면 체감 반응이 늦다. • click 이벤트가 발생할 때 하이라이트가 발생한다.
focus	객체에 포커스가 들어올 때 발생	• 폼 요소에서만 발생한다. • 안드로이드 브라우저의 버전에 따라 2번씩 발생하는 오류가 있다.
blur	객체에서 포커스가 나갈 때 발생	• 폼 요소에서만 발생한다. • 안드로이드 브라우저의 버전에 따라 2번씩 발생하는 오류가 있다.
scroll	사용자가 객체의 스크롤 막대를 움직일 때 발생	• 사용자가 손가락으로 모바일 기기의 화면을 스크롤할 때 발생한다. • scrollBy() 메서드나 scrollTo() 메서드로 호출할 때는 브라우저에 따라 발생하지 않을 수 있다.
resize	객체의 크기가 바뀔 때 발생	• 주소창이 보이거나 소프트 키보드가 보일 때, 또는 모바일 기기가 회전했을 때 이벤트가 발생한다. • 모바일 브라우저에 따라 다양하게 발생한다.
keydown	키보드 키를 눌렀을 때 발생	모바일 브라우저에 따라 한글을 입력할 때 keycode 값이 모두 0으로 출력되거나 이벤트가 발생하지 않기도 한다.
keyup	눌렀던 키보드 키를 뗄 때 발생	모바일 브라우저에 따라 한글을 입력할 때 keycode 값이 모두 0으로 출력되거나 이벤트가 발생하지 않기도 한다.
keypress	기능 키를 제외한 키보드 키를 눌렀을 때 발생	모바일 브라우저에 따라 keydown 이벤트와 keyup 이벤트의 keycode 값이 다르게 나온다.
mousewheel	마우스 휠을 돌릴 때 발생	• iOS용 사파리에서만 발생한다. • overflow 속성이 scroll로 적용된 요소에서 멀티 터치할 때 발생한다.

그 밖에 다음의 이벤트는 데스크톱 브라우저에서만 발생하고 모바일 브라우저에서는 발생하지 않는 이벤트다.

- dblclick 이벤트
- contextmenu 이벤트
- cut 이벤트
- paste 이벤트
- copy 이벤트

이벤트 발생 순서

프런트엔드 개발에서 이벤트의 발생 순서를 이해하고 개발하는 것은 굉장히 중요하다. 특히 운영체제와 제조사별로 조금씩 다르게 처리되는 모바일에서는 더욱 중요하다. 여기서는 일반적인 이벤트 발생 순서를 알아본다.

선택 이벤트(touch, scroll, mouse, click)

touch 이벤트와 scroll 이벤트, mouse 이벤트, click 이벤트는 사용자가 대상을 선택하고, 이동하고, 선택을 해지했을 때 발생하는 이벤트다. 이 이벤트는 iOS와 안드로이드에서 다르게 작동한다.

오른쪽은 iOS에서 touchstart 이벤트부터 click 이벤트가 발생하는 순서를 나타낸 그림이다.

touchstart 이벤트가 발생한 다음 스크롤이 있으면 스크롤하는 동안 touchmove 이벤트가 발생한다. 터치를 마치고 touchend 이벤트가 발

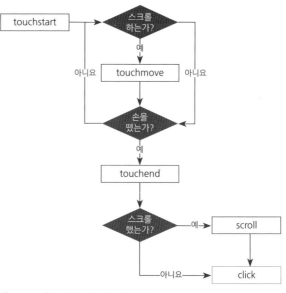

그림 5-1 iOS에서 선택 이벤트의 발생 순서

생하면 스크롤이 있었을 경우 scroll 이벤트가 발생한 다음 click 이벤트가 발생한다. 스크롤이 없었다면 touchend 이벤트 발생 이후 바로 click 이벤트가 발생한다.

다음은 안드로이드에서 touchstart 이벤트부터 click 이벤트가 발생하는 순서를 나타낸 그림이다.

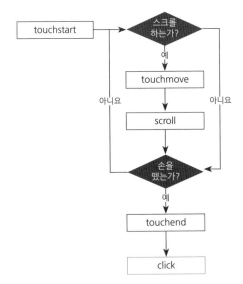

그림 5-2 안드로이드에서 선택 이벤트의 발생 순서

touchstart 이벤트가 발생한 다음 스크롤이 있으면 스크롤하는 동안 touchmove 이벤트와 scroll 이벤트가 발생한다. 터치를 마치면 touchend 이벤트와 click 이벤트가 발생한다.

폼 요소 선택 이벤트(touch, focus)

사용자가 폼 요소를 선택했을 때 발생하는 이벤트다. 이 이벤트는 iOS와 안드로이드에서 다르게 작동한다.

오른쪽은 iOS에서 touchstart 이벤트부터 focus 이벤트가 발생하는 순서를 나타낸 그림이다.

폼 요소를 눌렀다 떼면 touchstart 이벤트와 touchend 이벤트가 발생한다. 폼 요소를 처음 눌렀다면 focus 이벤트가 발생하고 소프트 키보드가 나타난다. iOS에서는 소프트 키보드가 나타나면 scroll 이벤트도 발생한다.

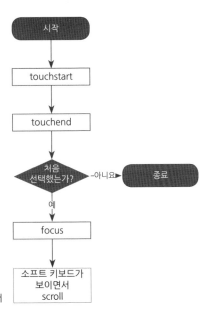

그림 5-3 iOS에서 폼 요소 선택 이벤트의 발생 순서

다음은 안드로이드에서 touchstart 이벤트부터 focus 이벤트가 발생하는 순서를 나타낸 그림이다.

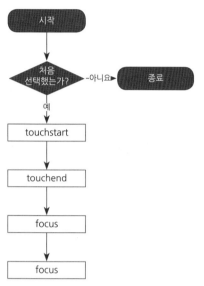

그림 5-4 안드로이드에서 폼 요소 선택 이벤트의 발생 순서

폼 요소를 처음 눌렀다 떼면 touchstart 이벤트, touchend 이벤트, focus 이벤트 순서로 이벤트가 발생한다. 한 가지 주의할 점은 안드로이드에서는 버전에 따라 입력 상자(input, textarea)에서 focus 이벤트가 두 번 발생하는 오류가 있다는 것이다.

모바일 환경에서는 브라우저의 종류, 운영체제의 버전, 제조사, 모바일 기기의 종류에 따라 이벤트가 다르게 동작한다. 이러한 동작 유형을 정확히 파악하고 있어야 다양한 운영체제와 기기에서 동일한 기능과 동일한 인터페이스를 제공할 수 있다. 다음 장에서는 여기서 설명한 이벤트의 동작에 대해 더 자세히 살펴보겠다.

06
모바일 브라우저
전용 이벤트

화면에 손가락을 댈 때 발생하는 터치 이벤트나 제스처 이벤트는 데스크톱에서는 발생하지 않고 모바일 환경에서만 발생하는 이벤트다. 그 외에도 화면의 방향이 가로나 세로로 바뀔 때 발생하는 orientationchange 이벤트나 기기가 움직일 때 발생하는 devicemotion 이벤트도 모바일 브라우 저에서만 발생하는 이벤트다.

6장에서는 모바일 브라우저에서만 발생하는 이벤트의 특징과 활용 예제를 알아보겠다.

터치 이벤트

PC에서는 마우스나 키보드로 애플리케이션을 사용하는 데 필요한 동작과 정보를 입력한다면 모 바일 환경에서는 사용자 터치로 필요한 동작과 정보를 입력한다. 동작과 정보를 입력하기 위해 기 기의 화면에 손가락을 댔을 때 발생하는 이벤트가 터치 이벤트다.

모바일 환경에서도 마우스 이벤트가 발생하지만 터치 이벤트보다 느리고 비정상적으로 발생하기 때문에 이용하기 어렵다. 또한 마우스 이벤트로는 손가락 여러 개로 터치했을 때의 모든 터치 정 보를 얻을 수 없다. 모바일 환경에서 사용자 터치를 이용하는 플리킹이나 스크롤 같은 기능을 구 현하려면 터치 이벤트에 대해 알아야 한다.

터치 이벤트는 데스크톱 브라우저의 마우스 이벤트와 유사하나 몇 가지 다른 점이 있다.

- 터치 이벤트는 사용자가 2~3개의 손가락으로 화면을 조작할 경우 각 터치에 대한 정보를 모두 얻을 수 있다.[29]
- mouseover 이벤트에 대응하는 터치 이벤트는 없다.
- 정확한 좌푯값을 얻을 수 있는 마우스 이벤트와 달리 손가락 접촉면이 큰 터치 이벤트는 접촉 표면의 평균 좌푯값을 얻는다.

터치 이벤트는 클릭 이벤트나, 스크롤 이벤트, 마우스 이벤트보다 먼저 발생한다. 터치 이벤트에서 기본 기능을 막거나 이벤트 버블링을 중지한다면 이후에 발생하는 이벤트에 영향을 줄 수 있으므로 주의해야 한다.

현재 터치 이벤트는 웹킷 계열의 브라우저(iOS용 사파리, 안드로이드)에서만 지원하고 그 밖의 브라우저(오페라 미니, 파이어폭스, 인터넷 익스플로러 모바일 등)에서는 지원하지 않는다. 최근 출시한 윈도우 8 모바일에서는 포인터(MSPointer) 이벤트가 추가돼서 이를 터치 이벤트 대신 사용할 수 있다.

터치 이벤트의 종류와 이벤트 객체의 속성

터치 이벤트에는 이벤트가 발생하는 시점에 따라 다음과 같이 네 가지 종류의 이벤트가 있다.

표 6-1 터치 이벤트의 종류

이벤트 이름	설명
touchstart	화면에 손가락이 닿을 때 발생한다
touchmove	화면에 손가락을 댄 채로 움직일 때 발생한다
touchend	화면에서 손가락을 뗄 때 발생한다
touchcancel	시스템에서 이벤트를 취소시킬 때 발생한다. 터치 이벤트를 취소한다는 것에 대한 표준이 정의돼 있지 않아 정확한 발생 조건은 브라우저마다 다르다. touchend 이벤트로 간주해도 무방하다.

터치에 대한 정보는 이벤트 객체의 touches 속성과 targetTouches 속성, changedTouches 속성에 배열 형태로 저장된다. 배열의 크기는 터치한 손가락 개수에 따라 결정된다. 멀티 터치를 지원하지 않는 안드로이드 3.0 미만의 브라우저에서는 배열의 크기가 항상 1이다.

---

29 단, 안드로이드 3.0 미만의 브라우저에서는 정보를 얻을 수 없다.

표 6-2 터치 이벤트 객체의 속성

속성	설명
touches	화면상의 모든 터치 정보를 저장한 배열
targetTouches	touches 속성과 유사하나 같은 요소 내에서 시작된 터치에 대한 정보만 반환
changedTouches	이전 이벤트로부터 변경이 있는 터치 정보를 저장한 배열

touchend 이벤트에서는 changedTouches 속성값만 제공하며, touches 속성과 targetTouches 속성의 배열 크기는 항상 0으로 반환한다. 그래서 touchend 이벤트에서 터치 정보가 필요할 때 touches 속성과 targetTouches 속성의 정보는 사용할 수 없다.

배열에 저장된 객체는 Touch 타입의 객체며 마우스 이벤트와 거의 차이가 없다. 다음 표는 Touch 객체의 속성을 정리한 표다.

표 6-3 Touch 객체의 속성

속성	설명
identifier	터치한 인식점을 구분하기 위한 인식점 번호
screenX	기기 화면을 기준으로 한 X 좌표
screenY	기기 화면을 기준으로 한 Y 좌표
clientX	브라우저 화면을 기준으로 한 X 좌표
clientY	브라우저 화면을 기준으로 한 Y 좌표
pageX	문서를 기준으로 한 X 좌표
pageY	문서를 기준으로 한 Y 좌표
target	터치된 DOM 객체

다음은 터치 이벤트를 사용하는 예다. touchstart 이벤트가 발생하면 터치한 지점의 X 좌표와 Y 좌표를 경고 메시지로 보여준다.

```
document.addEventListener('touchstart', function(event) {
    // event.touches 속성과 event.targetTouches 속성, event.changedTouches 속성을 모
두 사용할 수 있다.
    // 손가락 여러 개를 화면에 대면 event.touches 속성의 배열 원소의 개수는 1 이상이
된다.
    var nLen = event.touches.length;
```

```
    // 첫 번째 터치 정보의 Touch 객체를 이용해 터치 좌표를 얻는다.
    var touch = event.touches[0];

    alert('TouchStart의 X 좌표: ' + touch.pageX + ', Y 좌표 :' + touch.pageY);
}, false);
```

touchmove 이벤트도 touchstart 이벤트와 동일하게 사용한다. touchend 이벤트에서는 changedTouches 속성으로 터치 좌표를 얻을 수 있다. 다음 코드는 touchend 이벤트가 발생하면 터치한 지점의 X 좌표와 Y 좌표를 경고 메시지로 보여주는 예제다.

```
document.addEventListener('touchend', function(event) {
    // event.changedTouches 3가지 속성만 사용 가능하다.
    // 화면에 손가락 여러 개를 대면 nLen 값은 1 이상이 된다.
    var nLen = event.changedTouches.length;

    // 첫 번째 터치 정보의 Touch 객체를 이용해 터치 좌표를 얻는다.
    var touch = event.changedTouches[0];

    alert('TouchEnd의 X 좌표: ' + touch.pageX + ', Y 좌표 :' + touch.pageY);
}, false);
```

터치 이벤트 발생 순서

터치 이벤트는 touchstart 이벤트 ➡ touchmove 이벤트(n개) ➡ touchend 이벤트의 순서로 모든 브라우저에서 동일하게 발생한다. 그러나 클릭 이벤트와 스크롤 이벤트, 마우스 이벤트까지 고려한 발생 순서는 브라우저마다 다르다. 예를 들면, iOS용 사파리의 스크롤 이벤트는 터치 이벤트 완료 이후에 발생하지만 안드로이드 브라우저의 스크롤 이벤트는 touchmove 이벤트와 교차해서 발생하거나 여러 번 발생하기도 한다.

다음은 모바일 브라우저에서 이벤트 발생 순서를 정리한 표다.

표 6-4 터치 이벤트의 발생 순서 비교

동작	발생 순서	
터치	touchstart → touchend → mousemove → mousedown → mouseup → mouseover → click 마우스 이벤트는 touchend 이벤트 이후에 발생한다.	
수직 방향 이동	사파리	touchstart → touchmove(n개) → touchend → (mousemove → mousedown → mouseup) → scroll • scroll 이벤트는 마지막에 한 번 발생한다. • 마우스 이벤트는 touchend 이벤트 이후에 발생한다.
	안드로이드	touchstart → [touchmove → mousemove] (n개) → scroll(0 ~ n 개) → touchend → (mousemove) → scroll (0 ~ n개) • 안드로이드 브라우저에서는 스크롤 이벤트가 여러 번 발생한다. • mousemove 이벤트는 종종 touchend 이벤트 이후나 touchmove 이벤트 중간에 나타난다.
	안드로이드 2.3(갤럭시 S, 갤럭시 S2), 안드로이드 3.0 이상	touchstart → touchmove → scroll(0 ~ n번) • 갤럭시 S와 갤럭시 S2의 안드로이드 2.3에서는 iOS용 사파리와 같은 형 태로 scroll 이벤트가 마지막에 한 번만 나타난다. • 안드로이드 3.0부터는 touchend 이벤트가 발생하지 않는다.
수평 방향 이동	touchstart → [touchmove → mousemove] (n개) → touchend → mousemove(n개) mousemove 이벤트는 종종 touchend 이벤트 이후나 touchmove 이벤트 중간에 나타난다. touchstart → touchmove → scroll (0 ~ n개) 안드로이드 3.0부터는 수평 방향으로 이동해도 scroll 이벤트가 발생하며, touchend 이벤트가 발생하지 않는다.	

표 6-4에서 보다시피 touchstart 이벤트는 사용자가 기기를 터치해 제스처를 취할 때 가장 먼저 발생하는 이벤트다. 그래서 다음과 같이 touchstart 이벤트 핸들러에서 기본 기능을 막으면 이후에 수행돼야 하는 클릭이나 스크롤 같은 기능이 동작하지 않는다.

```
document.addEventListener('touchstart', function(event) {
    // 기본 기능을 막으면 클릭과 스크롤 같은 기능이 동작하지 않으며 이벤트도 발생하지
않는다.
    // touchmove 이벤트와 touchend 이벤트는 정상적으로 발생한다.
    event.preventDefault();
}, false);
```

touchmove 이벤트 핸들러에서 기본 기능을 막으면 스크롤이 동작하지 않는다. 클릭은 정상적으로 동작한다. 특정 영역에서 가로로 플리킹하는 기능을 구현하기 위해 상하 스크롤 기능을 중지시킬 때 많이 이용한다.

```
document.addEventListener('touchmove', function(event) {
    // 기본 기능을 막으면 스크롤이 동작하지 않으며, 이벤트도 발생하지 않는다.
    // 클릭 이벤트는 정상적으로 발생한다.
    event.preventDefault();
}, false);
```

터치 이벤트 사용 예제

예제를 통해 터치 이벤트가 발생하는 순서를 확인해 보겠다. 다음은 회색 터치 영역을 터치하면 발생한 이벤트 타입과 터치한 좌표를 화면에 출력하는 예제다.

터치 이벤트 활용 예제

http://me2.do/FezFVYyy

그림 6-1 터치 이벤트 활용 예제

페이지를 로딩할 때 터치 영역(아이디가 'touch'인 DIV 요소)에 touchstart 이벤트와 touchmove 이벤트, touchend 이벤트를 등록한다. 이벤트가 발생하면 로그 영역(아이디가 'log'인 DIV 요소)에 발행한 이벤트의 이름과 터치된 개수만큼 pageX 속성의 값과 pageY 속성의 값을 요소로 추가해서 보여준다.[30]

---

30 소스코드는 https://github.com/wikibook/navermobileuidev/blob/gh-pages/Chapter06/1.touch/index.html에서도 확인할 수 있다.

```
<!DOCTYPE html>
<html lang="ko">
    <head>
        <meta charset="UTF-8" />
        <meta name="viewport" content="width=device-width, initial-scale=1.0,
maximum-scale=1.0, minimum-scale=1.0, user-scalable=no, target-densitydpi=medium-dpi" />
        <title>터치 이벤트 활용 예제</title>
        <style>
            div, span {
                margin: 0px;
                padding: 0px
            }
        </style>
    </head>
    <body>
        <!-- 터치 영역 -->
        <div id="touch" style="background-color:grey;width:100%;height:100px;">
            <br>
            이 영역을 터치하세요.
        </div>
        <br>
        <!-- 로그 영역 -->
        <div id="log" style="border:1px solid black;width:100%;"></div>
    </body>
    <script>
        var elTouch = document.getElementById("touch");

        // 로그 영역에 로그를 추가한다.
        function addLog(s) {
            var elLog = document.getElementById('log');
            var sText = elLog.innerHTML + "<br> " + s;
            elLog.innerHTML = sText;
        }

        // 페이지 로딩이 완료된 경우.
        window.onload = function() {
            // touchstart 이벤트를 등록한다.
```

```
        elTouch.addEventListener("touchstart", function(event) {
            // touchstart 이벤트의 기본 동작을 막는다. 이 영역에서는 브라우저의
스크롤 기능이 동작하지 않는다.

            event.preventDefault();
            var oTouch = event.changedTouches;
            var sTxt = '';
            for (var i = 0, nLen = oTouch.length; i < nLen; i++) {
                sTxt += ' [nX:' + oTouch[i].pageX + ",nY:" + oTouch[i].pageY + " ],";
            }

            addLog('[touchstart]' + sTxt);
        });
        // touchmove 이벤트를 등록한다.
        elTouch.addEventListener("touchmove", function(event) {
            var oTouch = event.changedTouches;
            var sTxt = '';
            for (var i = 0, nLen = oTouch.length; i < nLen; i++) {
                sTxt += ' [nX:' + oTouch[i].pageX + ",nY:" + oTouch[i].pageY + " ],";
            }

            addLog('[touchmove]' + sTxt);
        });

        // touchend 이벤트를 등록한다.
        elTouch.addEventListener("touchend", function(event) {
            var oTouch = event.changedTouches;
            var sTxt = '';
            for (var i = 0, nLen = oTouch.length; i < nLen; i++) {
                sTxt += ' [nX:' + oTouch[i].pageX + ",nY:" + oTouch[i].pageY + " ],";
            }
            addLog('[touchend]' + sTxt);
        })
    }
</script>
</html>
```

제스처 이벤트

제스처 이벤트는 터치 이벤트와 비슷하다. 그러나 터치 이벤트는 한 손가락을 움직일 때 발생하는 이벤트고, 제스처 이벤트는 두 손가락을 움직일 때 발생하는 이벤트다. 휴대폰에서 손가락 두 개로 사진을 확대하고 축소할 때 브라우저에서 발생하는 이벤트가 제스처 이벤트다. 제스처 이벤트 객체에서는 사용자의 손가락 움직임이 확대 또는 축소 중인지, 회전 중인지에 대한 정보를 얻을 수 있다.

제스처 이벤트에는 이벤트가 발생하는 시점에 따라 gesturestart 이벤트와 gesturechange 이벤트, gestureend 이벤트로 세 종류의 이벤트가 있다. 터치 이벤트의 touchstart 이벤트, touchmove 이벤트, touchend 이벤트처럼 이벤트가 시작할 때, 손가락이 움직일 때, 이벤트가 끝났을 때 발생한다. 단, 이 이벤트는 iOS에서만 발생하고 안드로이드에서는 발생하지 않는다.[31]

표 6-5 제스처 이벤트의 종류

이벤트 이름	설명
gesturestart	화면에 두 손가락이 닿을 때 발생한다.
gesturechange	화면에서 두 손가락이 움직일 때 발생한다.
gestureend	화면에서 두 손가락을 뗄 때 발생한다.

두 손가락을 사용할 때 발생하는 제스처 이벤트 객체의 속성에는 두 가지가 있다. 하나는 두 손가락을 벌리거나 좁혀서 요소를 확대 또는 축소할 때 나타나는 정보인 scale 속성이고, 또 다른 하나는 두 손가락으로 요소를 회전할 때 나타나는 정보인 rotation 속성이다.

표 6-6 제스처 이벤트 객체의 속성

속성	설명
scale	두 손가락을 벌리거나 좁혀서 확대 또는 축소한 비율
rotation	두 손가락을 돌려서 회전한 각도

다음은 제스처 이벤트를 사용하는 예다. 예제를 실행하면 두 손가락을 화면에 대고 움직여 이벤트가 시작할 때와 손가락을 움직일 때, 손가락을 화면에서 떼어 이벤트가 끝날 때 로그를 기록한다.

---

31 iOS에서 제스처 이벤트 처리에 대한 더 자세한 내용은 https://developer.apple.com/library/ios/documentation/AppleApplications/Reference/SafariWebContent/HandlingEvents/HandlingEvents.html을 참고한다.

```
document.addEventListener("gesturestart", function(event){
    console.log("gesturestart");
}, false);

document.addEventListener("gesturechange", function(event){
    console.log("scale : " + event.scale +", rotation : " + event.rotation);
}, false);

document.addEventListener("gestureend", function(event){
    console.log("gestureend");
}, false);
```

기록된 로그를 보면 제스처 이벤트는 gesturestart 이벤트 → gesturechange 이벤트(n개) → gestureend 이벤트의 순서로 발생한다는 것을 확인할 수 있다.

```
gesturestart
scale : 0.93514084815979, rotation : 4.853874206542969
scale : 0.9416829347610474, rotation : 7.073539733886719
scale : 0.9137423038482666, rotation : 9.799850463867188
scale : 0.8879978656768799, rotation : 12.691116333007812
scale : 0.8646458983421326, rotation : 15.746711730957031
scale : 0.8300297856330872, rotation : 16.618057250976562
scale : 0.7956224083900452, rotation : 17.56501007080078
scale : 0.7614519000053406, rotation : 18.597259521484375
scale : 0.7433194518089294, rotation : 22.328651428222656
scale : 0.7605555653572083, rotation : 24.818214416503906
scale : 0.7284886837005615, rotation : 26.229148864746094
scale : 0.7478938102722168, rotation : 28.668838500976562
scale : 0.7171643972396851, rotation : 30.272132873535156
scale : 0.6870464086532593, rotation : 32.01744079589844
gestureend
```

그림 6-2 이벤트 발생 로그

제스처 이벤트 사용 예제

제스처 이벤트의 scale 속성을 이용하면 다음 그림과 같이 두 손가락으로 요소를 확대하고 축소하는 UI를 구현할 수 있다.

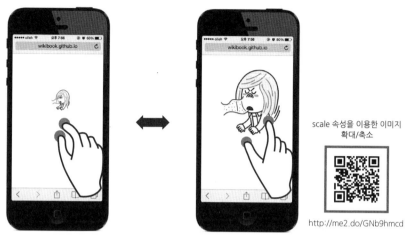

scale 속성을 이용한 이미지
확대/축소

http://me2.do/GNb9hmcd

그림 6-3 scale 속성을 이용한 이미지 확대, 축소

다음은 제스처 이벤트가 반환하는 scale 속성의 값을 이용해 이미지를 확대하고 축소하는 예제다.
이미지가 확대되고 축소되는 애니메이션 동작은 CSS3의 transform 속성으로 구현했다.[32]

```
<!DOCTYPE html>
<html lang="ko">
    <head>
        <meta charset="UTF-8" />
        <meta name="viewport" content="width=device-width, initial-scale=1.0,
maximum-scale=1.0, minimum-scale=1.0, user-scalable=no, target-densitydpi=medium-dpi" />
        <title>제스처 이벤트 활용 예제 - 확대/축소</title>
        <style>
            #elImg {
                -webkit-transition: all 0.1s ease-out;
                margin-top: 35%;
                margin-left: 40%;
                position: absolute;
            }
        </style>
    </head>
    <body style="width:100%;height:100%;">
```

---

32 소스코드는 https://github.com/wikibook/navermobileuidev/blob/gh-pages/Chapter06/2.gesture/index1.html에서도 확인할 수 있다.

```
        <div id="elImg">
            <img src="img.png" width="70px;" id="imgTag">
        </div>
        <script>
            var elImg = document.getElementById("imgTag");
            document.addEventListener("gesturechange", function(event){
                elImg.style.webkitTransform = "scale("+event.scale+")";
            }, false);
        </script>
    </body>
</html>
```

확대와 축소뿐만 아니라 rotation 속성을 이용하면 이미지를 회전하는 UI를 구현할 수 있다.

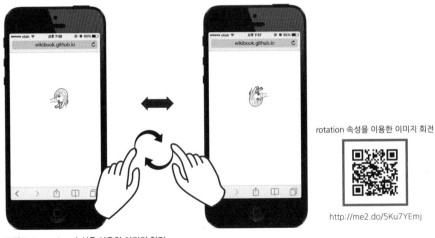

rotation 속성을 이용한 이미지 회전

http://me2.do/5Ku7YEmj

그림 6-4 rotation 속성을 이용한 이미지 회전

다음은 제스처 이벤트가 반환하는 rotation 속성의 값을 이용해 이미지를 회전하는 예제다. scale 속성을 이용해 이미지를 확대하고 축소하는 예제와 동일하며 CSS3를 이용한 애니메이션 동작에 적용한 코드만 변경했다.[33]

```
document.addEventListener("gesturechange", function(event){
    elImg.style.webkitTransform = "rotate("+event.rotation+"deg)";
}, false);
```

---

33 전체 코드는 https://github.com/wikibook/navermobileuidev/blob/gh-pages/Chapter06/2.gesture/index2.html에서 확인할 수 있다.

다음은 앞에서 구현한 이미지의 확대와 축소, 이미지 회전이 모두 가능한 UI를 구현한 예제다. 이 예제를 실행하면 이미지를 확대나 축소할 뿐만 아니라 원하는 방향으로 회전시킬 수도 있다.[34]

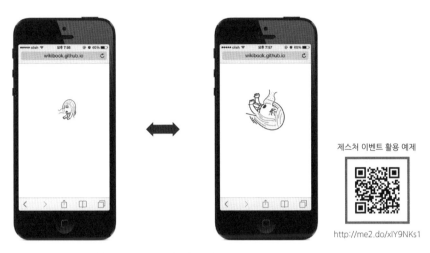

제스처 이벤트 활용 예제

http://me2.do/xlY9NKs1

그림 6-5 제스처 이벤트를 이용한 이미지의 확대/축소, 회전

```
<!DOCTYPE html>
<html lang="ko">
    <head>
        <meta charset="UTF-8" />
        <meta name="viewport" content="width=device-width, initial-scale=1.0,
maximum-scale=1.0, minimum-scale=1.0, user-scalable=no, target densitydpi=medium-dpi" />
        <title>제스처 이벤트 활용 예제</title>
        <style>
            #elImg {
                -webkit-transition: all 0.1s ease-out;
                margin-top: 35%;
                margin-left: 40%;
                position: absolute;
            }
        </style>
    </head>
    <body style="width:100%;height:100%;">
```

---

34   소스코드는 https://github.com/wikibook/navermobileuidev/blob/gh-pages/Chapter06/2.gesture/index.html에서도 확인할 수 있다.

```
        <div id="elImg">
            <img src="img.png" width="70px;" id="imgTag">
        </div>
        <script>
            var elImg = document.getElementById("imgTag");
            document.addEventListener("gesturechange", function(event) {
                elImg.style.webkitTransform = "scale(" + event.scale + ")rotate(" +
    event.rotation + "deg)";
            }, false);
        </script>
    </body>
</html>
```

orientationchange 이벤트

모바일 환경에서는 기기의 회전 상태에 따라 화면의 방향이 가로나 세로로 변한다. 기기가 회전하면 화면의 방향이 가로에서 세로로, 또는 세로에서 가로로 바뀌고, 이때 orientationchange 이벤트가 발생한다. orientationchange 이벤트는 기기의 회전 상태에 따라 사용자에게 다른 UI를 보여주는 반응형 웹을 구현하는 데 꼭 필요한 기능이다.

orientationchange 이벤트를 지원하는 환경은 다음과 같다.

- 안드로이드 2.2 이상의 기본 브라우저
- iOS 3.2 이상의 사파리

orientationchange 이벤트가 발생하지 않는 하위 버전의 브라우저에서는 orientationchange 이벤트 대신 resize 이벤트를 이용해 모바일 기기의 회전 상태를 파악할 수 있다. resize 이벤트로 회전 상태를 파악하는 방법은 "10. 모바일 기기 회전 확인하기(121쪽)"를 참고한다.

window.orientation 속성과 기기의 회전 상태

orientationchange 이벤트로는 회전된 순간만을 알 수 있다. 실제로 기기가 가로 상태인지 세로 상태인지는 window.orientation 속성의 값으로 확인한다. window.orientation 속성값으로 확인할 수 있는 기기의 회전 상태는 회전 방향에 따라 크게 가로 방향과 세로 방향으로 나뉜다. 가로 방향은 다시 왼쪽으로 회전한 상태(landscape left)와 오른쪽으로 회전한 상태(landscape right)로 나뉜다. 세로 방향은 홈 버튼이 아래에 있는 상태(portrait)와 홈 버튼이 위에 있는 상태(upside down)로 나뉜다.

다음 표는 기기의 회전 상태에 따른 window.orientation 속성의 값이다.

표 6-7 window.orientation 속성값과 기기 회전 상태

window.orientation 속성값	기기 회전 상태	설명
0		홈 버튼이 아래에 있는 세로 상태
180		홈 버튼이 위에 있는 세로 상태
90		오른쪽으로 회전해서 홈 버튼이 왼쪽에 있는 가로 상태
-90		왼쪽으로 회전해서 홈 버튼이 오른쪽에 있는 가로 상태

orientationchange 이벤트 사용

orientationchange 이벤트는 window 객체에서 'orientationchange'라는 이름으로 이벤트를 바인드해 사용할 수 있다.

다음은 orientationchange 이벤트를 이용해 기기가 회전하면 회전 상태를 경고 메시지로 보여주는 예제다. 이벤트가 발생할 때 window.orientation 속성의 값이 0이거나 180이면 세로 상태이고, 90이거나 −90이면 가로 상태다.

```
window.addEventListener("orientationchange", function(event) {
    var windowOrientation = window.orientation;
    if (windowOrientation === 0 || windowOrientation === 180) {
        alert("세로");
    } else if (windowOrientation === 90 || windowOrientation === -90) {
        alert("가로");
    }
}, false);
```

운영체제별 orientationchange 이벤트 특징

orientationchange 이벤트는 운영체제나 기기마다 다르게 동작한다. 이는 운영체제의 오류이거나 기기의 특성 때문인 경우가 대부분이다. 특히, 제조사가 다양한 안드로이드 기반의 기기에서는 그 차이가 더욱 크다.

이러한 차이는 모든 운영체제와 기기에서 회전 상태를 정상적으로 인식하고 동작하는 기능을 구현하려면 꼭 알아야 할 사항이다. 차이를 고려해 기기의 회전 상태를 인지하는 방법은 "10. 모바일 기기 회전 확인하기(121쪽)"에서 자세히 다룬다.

iOS에서 orientationchange 이벤트

iOS에서는 orientationchange 이벤트의 동작에 오류가 매우 적어 기기의 회전 상태를 확인하는 데 매우 유용하다. 다만, iOS의 버전에 따라 resize 이벤트와 scroll 이벤트, orientationchange 이벤트의 발생 순서가 달라 이벤트에 따라 동작하는 기능을 구현할 때 주의해야 한다. iOS의 각 버전별로 이벤트가 발생하는 순서는 다음 표와 같다.

표 6-8 iOS에서 orientationchange 이벤트의 발생 순서

버전	이벤트 발생순서
6.x 5.x	orientationchange → resize → scroll
4.x 3.x	resize → orientationchange → scroll

안드로이드에서 orientationchange 이벤트

안드로이드에서 orientationchange 이벤트는 운영체제의 버전과 제품에 따라 다르게 동작한다. 그러나 다음과 같은 공통점이 있다.

- 버전에 상관없이 삼성에서 제조한 기기에서는 orientationchange 이벤트가 발생해도 window. innerHeight 속성값과 window.innerWidth 속성값은 회전하기 전의 값이다.[35]
- 안드로이드 4.0 이상을 사용하는 삼성 계열 이외의 기기에서는 orientationchange 이벤트가 발생했을 때 window.innerHeight 속성값과 window.innerWidth 속성값이 회전 후의 값이 된다.
- 안드로이드 2.3부터는 기본 브라우저에서 모두 orientationchange 이벤트 → resize 이벤트 순서로 이벤트가 발생한다.

다음 표는 안드로이드 버전과 제품에 따른 orientationchange 이벤트의 특징이다.

표 6-9 안드로이드 기반 제품에서 orientationchange 이벤트의 특징

버전	제품	이벤트 발생 순서와 특징
4.0	갤럭시 S3 LTE 갤럭시 S3 갤럭시 S2 넥서스 S 갤럭시 노트	orientationchange → resize orientationchange 이벤트가 발생할 때 window.innerHeight 속성과 window. innerWidth 속성은 회전하기 전의 상태 값을 반환한다.
	옵티머스 LTE	orientationchange → resize
3.0	갤럭시Tab2	orientationchange → resize orientationchange 이벤트가 발생할 때 window.innerHeight 속성과 window. innerWidth 속성은 회전하기 전의 상태 값을 반환한다.

---

35 window.innerHeight 속성값과 window.innerWidth 속성값은 브라우저에서 콘텐츠가 보이는 영역의 높이와 너비다.

버전	제품	이벤트 발생 순서와 특징
2.3	갤럭시 S2 갤럭시 S 갤럭시 노트	orientationchange → resize orientationchange 이벤트가 발생할 때 window.innerHeight 속성과 window.innerWidth 속성은 회전하기 전의 상태 값을 반환한다.
2.2	갤럭시 S 갤럭시 K	orientationchange → resize → orientationchange • 첫 번째 orientationchange 이벤트가 발생할 때 window.innerHeight 속성과 window.innerWidth 속성은 회전하기 전의 상태 값을 반환한다. • 두 번째 orientationchange 이벤트가 발생할 때는 회전한 후의 상태 값을 반환한다.
2.2	옵티머스2X, 베가X	orientationchange → resize orientationchange 이벤트가 발생할 때 window.innerHeight 속성과 window.innerWidth 속성은 회전하기 전의 상태 값을 반환한다.
	갤럭시 탭	orientationchange → orientationchange → orientationchange → orientationchange • 첫 번째와 두 번째, 세 번째로 orientationchange 이벤트가 발생할 때는 window.innerHeight 속성과 window.innerWidth 속성이 회전하기 전의 상태 값을 반환한다. • 네 번째 orientationchange 이벤트가 발생할 때는 회전한 후의 상태 값을 반환한다.

orientationchange 이벤트 사용 예제

다음은 이미지가 보이는 개수가 기기의 방향에 따라 달라지는 예제다. 초기 화면에서는 이미지가 3개 보인다. 기기를 세로 방향에서 가로 방향으로 회전하면 이미지가 하나 더 나타난다. 다시 기기를 가로 방향에서 세로 방향으로 회전하면 이미지 하나가 사라진다.

orientationchange 이벤트
사용 예제

http://me2.do/5nOlstGz

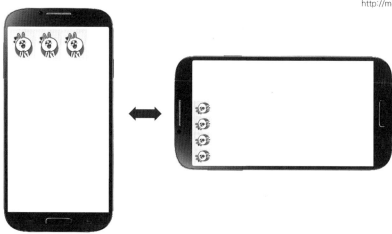

그림 6-6 기기 화면이 세로일 때와 가로일 때의 모습

페이지를 처음 로딩할 때는 이미지를 3개 추가하게 했다. 이미지를 추가할 영역은 아이디가 'imgList'인 DIV 요소로 설정했다. 이미지를 추가할 때는 〈span〉 태그로 〈img〉 태그를 둘러싸서 추가한다.

orientationchange 이벤트가 발생하면 window.orientation 속성의 값을 확인한다. 기기의 방향이 세로여서 window.orientation 속성의 값이 0이거나 180이면 이미지를 제거하는 함수인 fncRemoveImg() 함수를 호출한다. 기기의 방향이 가로여서 window.orientation 속성의 값이 90이거나 –90이면 이미지를 추가하는 함수인 fncAddImg() 함수를 호출한다.[36]

```html
<!DOCTYPE html>
<html lang="ko">
    <head>
        <meta charset="UTF-8" />
        <meta name="viewport" content="width=device-width, initial-scale=1.0,
maximum-scale=1.0, minimum-scale=1.0, user-scalable=no, target-densitydpi=medium-dpi" />
        <title>orientationchange 이벤트 활용 예제</title>
        <style>
            div, span {
                margin: 0px;
                padding: 0px
            }
        </style>
    </head>
    <body>
        <div id="imglist"></div>
    </body>
<script>
    var elImgList = document.getElementById("imglist");

    // 이미지를 추가한다.
    function fncAddImg() {
        var elSpanTag = document.createElement("span");
        elSpanTag.innerHTML = "<img src='cony.png'/>";
```

---

36 소스코드는 https://github.com/wikibook/navermobileuidev/blob/gh-pages/Chapter06/3.orientationchange/index.html에서도 확인할 수 있다.

```
            elImgList.appendChild(elSpanTag);
        }

        // 이미지를 제거한다.
        function fncRemoveImg() {
            elImgList.removeChild(elImgList.lastChild);
        }

        // 페이지 로딩이 완료된 경우.
        window.onload = function() {
            // orientationchange 이벤트 핸들러를 등록한다.
            window.addEventListener("orientationchange", function(event) {
                var windowOrientation = window.orientation;
                if (windowOrientation === 0 || windowOrientation == 180) {
                    // 기기 방향이 세로이면 이미지를 제거
                    fncRemoveImg();
                } else if (windowOrientation == 90 || windowOrientation == -90) {
                    // 기기 방향이 가로이면 이미지를 추가
                    fncAddImg();
                }
            }, false);

            // 초기에 이미지 3개를 추가
            for (var i = 0; i < 3; i++) {
                fncAddImg();
            }
        }
    </script>
</html>
```

devicemotion 이벤트

devicemotion 이벤트는 모바일 기기가 움직이거나 회전할 때 발생하는 이벤트로, 움직일 때의 가속도와 회전 각도에 대한 정보를 제공한다. devicemotion 이벤트를 이용하면 기기를 움직여서 동작하는 게임이나 수평계 등을 제작할 수 있다. 다음 그림은 휴대폰을 흔들어 주사위를 던지고 그 주사위의 숫자만큼 말이 이동하는 게임을 구현한 서비스와 수평계의 모습이다.

그림 6-7 휴대폰을 흔들어 진행하는 게임(왼쪽)과 수평계(오른쪽)

devicemotion 이벤트는 이벤트가 발생할 때 모바일 기기를 움직이는 속도와 회전한 정도를 속성 값으로 전달한다. devicemotion 이벤트의 속성은 읽기 전용이라 값을 확인만 할 수 있고 값을 설정할 수는 없다.

표 6-10 devicemotion 이벤트 객체의 속성

속성 이름	설명
acceleration	중력을 제거한 가속도 정보. 사용자가 모바일 기기를 움직일 때만 속성값에 변화가 생긴다.
accelerationIncludingGravity	중력을 포함한 가속도 정보. 모바일 기기를 가만히 둬도 속성값에 변화가 생긴다.
interval	devicemotion 이벤트가 발생하는 시간의 간격(ms)
rotationRate	X축, Y축, Z축을 기준으로 한 모바일 기기의 회전 속도

devicemotion 이벤트 객체의 속성이 전달하는 정보는 다음과 같이 기기를 기준으로 세 개의 축인 X축, Y축, Z축을 기준으로 한 움직임의 속도에 대한 정보다.

그림 6-8 기기 축의 방향

여기서는 모바일 기기의 기울기에 따라 중력 가속도 정보를 이용할 수 있도록 accelerationIncludingGravity 속성을 다룰 것이다. accelerationIncludingGravity 속성은 모바일 기기에서만 사용할 수 있다. accelerationIncludingGravity 속성을 사용하면 모바일 기기를 움직이지 않고 바닥에 놓고만 있어도 아래를 향하는 가속도 정보가 전달되는 것을 확인할 수 있다. 각 축을 기준으로 한 가속도 정보는 다음과 같다.

```
accelerationIncludingGravity : {
    x: 0.0448305244224612 // X축의 가속도 정보
    y: 0.0007278709688108 // Y축의 가속도 정보
    z: -9.829544804536994 // Z축의 가속도 정보
}
```

devicemotion 이벤트 사용

이제 실제 움직임에 따라 어떤 정보를 얻고, 어떻게 활용할 수 있을지 확인해 보겠다. 기본 마크업은 다음과 같다. 화면에 보일 이미지가 있는 영역과 현재 가속도 정보를 표현할 영역으로 구성하고 이미지가 가운데에 있도록 left 속성과 top 속성의 값을 설정했다.

```
<!DOCTYPE html>
<html lang="ko">
    <head>
        <meta charset="UTF-8" />
        <meta name="viewport" content="width=device-width, initial-scale=1.0,
maximum-scale=1.0, minimum-scale=1.0, user-scalable=no, target-densitydpi=medium-dpi" />
        <title>devicemotion 이벤트 활용 예제 - X축 기준 이동</title>
        <style>
            #elImg {
                -webkit-transition: all 0.1s ease-out;
                margin-top: 35%;
                margin-left: 40%;
                position: absolute;
            }
        </style>
    </head>
    <body style="width:100%;height:100%;" onload="top();">
        <div id="elImg">
            <img src="img.png" width="70px;" id="imgTag">
        </div>
        <span id="posText"></span>
    </body>
</html>
```

X축을 기준으로 모바일 기기를 움직였을 때의 동작을 확인하는 코드는 다음과 같다.[37]

```
<script>
window.addEventListener("devicemotion", function ( e ){
    var nX = e.accelerationIncludingGravity.x * 10;
    document.getElementById("elImg").style.webkitTransform = "translate("+nX+"px,
0px)";
    document.getElementById("posText").innerHTML = nX;
}, false);
</script>
```

---

37 전체 소스코드는 https://github.com/wikibook/navermobileuidev/blob/gh-pages/Chapter06/4.devicemotion/index1.html에서 확인할 수
있다.

기기를 들고만 있어도 가속도 정보에 중력 정보가 전달되기 때문에 아무런 움직임 없이 기기를 왼쪽 면으로 세웠을 때는 -10, 오른쪽 면으로 세웠을 때는 10이 반환된다. 기기를 크게 흔들면 -20 ~ 20이 반환되기도 한다. 반환되는 값을 최소 -20, 최대 20이라고 정할 수는 없지만 -20 ~ 20 정도의 값이 반환되는 것이다.

X축의 가속도에 따라 이미지가 움직일 수 있게 할 때, 중력의 기본값인 -10과 10이나 기기를 흔들었을 때 전달되는 값의 범위가 작아 전달받은 값에 10을 곱해 움직임을 좀 더 쉽게 확인할 수 있게 했다.

다음 그림은 기기를 오른쪽으로 기울였을 때 캡처한 모습이다. 반대로 왼쪽으로 기울이면 이미지가 왼쪽으로 이동한다.

X축 이동 예제

http://me2.do/FBllGNSf

그림 6-9 X축 가속도 변화

다음은 Y축을 기준으로 모바일 기기를 움직일 때 반환하는 값을 활용한 예제다. 기기를 위아래로 움직일 때 발생하는 가속도 정보를 반환한다. 이때의 가속도 정보도 X축에서와 같이 -20 ~ 20이다.[38]

---

38 전체 소스코드는 https://github.com/wikibook/navermobileuidev/blob/gh-pages/Chapter06/4.devicemotion/index2.html에서 확인할 수 있다.

```
<script>
    window.addEventListener("devicemotion", function ( e ){
        var nY = -e.accelerationIncludingGravity.y;
        document.getElementById("elImg").style.webkitTransform = "translate(0px, "+nY
* 10+"px)";
        document.getElementById("posText").innerHTML = nY;
    }, false);
</script>
```

Y축도 마찬가지로 기기를 위아래로 흔들거나 기울이면 가속도에 따라 이미지가 이동하는 모습을 볼 수 있다. 바닥에 놓고 흔들어 보면 좀 더 변화되는 모습을 확실히 볼 수 있다.

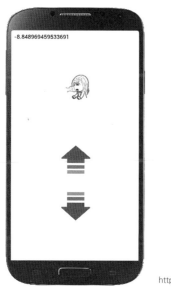

Y축 이동 예제

http://me2.do/GnZg5gd6

그림 6-10 Y축 가속도 변화

Z축과 관련한 정보는 기기 정면과 후면에 대한 가속도 정보다. Z축의 가속도 정보 역시 −20 ~ 20 이다.

다음은 Z축 정보를 이용해 이미지를 확대하거나 축소하는 예제다. 확대된 이미지가 브라우저 화면에 들어오도록 scale 속성의 값을 2로 나눴다.[39]

```
<script>
    window.addEventListener("devicemotion", function ( e ){
        var nZ = e.accelerationIncludingGravity.z;
        document.getElementById("elImg").style.webkitTransform = "scale("+nZ/2+")";
        document.getElementById("posText").innerHTML = nZ;
    }, false);
</script>
```

Z축 이동 예제

http://me2.do/FUjox0GK

그림 6-11 Z축 가속도 변화

---

39 전체 소스코드는 https://github.com/wikibook/navermobileuidev/blob/gh-pages/Chapter06/4.devicemotion/index3.html에서 확인할 수 있다.

devicemotion 이벤트의 사용 예제

다음은 X축, Y축, Z축에 대한 예제를 하나의 페이지로 통합한 예제다. 모바일 기기를 움직이면 가속도에 따라 이미지가 확대 또는 축소되거나 왼쪽, 오른쪽, 위아래로 이동한다.[40]

devicemotion 이벤트
사용 예제

http://me2.do/xYB1tWuW

```html
<!DOCTYPE html>
<html lang="ko">
    <head>
        <meta charset="UTF-8" />
        <meta name="viewport" content="width=device-width, initial-scale=1.0,
maximum-scale=1.0, minimum-scale=1.0, user-scalable=no, target-densitydpi=medium-dpi" />
        <title>devicemotion 이벤트 활용 예제</title>
        <style>
            #elImg {
                -webkit-transition: all 0.1s ease-out;
                margin-top: 35%;
                margin-left: 40%;
                position: absolute;
            }
        </style>
    </head>
<body style="width:100%;height:100%;" onload="top();">
    <div id="elImg">
        <img src="img.png" width="70px;" id="imgTag">
    </div>
    <span id="posText"></span>
    <script>
        window.addEventListener("devicemotion", function(e) {
            var nX = e.accelerationIncludingGravity.x;
            var nY = -e.accelerationIncludingGravity.y;
            var nZ = e.accelerationIncludingGravity.z;
            document.getElementById("elImg").style.webkitTransform = "translate("
+ nX * 10 + "px, " + nY * 10 + "px)scale(" + -nZ / 5 + ")";
```

---

40 소스코드는 https://github.com/wikibook/navermobileuidev/blob/gh-pages/Chapter06/4.devicemotion/index.html에서도 확인할 수 있다.

```
            // document.getElementById("posText").innerHTML = nX;
        }, false);
    </script>
    </body>
</html>
```

07
데스크톱과 다르게
동작하는 이벤트

모바일 브라우저에서도 화면이 스크롤되면 scroll 이벤트가 발생하고, 키보드와 마우스 관련 이벤트도 발생한다. 그러니 모바일 브라우저에서 발생하는 이런 이벤트는 데스크톱 브라우저에서 발생할 때와는 발생 순서나 발생 횟수 등이 다르다.

7장에서는 모바일 브라우저와 데스크톱 브라우저에서 공통적으로 발생하지만 동작 방식이 다른 이벤트의 특징과 차이점을 살펴보겠다.

scroll 이벤트

scroll 이벤트는 브라우저의 스크롤 막대가 움직일 때 발생하는 이벤트다. PC에서 스크롤 막대를 내리거나 올릴 때 고정된 위치에 요소가 계속 보이게 할 때 scroll 이벤트를 많이 사용한다. 그 외에도 콘텐츠 주위에 계속 나타나는 레이어 또는 메뉴 등을 scroll 이벤트로 제어한다.

다음 그림은 블로그 서비스의 리모컨이다. 이 리모컨은 scroll 이벤트가 발생할 때마다 브라우저 오른쪽 위에 계속 나타난다.

그림 7-1 블로그 서비스의 리모컨 레이어

모바일 브라우저에서도 PC와 마찬가지로 화면을 스크롤할 때 scroll 이벤트가 발생한다. 모바일 브라우저에서 scroll 이벤트는 배너(레이어)로 사용자에게 공지 사항 등을 알릴 때 많이 사용한다. 배너에 대한 자세한 내용은 "11. 위치가 고정된 배너 만들기(135쪽)"에서 설명할 것이다.

그림 7-2는 모바일 사전 페이지에서 사용하는 도움말 배너다. 사용자가 화면을 스크롤해도 도움말이 항상 화면 아래에 나타나게 했다.

그림 7-2 사전 페이지의 알림 레이어

모바일 브라우저에서 scroll 이벤트의 특징

PC에서는 스크롤 막대가 이동할 때 이벤트가 발생한다. 모바일 브라우저에서도 스크롤 위치가 변경될 때 scroll 이벤트가 발생하지만 모바일의 특성상 몇 가지 특징이 있다.

scroll 이벤트는 브라우저의 window 객체와 문서의 DOM 영역에서 발생한다. 하지만 overflow:scroll 속성을 지원하는 iOS 5부터는 overflow:scroll 속성이 적용된 요소에서도 scroll 이벤트가 발생한다.

다음은 overflow:scroll 속성이 적용된 요소에서 scroll 이벤트가 발생하는지 확인하는 예다. scroll 이벤트가 발생하면 알림 메시지로 이벤트 발생을 알려 준다.[41]

```html
<!DOCTYPE html>
<html lang="ko">
    <head>
        <meta charset="UTF-8" />
        <meta name="viewport" content="width=device-width, initial-scale=1.0, maximum-scale=1.0,
minimum-scale=1.0, user-scalable=no, target-densitydpi=medium-dpi" />
        <title>scroll 이벤트 확인</title>
    </head>
    <body style="margin : 0 0 0 0;">
        <div id="inScroll" style="height:200px;width:100%;overflow:
                        scroll;-webkit-overflow-scrolling:touch;">
            <div style="height:1000px; background-color:rgb(28, 198, 153);">
                <br/>
                <br/>
                <br/>
                overflow:scroll 속성이 있는 요소
            </div>
        </div>
        <script type="text/javascript">
            document.getElementById("inScroll").addEventListener("scroll", function(e)
            {
                alert("스크롤 이벤트 발생");
            });
        </script>
    </body>
</html>
```

41 소스코드는 https://github.com/wikibook/navermobileuidev/blob/gh-pages/Chapter07/1.scroll/index1.html에서도 확인할 수 있다.

위의 예제를 실행하고 overflow:scroll 속성이 적용된 영역을 스크롤하면 다음 그림과 같이 알림 메시지가 나타난다.

scroll 이벤트 발생 예제

http://me2.do/GHxG2blP

그림 7-3 overflow:scroll 속성이 적용된 요소에서의 scroll 이벤트 발생

scroll 이벤트는 스크롤 위치가 변경될 때, window.scrollTo() 메서드나 window.scrollBy() 메서드가 호출됐을 때 발생한다. 그리고 모바일 특성상 iOS에서는 주소창이 감춰졌다 화면에 나타나거나 콘텐츠 양에 따라 화면이 스크롤되어 주소창이 사라질 때도 scroll 이벤트가 발생한다. 안드로이드에서는 주소창이 화면에 나타나거나 사라질 때 scroll 이벤트가 아니라 resize 이벤트가 발생한다.

다음은 iOS와 안드로이드에서 scroll 이벤트의 발생 시점을 비교한 표다.

표 7-1 스크롤 이벤트 발생 시점

구분	iOS	안드로이드
스크롤 위치 이동	발생	발생
scrollTo() 메서드 호출 scrollBy() 메서드 호출	iOS 5 이상: 발생 iOS 4 이하: 발생 안 함	발생
주소창이 나타나거나 사라질 때	발생 단, iOS 7에서는 발생 안 함	발생 안 함 resize 이벤트 발생

모바일 기기마다 scroll 이벤트 발생 시점과 발생 횟수가 다르다. iOS에서는 스크롤 이동이 끝난 상태에서 scroll 이벤트가 발생한다. 반면 안드로이드에서는 스크롤하고 있는 중에도 scroll 이벤트가 발생한다. 이벤트 발생 순서도 모바일 운영체제와 제조사, 버전에 따라 다르다.

다음은 scroll 이벤트가 발생하는 시점과 발생 횟수를 확인하기 위해 작성한 코드의 예다. 스크롤 영역에 손가락을 대고 움직이면 발생한 이벤트의 이름이 순서대로 표시된다.[42]

```html
<!DOCTYPE html>
<html lang="ko">
    <head>
        <meta charset="UTF-8" />
        <meta name="viewport" content="width=device-width, initial-scale=1.0,
maximum-scale=1.0, minimum-scale=1.0, user-scalable=no, target-densitydpi=medium-dpi" />
        <title>scroll 이벤트 발생 순서 확인</title>
    </head>
    <body style="margin : 0 0 0 0;">
        <script type="text/javascript">
            var i = 0;
            var j = 1;
            var a = [];
            var bScrollContinue = false;
            var bMoveContinue = false;
            document.addEventListener("scroll", function() {
                i++;
                if (bScrollContinue) {
                    a.pop();
                    j++;
                } else {
                    j = 1;
                }
                bScrollContinue = true;
                bMoveContinue = false;
                a.push("scroll (" + j + ")");
                document.getElementById("log2").innerHTML = a.join("<br>");
                document.getElementById("log").innerHTML = "scroll 이벤트 발생 횟수:
 " + i + ", 스크롤 위치: " + document.body.scrollTop;
            });
```

42 소스코드는 https://github.com/wikibook/navermobileuidev/blob/gh-pages/Chapter07/1.scroll/index2.html에서도 확인할 수 있다.

```
                    document.addEventListener("touchstart", function() {
                        bScrollContinue = false;
                        bMoveContinue = false;
                        a.push("touchstart");
                        document.getElementById("log2").innerHTML = a.join("<br>");
                    });

                    document.addEventListener("touchmove", function() {
                        if (bMoveContinue) {
                            a.pop();
                            j++;
                        } else {
                            j = 1;
                        }
                        bMoveContinue = true;
                        bScrollContinue = false;
                        a.push("touchmove (" + j + ")");
                        document.getElementById("log2").innerHTML = a.join("<br>");
                    });

                    document.addEventListener("touchend", function() {
                        bScrollContinue = false;
                        bMoveContinue = false;
                        a.push("touchend");
                        document.getElementById("log2").innerHTML = a.join("<br>");
                    });
                </script>
                <div id="log" style="position:fixed; top:0px;background-color:
        rgb(51,102,255);color: #ffffff;width: 100%;margin: 0 0 0 0;padding: 20px;">
                    scroll 이벤트 발생 횟수: 0, 스크롤 위치: 0
                </div>
                <div id="log2" style="position:fixed; top:50px;background-color:
        rgb(51,102,255);color: #ffffff;width: 100%;margin: 0 0 0 0;padding: 20px;"></div>
                <div style="height:2000px"></div>
            </body>
        </html>
```

다음 그림은 iOS 6.1과 안드로이드 4.0.4에서 위의 코드를 실행해 스크롤을 한 번만(touchstart
➡ touchmove ➡ touchend) 내린 결과다. iOS와 안드로이드에서 발생하는 이벤트의 순서와 발
생 횟수가 다르다는 것을 확인할 수 있다.

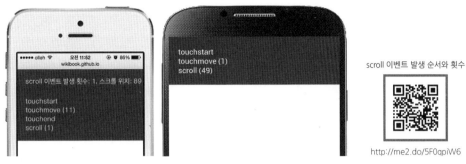

그림 7-4 iOS(왼쪽)와 안드로이드(오른쪽)에서 scroll 이벤트 발생 순서 및 횟수

안드로이드는 버전에 따라서도 발생하는 이벤트의 순서와 횟수가 다르다. 다음은 iOS와 안드로이드의 기기와 버전별로 이벤트 발생 순서와 횟수를 정리한 내용이다.

표 7-2 iOS의 scroll 이벤트 발생 순서

버전	이벤트 발생 순서
7.x 6.x 5.x 4.x	touchstart → touchmove(1 ~ n개) → touchend → scroll

표 7-3 안드로이드의 scroll 이벤트 발생 순서

버전	제품	이벤트 발생 순서
4.2	갤럭시 S4	touchstart → touchmove → scroll(1 ~ n개) → touchend → scroll(1 ~ n개)
4.1	갤럭시 S3	touchstart → touchmove → touchend → scroll(1 ~ n개)
	갤럭시 S2	touchstart → touchmove → scroll (1 ~ n개)
	옵티머스 G	touchstart → touchmove → scroll(1 ~ n개) → touchend → scroll(1 ~ n개)
4.0	갤럭시 S3 갤럭시 S2 갤럭시 노트 넥서스 S	touchstart → touchmove → scroll(1 ~ n개)
3.1	갤럭시 탭2	touchstart → touchmove → touchend
2.3.6	갤럭시 S2	touchstart → touchmove → scroll(1 ~ n개)
2.1	갤럭시 S	touchstart → touchmove → touchend → scroll(1 ~ n개)

scroll 이벤트 예제

scroll 이벤트를 이용해 JindoJS 로고 이미지를 JMC 로고 이미지로 변경하는 예제를 만들어 보자. 처음 페이지를 열면 JindoJS 로고 이미지가 나타나고, 브라우저 위에서부터 브라우저 크기만큼 스크롤됐다면 JMC 로고 이미지로 바뀐다. 그리고 다시 화면을 스크롤해 위로 이동하면 이전 JindoJS 로고 이미지로 바뀐다.

스크롤 활용 예제

http://me2.do/F2V9HVQ5

그림 7-5 스크롤 후 이미지가 변경되는 예

스크롤을 위한 3,000px의 빈 영역과 이미지 태그가 존재하는 기본 마크업은 다음과 같다.

```
<!DOCTYPE html>
<html lang="ko">
    <head>
        <meta charset="UTF-8" />
        <meta name="viewport" content="width=device-width, initial-scale=1.0,
maximum-scale=1.0, minimum-scale=1.0, user-scalable=no, target-densitydpi=medium-dpi" />
        <title>scroll 이벤트 활용 예제</title>
    </head>
    <body>
        <div style="height:3000px;">
            <!-- 스크롤을 위한 3000px의 빈 영역 -->
        </div>
```

```
            <div style="position:fixed; bottom:0px;">
                <img id="imgArea" src="./img/jindo.png"></img>
            </div>
        </body>
    </html>
```

다음은 scroll 이벤트가 발생하면 현재 스크롤된 상단의 위치와 브라우저 높이를 계산해 그보다 크면 이미지를 변경하는 스크립트 코드다. 해당 코드는 〈/body〉 태그 바로 위에 넣는다.[43]

```
    ... 생략 ...
    <div style="position:fixed; bottom:0px;">
        <img id="imgArea" src="./img/jindo.png"></img>
    </div>
    <script type="text/javascript">
        document.addEventListener("scroll", function(e) {
            if (document.body.scrollTop > window.innerHeight - 200) {
                document.getElementById("imgArea").src = "./img/jmc.png";
            } else {
                document.getElementById("imgArea").src = "./img/jindo.png";
            }
        });
    </script>
</body>
```

마우스 이벤트와 키보드 이벤트

모바일과 데스크톱의 차이점 가운데 하나는 사용자 인터페이스다. 데스크톱에서는 사용자가 키보드와 마우스를 사용하지만 모바일에서는 키보드 대신 소프트 키보드를 사용하고 마우스 대신 터치 화면을 사용한다. 기본적으로 모바일 웹에서는 모바일 기기에서 사용하지 않는 이벤트를 사용할 필요가 없다. 하지만 모바일과 데스크톱에 모두 대응해야 한다면 두 환경에서 일어나는 이벤트의 차이를 알아야 사용자에게 더 적합한 서비스를 제공할 수 있다. 데스크톱에서는 빈번하게 사용하지만 모바일에서는 사용할 수 없는 사용자 인터페이스의 이벤트인 마우스 이벤트와 키보드 이벤트를 살펴보겠다.

---

43 전체 소스코드는 https://github.com/wikibook/navermobileuidev/blob/gh-pages/Chapter07/1.scroll/index3.html에서 확인할 수 있다.

마우스 이벤트

마우스는 대표적인 데스크톱 사용자 인터페이스다. 모바일 기기에서는 마우스를 사용하지 않지만 실제로는 마우스 이벤트가 모바일 웹에서도 발생한다. 모바일 웹에서 사용자가 화면을 터치했을 때 마우스 이벤트가 함께 발생한다. 마우스를 사용하지 않기 때문에 마우스 이벤트가 발생하지 않는 것이 맞지만 데스크톱 브라우저에 근간을 둔 브라우저의 성격상 마우스 관련 이벤트가 함께 발생한다.

마우스 이벤트는 다음과 같다. 데스크톱의 마우스 이벤트는 모바일 웹의 터치와 비슷하다. 다만 mouseover 이벤트나 mousewheel 이벤트와 같이 마우스 포인터의 움직임으로 발생하는 이벤트나 마우스 휠의 동작으로 발생하는 이벤트는 다르게 동작한다.

표 7-4 마우스 이벤트

이벤트	데스크톱에서 동작	모바일에서 특징
mousedown	요소 위에서 마우스 버튼을 눌렀을 때 발생한다.	touchstart 이벤트와 유사하다.
mousemove	요소 위에서 마우스를 움직였을 때 발생한다.	touchmove 이벤트와 유사하다. 단, mousemove 이벤트와 다르게 touchmove 이벤트는 touchstart 이벤트가 발생한 이후에 발생한다.
mouseup	요소 위에서 누르고 있던 마우스 버튼을 뗐을 때 발생한다.	touchend 이벤트와 유사하다.
mousewheel	마우스의 휠을 움직일 때 발생한다.	• overflow:scroll 속성이 있는 곳에서만 이벤트가 발생한다. • iOS 5.0부터 이벤트가 발생하고, 안드로이드에서는 이벤트가 발생하지 않는다.
mouseover	요소 위에 마우스 포인터가 있을 때 발생한다.	• iOS에서는 요소에 처음으로 포커스가 이동할 때 한 번 발생한다. • 안드로이드에서는 요소에 포커스가 이동할 때마다 발생한다.

마우스 이벤트는 기본적으로 터치 이벤트보다 먼저 발생한다. 그래서 마우스 이벤트에서 이벤트를 중지시키면 뒤에 발생하는 터치 이벤트에도 영향을 미칠 수 있다.

모바일에서 마우스 이벤트와 터치 이벤트가 발생하는 순서는 mouseover 이벤트 ➜ mousedown 이벤트 ➜ touchstart 이벤트 ➜ mousemove 이벤트 ➜ touchmove 이벤트 ➜ … ➜ mouseup 이벤트순이다.

키보드 이벤트

데스크톱에는 키보드가 있고, 모바일에는 소프트 키보드가 있다. 소프트 키보드는 입력란이나 주소창을 선택했을 때 화면에 나타난다. 화면에 나타난 소프트 키보드의 배열은 입력란의 유형에 따라 달라진다. 키보드나 소프트 키보드는 데스크톱에서나 모바일에서나 같은 역할을 하지만 실제 발생하는 이벤트는 약간 다르다.

모바일에서 키보드 이벤트의 특징은 다음과 같다.

표 7-5 키보드 이벤트

이벤트	데스크톱에서 동작	모바일에서 특징
keydown	사용자가 키를 눌렀을 때 발생한다.	• 한글을 입력할 때는 키코드(keyCode) 값이 모두 0으로 나타난다. • iOS에서는 이벤트가 정상적으로 발생하고, 안드로이드에서는 2.3 버전부터 이벤트가 발생한다.
keypress	사용자가 기능키를 제외한 키를 눌렀을 때 발생한다.	• iOS에서는 이벤트가 정상적으로 발생하고, 키코드 값을 정상적으로 반환한다. • 안드로이드에서는 4.1 버전부터 이벤트가 발생한다.
input	폼 요소의 값이 변경되면 발생한다.	• iOS에서는 한글을 입력하면서 글자가 만들어질 때마다 2번씩 발생한다. 예를 들어, '손'을 입력했을 때 이벤트 발생 횟수는 다음과 같다. - ㅅ : 이벤트 1번 발생 - 소 : 이벤트 3번 발생(이벤트가 2번 더 발생했다) - 손 : 5번 발생(이벤트가 2번 더 발생했다) • 안드로이드에서는 이벤트가 정상적으로 발생한다.
keyup	사용자가 눌렀던 키를 뗐을 때 발생한다.	keydown 이벤트와 동일하다.

모바일에서는 대상 이벤트에서 발생하는 키코드 값이 한글일 때도 정상적인 값을 반환하지 못한다. 이는 모바일 운영체제에서 다국어 입력에 대한 고려가 부족해 발생하는 오류로 보인다. 이런 문제는 안드로이드와 iOS에서 모두 나타난다. 국내 기업인 삼성이나 LG에서 만든 안드로이드 폰에서는 이러한 문제가 발생하지 않는다.

모바일에서는 실제 마우스나 키보드가 존재하지 않지만 모바일 브라우저에서는 관련 이벤트가 발생한다. 이는 데스크톱에 근간을 둔 브라우저의 성격으로 인해 발생한 논리적인 문제로 보인다. 아마도 이 부분에 대해서는 점차 표준화 작업이 진행될 것으로 보인다. 대표적인 예로, 인터넷 익스플로러 10부터는 Pointer 이벤트가 새로 생겼다. Pointer 이벤트는 포인터를 가리키는 마우스나 터치를 포괄하는 개념의 이벤트다. 실제 Pointer 이벤트는 데스크톱에서는 마우스가 동작할 때 발생하고, 모바일에서는 화면을 터치할 때 발생한다.

향후 모바일에 대한 표준화 작업이 진행되면 이러한 혼란이 없어지겠지만 아직은 혼란에 대응해야 하므로 이번 장에서 배운 내용이 모바일 서비스를 구축하는 데 크게 도움될 것이다.

pageshow 이벤트, pagehide 이벤트

네트워크 연결 속도가 느리고 연결 비용이 높은 모바일 환경에서는 pageshow 이벤트와 pagehide 이벤트가 중요하다. PC와는 다르게 모바일 브라우저에서는 이 이벤트가 페이지 캐시를 모두 지원하기 때문에 특히 활용도가 높다.

pageshow 이벤트와 pagehide 이벤트는 window 객체의 이벤트로서 load 이벤트, unload 이벤트와 유사하게 동작하며, iOS 4.0 이상의 사파리와 안드로이드 2.2 이상의 기본 브라우저에서만 발생한다.

pageshow 이벤트

pageshow 이벤트는 load 이벤트 다음에 발생하는 이벤트로, 페이지가 열릴 때마다 항상 발생한다. 단, 페이지가 캐싱됐을 때는 load 이벤트가 발생하지 않고 pageshow 이벤트만 발생한다. 페이지가 캐싱됐을 때는 pageshow 이벤트의 persisted 속성값이 true로 반환된다. 반면 페이지가 캐싱되지 않았을 때는 load 이벤트가 발생하고 persisted 속성값이 false로 반환된다.

페이지 캐싱

브라우저가 모바일 기기의 브라우저 세션에 대해 자바스크립트를 포함한 전체 웹 페이지를 메모리에 캐싱하는 것을 말한다. 페이지 캐싱을 사용하면 브라우저의 뒤로 이동 버튼과 앞으로 이동 버튼으로 페이지를 이동할 때 페이지를 다시 로딩하지 않고 캐싱된 페이지를 빠르게 보여준다. 그렇기 때문에 네트워크 상황이 좋지 않은 모바일 환경에서는 페이지 캐싱을 중요하게 여긴다.

pagehide 이벤트

pagehide 이벤트는 unload 이벤트처럼 페이지가 언로드(unload)될 때 발생한다. pageshow 이벤트와 마찬가지로 캐싱된 페이지에서는 unload 이벤트는 발생하지 않지만 pagehide 이벤트는 발생한다.

기기별 이벤트 특징

pageshow 이벤트와 pagehide 이벤트는 운영체제와 단말기에 따라 발생하는 시점이 다르고, 상태에 따라 페이지 캐싱 여부가 달라진다.

발생 시점

pageshow 이벤트와 pagehide 이벤트는 운영체제와 기기에 따라 발생하는 시점이 다르다. 다음은 각 상황에 따른 pageshow 이벤트와 pagehide 이벤트의 발생 여부를 나타낸 것이다.

표 7-6 pageshow 이벤트와 pagehide 이벤트의 발생 시점

상황	아이폰에서의 이벤트 발생 여부 (iOS 4.x ~ 7.x)	아이패드에서의 이벤트 발생 여부 (iOS 4.x ~ 7.x)	안드로이드에서의 이벤트 발생 여부 (안드로이드 2.x ~ 4.x)
브라우저에서 새 창을 열 경우	이벤트 발생	이벤트 발생 안 함	이벤트 발생 안 함
브라우저 탭을 이동한 경우	이벤트 발생	이벤트 발생 안 함	이벤트 발생 안 함
홈 버튼을 누른 후 브라우저를 다시 실행한 경우	이벤트 발생	이벤트 발생	이벤트 발생 안 함
전원 버튼을 눌러 잠긴 상태에서 잠금을 해제한 경우	이벤트 발생	이벤트 발생	이벤트 발생 안 함

브라우저 탭을 전환하거나 새 창을 여는 경우를 제외하고, iOS 환경에서는 대상 브라우저 페이지가 비활성화되고 다시 활성화됐을 때 모두 pageshow 이벤트와 pagehide 이벤트가 발생한다. 반면 안드로이드 환경에서는 현재 보고 있는 브라우저에 외부 영향이 있을 경우에는 모두 이벤트가 발생하지 않는다.

페이지 캐싱이 되지 않는 경우

모바일 웹에서는 기본적으로 페이지 캐싱을 사용한다. 하지만 브라우저의 특정 기능 사용으로 웹 페이지가 캐싱되지 않는 경우가 있다. 그 경우는 다음과 같다.

- onunload 이벤트 핸들러나 onbeforeunload 이벤트 핸들러를 사용한 경우
- "cache-control:no-store"가 HTTP 헤더에 설정된 경우
- 페이지가 완전히 로딩되기 전에 페이지를 이동한 경우
- iFrame을 사용한 경우
- navigation.geolocation을 사용한 경우

위와 같은 기능을 사용하는 페이지에서는 페이지가 캐싱되지 않기 때문에 페이지 캐싱을 적용하려면 주의해서 개발해야 한다.

pageshow 이벤트 사용 예제

다음은 load 이벤트와 pageshow 이벤트를 모니터링할 수 있는 간단한 예제다.

pageshow 이벤트 사용 예제

http://me2.do/5c1jzoRB

그림 7-6 pageshow 이벤트 사용 예제

페이지 캐싱 테스트를 하기 위해 페이지에 네이버로 이동 링크를 만든다. load 이벤트와 pageshow
이벤트의 핸들러를 만들고, 각 핸들러에서 이벤트 이름과 페이지 캐싱 여부를 표시한다.[44]

```html
<!DOCTYPE html>
<html lang="ko">
    <head>
        <meta charset="UTF-8" />
        <meta name="viewport" content="width=device-width, initial-scale=1.0,
maximum-scale=1.0, minimum-scale=1.0, user-scalable=no, target-densitydpi=medium-dpi" />
        <title>pageshow 이벤트 예제</title>
    </head>
    <body>
        <a href="http://m.naver.com">네이버로 이동</a>
        <br>
        <br>
        <div type="textarea" id="eventMontor" style="width:100%; height:500px;"></
div>
        <script type="text/javascript">
            var eventMontor = document.getElementById("eventMontor");
            window.addEventListener("load", function(e) {
                eventMontor.innerHTML += "load 이벤트<br>";
            });
            window.addEventListener("pageshow", function(e) {
                console.log(e);
                eventMontor.innerHTML += "pageshow 이벤트 [persisted] - " +
e.persisted + "<br>";
            });
        </script>
    </body>
</html>
```

페이지가 처음 로딩되면 load 이벤트가 발생하고, pageshow 이벤트가 발생한다. 페이지가 처
음 로딩될 때는 아직 페이지가 캐싱되지 않았기 때문에 pageshow 이벤트의 persisted 속성값이
false인 것을 알 수 있다. **네이버로 이동** 링크를 눌러 네이버 사이트로 이동한 후 브라우저의 뒤로
이동 버튼을 누르면 load 이벤트는 다시 발생하지 않고 pageshow 이벤트만 발생하는 것을 확인
할 수 있다.

---

44 소스코드는 https://github.com/wikibook/navermobileuidev/blob/gh-pages/Chapter07/3.page/index.html에서도 확인할 수 있다.

모바일 브라우저의 전체 화면 사용하기

모바일 웹 페이지를 서핑하다 보면 주소창이 사라진 상태에서 동작하는 웹 페이지를 볼 수 있다. 주소창이 없는 이런 UI는 사용자가 웹 페이지에 접근했을 때 좀 더 많은 양의 콘텐츠를 볼 수 있게 하거나 UI 구성이 전체 화면에서 동작하게 할 때 사용한다.

네이버에서는 스타캐스트(http://m.star.naver.com) 서비스에 주소창이 없는 UI가 적용돼 있다. 네이버 스타캐스트에서는 주소창을 감추고 콘텐츠를 전체 화면에 보여준다. 또한 스타캐스트에서는 브라우저의 스크롤 기능을 이용하지 않고 자바스크립트로 다양한 인터랙션을 사용할 수 있게 했다.

주소창을 감추고 브라우저의 전체 화면에 콘텐츠를 보여주는 UI를 구현할 때는 일반적으로 scrollTo() 메서드를 이용한다. scrollTo() 메서드로 문서의 처음으로 이동하면 모바일 브라우저의 주소창이 사라진다. 주소창을 사라지게 한 상태에서 브라우저의 크기를 확인하면 화면 전체의 크기를 구할 수 있다. 하지만 scrollTo() 메서드는 브라우저의 높이보다 문서(document)의 높이가 더 큰 상태에서 호출돼야 한다. 브라우저의 높이보다 문서의 높이가 작다면 scrollTo() 메서드를 호출해도 주소창이 사라지지 않는다.

콘텐츠의 양에 따라 문서의 높이가 브라우저보다 작을 수 있기 때문에 UI를 구현할 때는 scrollTo() 메서드를 호출하기 전에 브라우저의 높이보다 큰 DIV 요소를 임시로 넣는 방법을 사용한다. 다음은 DIV 요소를 만들어 문서에 추가한 다음 요소의 높이가 브라우저의 높이보다 200px 더 크게 스타일을 적용하는 코드다. 브라우저의 높이는 window.innerHeight 속성으로 구할 수 있다.

```
if (!this._fullSizeCheckElement) {
this._fullSizeCheckElement = document.createElement("div");
        document.body.appendChild(this._fullSizeCheckElement);
}
this._fullSizeCheckElement.style.cssText = 'position:absolute; top: 0px;
width:100%;height:' + parseInt(window.innerHeight + 200, 10) + 'px;';
```

임시 DIV 요소를 추가했다면 주소창을 사라지게 한다. 브라우저에서 지원하는 API에는 주소창을 사라지게 하는 API가 없지만 자바스크립트의 scrollTo() 함수를 사용하면 모바일 웹 브라우저의 주소창을 사라지게 할 수 있다. 다음과 같이 문서의 위쪽에서 1px 위치로 이동하게 하면 주소창이 사라지면서 전체 화면이 나타난다.

```
window.scrollTo(0, 1);
```

단, iOS 7의 사파리에서는 scrollTo() 함수를 사용해도 주소창이 사라지지 않는다. 이는 오류가 아닌 iOS 7의 특성이라고 볼 수 있다.

주소창이 사라졌다면 브라우저의 높이와 너비를 구할 차례다. 브라우저의 너비와 높이는 window.innerWidth 속성과 window.innerHeight 속성으로 구할 수 있다. 주소창이 없는 상태에서 브라우저의 너비와 높이를 구한 다음에는 임시 DIV 요소의 높이를 0px로 바꾼다. 임시 DIV 요소의 목적이 브라우저의 주소창을 사라지게 하는 것이었으므로 더는 화면에 보일 필요가 없기 때문이다.

```
var htSize = {
    "width" : window.innerWidth,
    "height" : window.innerHeight
}
this._fullSizeCheckElement.style.height = "0px";
```

다음은 앞에서 설명한 원리를 이용해 브라우저의 화면 크기를 확인하는 예다. 예제를 실행하면 다음 그림과 같이 브라우저의 주소창이 없는 전체 화면의 크기를 알 수 있다.

전체 화면 크기 확인

http://me2.do/5rvkjO3j

scrollTo() 메서드를 이용해 화면 크기를 확인하는 코드는 모듈로 작성해 mFullSize.js 파일로 저장했다. mFullSize.js 파일과 HTML 파일의 전체 소스코드는 https://github.com/wikibook/navermobileuidev/tree/gh-pages/Tip01에서 확인할 수 있다.

```
<body>
    <div id="sizeinfo">
        너비: <span id="nwidth"></span>
        <br/>
        높이: <span id="nheight"></span>
    </div>
    <script src="./mFullSize.js"></script>
    <script>
        var oFullSize = {};
        function fCallback(htSize) {
            document.getElementById("nwidth").innerHTML = htSize.width;
            document.getElementById("nheight").innerHTML = htSize.height;
            document.body.style.height = htSize.height + "px";
        }

        window.onload = function() {
            oFullSize = new mFullSize(fCallback);
        }
    </script>
</body>
```

03

모바일 웹에서
자주 사용하는 UI

08
모바일 기기 확인하기

프런트엔드 개발에서 중요한 부분 중 하나가 크로스 브라우징이다. 크로스 브라우징은 웹을 사용하는 근본적인 이유와도 관련이 있다. 웹은 하나의 서버 자원으로 다양한 플랫폼에서 동일한 경험과 기능을 사용자에게 제공한다. 이것은 웹의 큰 장점인 동시에 웹이 지금까지 존재하게 된 큰 이유 가운데 하나다. UX 관점에서 사용자에게 동일한 경험과 동일한 기능을 제공하는 것이 프런트엔드 개발에서는 크로스 브라우징이다.

하지만 모바일에서 크로스 브라우징을 구현하는 것은 데스크톱에서 구현하는 것보다 더욱 어렵다. 데스크톱과 달리 모바일 브라우저에서는 브라우저 제조사뿐만 아니라 모바일 기기 제조사도 기기에 맞게 브라우저를 수정하기 때문에 모바일 브라우저는 운영체제, 브라우저 제조사, 기기 제조사, 기기에 따라 각각 다양한 경험과 기능을 제공한다. 따라서 무엇보다도 현재 사용하는 기기의 운영체제, 브라우저 제조사, 기기 제조사, 기기 종류 등 기기 정보를 확인하는 것이 중요하다.

8장에서는 모바일 기기의 정보를 확인하는 방법을 알아보고, 모바일 기기의 운영체제와 기기 종류를 확인하는 모듈을 구현해 본다.

UserAgent 속성

모바일 웹에서 기기 정보를 확인할 때는 주로 navigator 객체의 UserAgent 속성을 사용한다.

UserAgent 속성은 HTML이 표준화되기 전에 다양한 브라우저에서 다양한 콘텐츠를 정상으로 동작하도록 개발할 때 유용했으나, 현재는 스크립트의 발달로 그 사용성이 현저히 떨어졌다. 하지만 모바일에서는 운영체제나 기기 종류 등과 관련된 스크립트 API를 별도로 제공하지 않아 현재로서는 UserAgent 속성이 모바일 기기의 정보를 확인하는 유일한 방법이 됐다.

모바일에서 UserAgent 속성값은 운영체제, 제조사, 제품에 따라 다르며, 표준화된 체계가 있지는 않다. 규칙은 없지만 공통적으로 우리가 알고자 하는 정보는 UserAgent 속성에 들어 있다.

다음은 iOS용 사파리에서 확인한 애플의 아이팟, 아이폰, 아이패드 2의 UserAgent 정보다.

표 8-1 애플 기기의 UserAgent 정보

모바일 기기 종류	UserAgent 속성값
아이팟	Mozilla/5.0 (iPod; U; CPU iPhone OS 3_0 like Mac OS X;ko-kr) AppleWebKit/528.18(KHTML, like Gecko)osVersion/4.0 Mobile/7A341 Safari/528.16
아이폰	Mozilla/5.0 (iPhone;CPU iPhone OS 5_0_1 like Mac OS X) AppleWebKit/534.46 (KHTML, like Gecko) osVersion/5.1 Mobile/9A405 Safari/7534.48.3
아이패드 2	Mozilla/5.0 (iPad;U;CPU OS 4_2_1 like Mac OS X;ko-kr) AppleWebKit/533.17.9 (KHTML, like Gecko) osVersion/5.0.2 Mobile/8C148 Safari/6533.18.5

다음은 삼성이 만든 모바일 기기에서 확인한 UserAgent 정보다.

표 8-2 삼성 기기의 UserAgent 정보

모바일 기기 종류	UserAgent 속성값
갤럭시 S	Mozilla/5.0 (Linux;U;Android 2.3.4;ko-kr;SHW-M110S Build/GINGERBREAD) AppleWebKit/533.1(KHTML, like Gecko) osVersion/4.0 Mobile Safari/533.1
갤럭시 넥서스	Mozilla/5.0 (Linux; Android 4.2.2; Galaxy Nexus Build/JDQ39) AppleWebKit/537.22 (KHTML, like Gecko) Chrome/25.0.1364.169 Mobile Safari/537.22"
갤럭시 S4	Mozilla/5.0 (Linux; Android 4.2.2; ko-kr; SAMSUNG SHV-E300S Build/JDQ39) AppleWebKit/535.19 (KHTML, like Gecko) osVersion/1.0 Chrome/18.0.1025.308 Mobile Safari/535.19

규칙적이지는 않지만 공통적으로 운영체제 정보(iOS, Android), 운영체제 버전(3_0, 5_0_1, 4_2_1, 2.3.4, 4.2.2), 기기 정보(iPod, iPad, iPhone, SHW-M110S, Galaxy Nexus, SHV-E300S) 등 원하는 정보가 UserAgent 정보에 있다.

모바일 기기 정보 확인하기

앞에서 살펴본 바와 같이 알고자 하는 정보는 UserAgent 정보에 있다. 하지만 이를 통해 정확한 정보를 추출하려면 각 제조사의 표준을 확인해야 하며, 더불어 실제 UserAgent 속성을 확인해 추측하고 유추하는 경험적인 노력이 필요하다. 이러한 정보를 추출할 때는 문자열 존재 여부와 패턴 매칭 방식을 이용한다.

운영체제 확인하기

운영체제 정보는 문자열 존재 여부로 확인하고, 운영체제의 버전 정보는 패턴 매칭 방식으로 확인할 수 있다. iOS 운영체제에서는 항상 'like Mac OS X' 문자열이 UserAgent 정보에 있으며, 버전 정보는 'OS X_X_X' 형식이다. 반면 안드로이드 운영체제에서는 항상 'Android'라는 문자열이 UserAgent 정보에 있으며, 버전 정보는 'Android X.X.X' 형식이다.

이를 표로 정리하면 다음과 같다.

표 8-3 운영체제 종류와 버전 정보를 확인하는 방법

운영체제	포함하는 문자열	버전 표기 형식
iOS	like Mac OS X	OS X_X_X
안드로이드	Android	Android X.X.X

운영체제 확인 모듈은 운영체제의 종류를 확인하는 기능과 운영체제의 버전을 확인하는 기능으로 구성돼 있다.

운영체제 종류

운영체제의 종류를 확인하는 기능은 다음과 같이 구현할 수 있다.

운영체제 종류를 나열한 해시 테이블을 구성한다. 운영체제 이름을 키로 하고 운영체제 종류를 확인할 수 있는 정규 표현식을 값으로 구성한다.

```
var htOs = {
    iOS : /like Mac OS X/,
    Android : /Android/
};
```

이제 해시 테이블을 순환하면서 UserAgent 속성값과 비교하는 함수를 구현한다. 다음의 eachHash() 함수는 해시 테이블의 정규 표현식이 UserAgent 속성값과 매치되면 해당 정규 표현식의 키와 true를 반환하는 함수다.

```
function eachHash(ht) {
    for (var key in ht) {
        if (ht[key].test(navigator.userAgent)) {
            return key;
        }
    }
    return "";
}
```

eachHash() 함수에 운영체제 종류를 나열한 해시 테이블을 파라미터로 넘겨 UserAgent 정보에서 운영체제 종류를 반환하는 함수를 구현한다. 다음은 이를 구현한 함수인 os() 함수의 코드다.

```
function os() {
    return eachHash(htOs);
},
```

운영체제 버전

운영체제의 버전을 확인하는 기능은 다음과 같이 구현할 수 있다.

운영체제 종류에 따라 패턴을 추출해 UserAgent 정보와 비교한다. 운영체제가 iOS일 때는 'OS 숫자_숫자' 형식에서 숫자와 밑줄(_)을 추출해 밑줄을 마침표(.)로 바꾸면 버전 정보를 알 수 있다. 운영체제가 안드로이드일 때는 'Android 숫자.숫자' 형식에서 숫자와 마침표(.)를 추출하면 버전 정보를 알 수 있다.

패턴을 기반으로 추출한 버전 정보에서 공백을 제거하면 숫자와 마침표로 구성된 버전 정보를 얻을 수 있다.

이를 구현한 코드는 다음과 같다.

```
function osVersion() {
    var version = "", a;
    switch(os()) {
        case "iOS" :
            a = navigator.userAgent.match(/OS\s([\d|\_]+\s)/i);
            break;
        case "Android" :
            a = navigator.userAgent.match(/Android\s([^\;]*)/i);
            break;
    }
    if (a != null && a.length > 1) {
        version = a[1].replace(/\_/g, '.').replace(/\s/g, "");
        // 밑줄(_)을 마침표(.)로 변환하고 공백을 없앤다.
    }
    return version;
},
```

기기 종류 확인

기기 종류는 문자열 존재 여부로 확인한다. 모든 기기에는 고유한 제품명이 있으며, 이 제품명의 존재 여부로 기기의 종류를 확인할 수 있다. 하지만 아쉽게도 iOS에서는 UserAgent 정보에 'iPod'나 'iPad', 'iPhone'과 같은 대표 정보는 있지만, 'iPhone 4s'나 'iPhone 5', 'iPad 2' 등과 같은 구체적인 제품명은 없다.

다음은 기기 종류에 따른 고유한 제품명을 정리한 표다.

표 8-4 기기 종류별 포함 문자열

운영체제	기기 종류	UserAgent 포함 문자열
iOS	아이패드, 아이패드 2, 아이패드 미니	iPad
	아이폰, 아이폰 4, 아이폰 4s, 아이폰 5, 아이폰 5c, 아이폰 5s	iPhone
	iPod	iPod
안드로이드	갤럭시 S	SHW-M110
	갤럭시 S2	다음 문자열 중 하나 포함 • SHW-M250 • GT-I9100 • SHV-E110
	갤럭시 S3	다음 문자열 중 하나 포함 • SHW-E210 • SHW-M440 • GT-I9300
	갤럭시 S4	다음 문자열 중 하나 포함 • SHW-E300 • GT-I9505 • GT-I9500 • SGH-M919 • SPH-L720 • SGH-I337 • SCH-I545
	옵티머스 LTE	LG-LU6200
	옵티머스 LTE2	LG-F160

기기 종류를 확인하는 모듈은 앞에서 구현한 eachHash() 함수를 이용하면 쉽게 구현할 수 있다.

우선 기기 종류를 나열한 해시 테이블을 구성한다. 기기 이름을 키로 하고, 기기 종류를 확인할 수 있는 정규식을 값으로 구성한다.

```
var htDevice = {
    iphone : /iPhone/,
    ipad : /iPad/,
    galaxyS : /SHW-M110/,
    galaxyS2 : /SHW-M250|GT-I9100|SHV-E110/, // include LTE
```

```
    galaxyS3 : /SHV-E210|SHW-M440|GT-I9300/,
    galaxyS4 : /SHV-E300|GT-I9500|GT-I9505|SGH-M919|SPH-L720|SGH-I337|SCH-I545/,
    optimusLte : /LG-LU6200/,
    optimusLte2 : /LG-F160/
};
```

앞에서 작성한 eachHash() 함수에 해시 테이블을 파라미터로 넘겨, UserAgent 정보와 비교해 기기 종류를 반환하는 함수를 구현한다. 다음은 이를 구현한 함수인 device() 함수의 코드다.

```
function device() {
    return eachHash(htDevice);
},
```

모바일 기기 확인 모듈

다음은 기기의 운영체제와 기기 종류를 확인하는 예제를 모듈로 만든 코드다. 모듈 이름은 window.detector로 설정했다.[45]

```
(function($) {
    /**
     * 운영체제 해시 테이블(운영체제 이름 : 정규식)
     */

    console.log($);

    var htOs = {
        iOS : /like Mac OS X/,
        Android : /Android/
    },

    /**
     * 기기 종류 해시 테이블(기기 종류 : 정규식)
     */
```

45 소스코드는 https://github.com/wikibook/navermobileuidev/blob/gh-pages/Chapter08/detector.js에서도 확인할 수 있다.

```
htDevice = {
    iphone : /iPhone/,
    ipad : /iPad/,
    galaxyS : /SHW-M110/,
    galaxyS2 : /SHW-M250|GT-I9100|SHV-E110/,
    galaxyS3 : /SHV-E210|SHW-M440|GT-I9300/,
    galaxyS4 : /SHV-E300|GT-i9500|GT-i9505|SGH-M919|SPH-L720|SGH-I337|SCH-I545/,
    optimusLte : /LG-LU6200/,
    optimusLte2 : /LG-F160/
};

/**
 * 해시 테이블을 순환해서 정규식과 매칭되는 것이 있으면 true를 반환하는 함수
 */
function eachHash(ht) {
    for (var key in ht) {
        if (ht[key].test(navigator.userAgent)) {
            return key;
        }
    }
    return "";
};

$.detector = {
    /**
     * 운영체제 이름을 반환
     */
    os : function() {
        return eachHash(htOs);
    },
    /**
     * 운영체제 버전을 반환
     */
    osVersion : function() {
        var version = "", a;
        switch(this.os()) {
            case "iOS" :
                a = navigator.userAgent.match(/OS\s([\d|\_]+\s)/i);
                break;
            case "Android" :
                a = navigator.userAgent.match(/Android\s([^\;]*)/i);
                break;
        }
        if (a != null && a.length > 1) {
            version = a[1].replace(/\_/g, ".").replace(/\s/g, "")
```

```
            }
            return version;
        },

        /**
         * 기기 종류를 반환
         */
        device : function() {
            return eachHash(htDevice);
        }
    };
})(window);
```

다음은 위에서 작성한 window.detector를 이용해 운영체제 종류, 운영체제 버전, 기기 종류를 추출하는 간단한 예제다. 위에서 작성한 모듈을 detector.js 파일로 저장하고 다음과 같은 HTML 문서를 작성해 운영체제 종류와 버전, 기기 정보를 확인할 수 있다.[46]

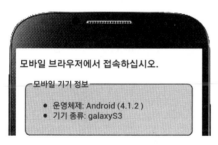

모바일 기기 정보 확인

http://me2.do/GJcWuG1R

그림 8-1 기기 종류 확인 모듈로 확인한 기기 정보

```
<!DOCTYPE html>
<html lang="ko">
    <head>
        <meta charset="UTF-8" />
        <meta name="viewport" content="width=device-width, initial-scale=1.0,
maximum-scale=1.0, minimum-scale=1.0, user-scalable=no, target-densitydpi=medium-dpi"
/>
        <script src="detector.js" charset="utf-8"></script>
        <title>모바일 기기 확인하기 예제</title>
        <style>
            body {
```

---

46 HTML 파일의 소스코드는 https://github.com/wikibook/navermobileuidev/blob/gh-pages/Chapter08/index.html에서도 확인할 수 있다.

```css
            background-color: white;
            color: #468847;
        }
        fieldset {
            margin: 10px;
            background-color: #dff0d8;
            border-radius: 10px;
        }
        legend {
            font-weight: bold;
        }
    </style>
</head>
<body>
    <h3>모바일 브라우저에서 접속하십시오.</h3>
    <fieldset>
        <legend>
            모바일 기기 정보
        </legend>
        <ul>
            <li>
                <label>운영체제: </label><label id="os"> </label>
                (<label id="osVersion"> </label> )
            </li>
            <li>
                <label>기기 종류: </label><label id="device"> </label>
            </li>
        </ul>
    </filedset>
    <script>
        // 반환받은 값을 지정한 요소의 내용으로 설정하는 함수
        function set(id, value) {
            console.log(document.getElementById(id));
            document.getElementById(id).innerHTML = value;
        }

        set("os", detector.os());
        set("osVersion", detector.osVersion());
        set("device", detector.device());
    </script>
</body>
</html>
```

09
모바일 기기의
위치 확인하기

네이버 지도에서는 지금 내가 있는 곳의 위치정보를 이용해 주변에 있는 맛집이나 은행 정보 등을 검색할 수 있다. 모바일 웹에서 자신이 있는 곳의 위치정보를 구할 때는 geolocation API를 사용한다. geolocation API는 GPS(global positioning system)가 내장된 모바일 기기의 GPS 센서에 접근해 위치정보를 제공한다.

그림 9-1 네이버 지도

geolocation API

geolocation API는 모바일 기기뿐만 아니라 데스크톱 브라우저에서도 사용할 수 있지만 데스크톱에서는 IP 주소를 기준으로 위치정보를 반환하므로 실제 내가 위치한 정보와 다를 수 있다. 그래서 모바일 웹에서 더 유용하다.

다음은 브라우저별로 geolocation API을 지원하는 정도를 나타낸 표다. iOS의 사파리와 안드로이드의 기본 브라우저 등 대부분의 모바일 브라우저는 물론 최신 버전의 데스크톱 브라우저가 geolocation API를 지원한다.

표 9-1 브라우저 버전별 geolocation API 지원 여부[47]

브라우저	브라우저 버전				현재 버전
인터넷 익스플로러	-	8 (지원 안 함)	9	10	11
파이어폭스	-	-	24	25	26
크롬	-	-	29	30	31
사파리	-	5.1	6	6.1	7
오페라	-	-	-	-	17
iOS용 사파리	4.0 ~ 4.1	4.2 ~ 4.3	5.0 ~ 5.1	6.0 ~ 6.1	7
오페라 미니	-	-	-	-	5.0 ~ 7.0 (지원 안 함)
안드로이드 브라우저	2.3	3	4	4.1	4.2 ~ 4.3
블랙베리 브라우저	-	-	-	7	10
인터넷 익스플로러 모바일	-	-	-	-	10

geolocation은 API로서 함수 호출과 같은 방식으로 처리된다. 즉, 함수 호출에 성공했다면 결과가 반환되고 실패했다면 실패에 따른 결과가 반환된다.

다음은 geolocation API를 사용할 수 있는지 확인하는 예제다.

---

47 이 표는 "Can I use..." 사이트(http://caniuse.com)의 내용을 정리한 것이다. 더 자세한 정보는 http://caniuse.com/#search=geolocation을 참고한다.

```
if(navigator.geolocation){
    navigator.geolocation.getCurrentPosition(fnShowPosition, fnError);
}
else{
    alert("geolocation API를 사용할 수 없습니다.");
}
function fnShowPosition(pos){
    alert("geolocation API를 사용할 수 있습니다.");
}
function fnError(){
    alert("오류가 발생해 위치정보를 얻어오지 못했습니다.");
}
```

navigator.geolocation 객체가 존재하지 않으면 사용할 수 없으므로 "geolocation API를 사용할 수 없습니다."라는 메시지를 보여준다. geolocation API를 사용할 수 있다면 fnShowPosition() 함수를 호출한다. 그리고 API 호출에 성공했지만 정상적으로 결과를 받지 못했다면 fnError() 함수를 호출해 예외 처리에 대응한다.

위 코드를 작성하고 해당 페이지를 모바일 기기로 열어 보면 다음과 같은 화면을 볼 수 있다. 위치정보는 기본적으로 개인정보 중 하나다. 내가 어디를 다녔고 어디에 있는지는 누구에게도 알려주고 싶지 않을 것이다. 즉, 개인정보이기 때문에 geolocation API를 사용하려면 그림 9-2와 같이 사용자의 승인을 받아야 한다.

그림 9-2 위치정보 승인

geolocation API로 확인할 수 있는 정보

geolocation API를 사용해 확인할 수 있는 정보에는 현재 내가 있는 곳의 위도와 경도, 모바일 기기를 들고 이동한 진행 방향 등이 있다. 다음 표는 geolocation API로 넘겨 받는 속성과 해당 속성으로 구할 수 있는 정보다.

표 9-2 위치정보의 속성과 설명

속성	설명
coords.latitude	현재 내가 있는 곳의 위도
coords.longitude	현재 내가 있는 곳의 경도
coords.altitude	현재 내가 있는 곳의 고도
coords.accuracy	정확도
coords.altitude Accuracy	고도의 정확도
coords.heading	이동하고 있는 모바일 기기의 진행 방향(북쪽 기준으로 시계 방향의 각도)
coords.speed	이동하고 있는 모바일 기기의 진행 속도(m/s)
timestamp	위치정보를 얻은 시각의 타임스탬프

다음은 표 9-2의 속성 정보를 이용해 내 위치를 확인하는 예다.

```
navigator.geolocation.getCurrentPosition(function (pos){
        alert("위도: " + pos.coords.latitude);
        alert("경도: " + pos.coords.longitude);
        alert("정확도: " + pos.coords.accuracy);
        alert("진행 방향: " + pos.coords.heading);
        alert("진행 속도: " + pos.coords.speed);
    });
```

geolocation API의 오류 정보

geolocation API로 위치 정보를 얻는 데 실패하면 오류 코드와 오류 메시지 정보를 전달받는다. 이 정보를 확인해 다시 한 번 API를 호출할지 아니면 또 다른 예외 처리를 할지 결정하게 된다. 다음 표를 기준으로 알 수 없는 오류가 발생했거나 제한 시간을 초과했다면 다시 한 번 정보를 가져

오도록 시도할 수 있다. 그러나 권한이 없다면 다시 시도해도 동일한 오류가 발생할 수 있으므로 이는 예외로 처리해 대응한다.

표 9-3 실패에 따른 정보의 속성과 설명

오류	오류 코드	설명
UNKNOWN_ERROR	0	알 수 없는 오류
PERMISSION_DENIED	1	권한 없음
POSITION_UNAVAILABLE	2	위치정보를 얻을 수 없음
TIMEOUT	3	시간 제한 초과

다음은 표 9-3의 정보를 이용해 작성한 예제다. 오류가 발생하면 오류 유형에 따라 메시지를 표시한다.

```
navigator.geolocation.getCurrentPosition(successCallback, function (error){
    switch(error.code){
        case error.UNKNOWN_ERROR :
            alert("UNKNOWN_ERROR");
            break;
        case error.PERMISSION_DENIED :
            alert("PERMISSION_DENIED");
            break;
        case error.POSITION_UNAVAILABLE :
            alert("POSITION_UNAVAILABLE");
            break;
        case error.TIMEOUT :
            alert("TIMEOUT");
            break;
    }
});
```

geolocation 사용 예제

다음은 GPS 정보를 이용해 현재 내가 있는 곳을 네이버 지도에 표시하는 예제다.

geolocation 사용 예제

http://me2.do/542EfYc3

우선 geolocation API를 이용해야 하며, 전달받은 위도와 경도 정보로 네이버 지도 URL을 호출해 화면에 보여준다.[48]

```html
<!DOCTYPE html>
<html lang="ko">
    <head>
        <meta charset="UTF-8" />
        <meta name="viewport" content="width=device-width, initial-scale=1.0,
maximum-scale=1.0, minimum-scale=1.0, user-scalable=no, target-densitydpi=medium-dpi" />
        <title>모바일 기기의 위치 확인하기</title>
    </head>
    <body style="margin:0px" onload="load();">
        <iframe id="mapIframe" src="about:blank;" width="100%" height="100%"></iframe>
        <script>
            function load() {
                if (navigator.geolocation) {
                    navigator.geolocation.getCurrentPosition(fnShowPosition, fnError);
                } else {
                    alert("geolocation API를 사용할 수 없습니다.");
                }
                function fnShowPosition(s) {
                    document.getElementById("mapIframe").src = "http://m.map.naver.
com/map.nhn?pinId=31812699&pinType=site&lat=" + s.coords.latitude + "&lng=" +
s.coords.longitude + "&dlevel=11&mapMode=0";
                }

                function fnError() {
                    alert("오류가 발생해 위치정보를 얻어오지 못했습니다.");
                }


            }
        </script>
    </body>
</html>
```

네이버 지도 API

네이버 지도 API(http://dev.naver.com/openapi/apis/map/javascript_2_0/example)를 함께 이용하면 geolocation API를 더 다양하게 활용할 수 있다.

---

48 소스코드는 https://github.com/wikibook/navermobileuidev/blob/gh-pages/Chapter09/index.html에서도 확인할 수 있다.

10
모바일 기기
회전 확인하기

"orientationchange 이벤트(70쪽)"에서 살펴본 바와 같이 orientationchange 이벤트를 이용하면 모바일 기기의 방향 전환 시점을 알 수 있다. 하지만 아쉽게도 orientationchange 이벤트는 기기와 운영체제에 따라 발생하는 시점이 다를 뿐더러 이벤트가 발생했을 때 뷰 영역(viewport)의 정보 또한 정확하게 나타나지 않는다. 이 문제를 해결하려면 orientationchange 이벤트뿐만 아니라 화면 크기가 변경될 때 발생하는 resize 이벤트를 함께 사용해서 구현한다.

10장에서는 모바일 기기가 회전했을 때 발생하는 이벤트를 이용해 모든 기기에서 동일하게 회전 시점을 확인할 수 있는 모듈을 구현하겠다.

orientationchange 이벤트의 문제와 해결 방법

모바일 기기의 방향이 바뀌는 시점을 알 수 있는 orientationchange 이벤트는 기기의 종류에 따라 여러 번 발생하기도 하고 아예 발생하지 않기도 한다. 그뿐만 아니라 orientationchange 이벤트가 정상적으로 한 번 발생하더라도 발생 시점의 뷰 영역의 크기를 제대로 반환하지 못하는 경우도 있다. 이런 문제들을 해결하는 방법을 살펴보겠다.

orientationchange 이벤트가 여러 번 발생하는 경우

안드로이드 기기 중에는 orientationchange 이벤트가 여러 번 발생하는 기기가 있다. 이 문제를 해결하려면 먼저 발생한 이벤트는 무시하고 마지막 이벤트가 발생하는 시점을 확인해 처리하는 방식으로 접근한다.

orientationchange 이벤트가 발생하면 setTimeout() 메서드의 반환값을 clearTimeout() 메서드의 파라미터로 보낸다. setTimeout() 메서드에서는 모바일 기기의 회전을 확인해서 처리하는 함수를 일정 시간 이후에 실행하게 한다. 정해진 시간 안에 이벤트가 중복해서 발생하면 함수의 실행이 무시되고, 결국에는 마지막 orientationchange 이벤트를 처리하는 함수만 실행된다. 이 방식을 사용할 때는 지연 시간을 정하는 것이 중요하다. 다양한 기기를 테스트해서 얻은 적절한 시간은 500ms였다.

다음은 이러한 원리로 구현한 코드다.

```
window.addEventListener("orientationchange", function() {
    clearTimeout(nRotateTimer); // nRotateTimer는 setTimeout() 메서드의 반환값을 저장
    nRotateTimer = setTimeout(function() {
        // 모바일 기기의 회전을 확인해서 처리하는 함수
    },500);
});
```

orientationchange 이벤트가 발생하지 않는 경우

orientationchange 이벤트는 안드로이드 2.2 미만에서는 발생하지 않는다. 이 문제를 해결하려면 orientationchange 이벤트 대신 resize 이벤트를 활용한다. resize 이벤트는 모바일 기기가 회전할 때 발생하기 때문에 orientationchange 이벤트를 대신할 수 있다. resize 이벤트가 발생하면 viewport 속성의 값을 비교해 기기의 방향이 가로인지 세로인지 확인할 수 있다. 대신 resize 이벤트는 orientationchange 이벤트에 비해 반응이 느리므로 실제 resize 이벤트가 발생한 후에 setTimeout() 메서드로 회전을 확인해서 처리하는 함수의 실행을 약간 지연시켜야 한다. 테스트를 거쳐 얻은 적절한 지연 시간은 10ms였다.

다음은 이러한 원리로 구현한 코드다.

```
window.addEventListener("resize", function() {
    setTimeout(function() {
        // 모바일 기기의 회전을 확인해서 처리하는 함수
    },10);
});
```

orientationchange 이벤트가 발생한 후 뷰 영역의 크기를 정상적으로 반환하지 못하는 경우

안드로이드 기기 중에는 orientationchange 이벤트가 정상적으로 발생해도 뷰 영역의 크기를 얻는 메서드인 window.innerHeight() 메서드와 window.innerWidth() 메서드의 반환값이 정확하게 반환되지 않는 기기가 있다.

orientationchange 이벤트가 발생하고 약간의 지연 시간 이후에 viewport 값을 확인하게 하면 viewport 값을 정상적으로 얻을 수 있다. 테스트 결과 지연 시간은 500ms가 적당한 시간이었다.

다음은 이러한 원리로 구현한 코드다.

```
window.addEventListener("orientationchange", function() {
    setTimeout(function() {
        // 모바일 기기의 회전을 확인해서 처리하는 함수
    },500);
});
```

범용적으로 동작하도록 구현하는 방법

위에서 언급한 세 가지 문제점을 해결하면 모든 모바일 기기에서 동일하게 회전 시점을 확인할 수 있는 범용적인 모듈을 만들 수 있다.

다음은 위 세 가지 문제를 해결하기 위한 접근법으로 실제 모듈을 구현하기 위한 순서도다.

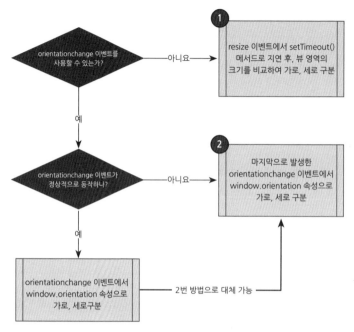

그림 10-1 모바일 기기의 회전을 확인하기 위한 범용 모듈의 구현 방안

1. orientationchange 이벤트를 사용할 수 없을 때는 resize 이벤트를 이용한다. 뷰 영역의 크기를 비교해 기기의 회전 여부를 판단할 수 있다. 단, 기기에 따라 resize 이벤트 발생 시 뷰 영역의 정보가 갱신되지 않는다는 문제가 있다. 따라서 뷰 영역의 크기를 확인하는 모듈을 setTimeout() 메서드를 활용해 비동기로 호출한다.

2. orientationchange 이벤트를 사용할 수 있을 때는 iOS와 안드로이드를 구분해 처리한다.

   a. iOS일 때는 orientationchange 이벤트에서 window.orientation 속성으로 기기의 회전 여부를 판단한다.

   b. 안드로이드일 때는 setTimeout() 메서드를 이용해 여러 번 발생하는 orientationchange 이벤트 중에서 마지막 orientationchange 이벤트 발생 시점을 찾는다. 마지막 orientationchange 이벤트에서 window.orientation 속성값으로 기기의 회전 여부를 판단한다.

모바일 기기 회전 확인 모듈

모바일 기기의 회전을 확인하는 모듈은 orientationchange 이벤트의 사용 가능 여부를 판단하는 모듈과 모바일 기기의 방향을 확인하는 모듈, 모바일 기기가 회전했는지 확인하는 모듈로 크게 세 부분으로 나눠 작성할 수 있다.

orientationchange 이벤트의 사용 가능 여부를 판단하는 모듈

이 모듈에서는 orientationchange 이벤트를 사용할 수 있는지 판단한다.

window 객체의 속성에 onorientationchange가 없거나, orientationchange가 있어도 운영체제가 안드로이드 2.1일 때는 orientationchange 이벤트를 사용할 수 없다. 이때는 'resize'를 반환해서 resize 이벤트로 모바일 기기의 회전을 확인하게 한다.

그 밖의 경우에는 orientationchange 이벤트를 사용할 수 있으므로 'orientationchange'를 반환한다.

'getRotateEvt'라는 이름으로 구현한 함수는 다음과 같다.

```
/**
 * @description 모바일 회전 적용 이벤트
 * @return {String} 이벤트 이름
 */
getRotateEvt : function() {
    var bEvtName = 'onorientationchange' in window ? 'orientationchange' : 'resize';
    if($.getOS() == "Android" && $.getVersion() == "2.1") {
        bEvtName = 'resize';
    }
    return bEvtName;
}
```

모바일 기기의 방향을 확인하는 모듈

모바일 기기의 방향이 가로인지 세로인지 확인한다. 모바일 기기의 방향이 세로이면 true를 반환하고, 가로이면 false를 반환한다.

resize 이벤트를 사용할 때는 document.documentElement.clientWidth 속성값과 document.documentElement.clientHeight 속성값을 비교해 기기의 방향이 가로인지 세로인지 판단한다. orientationchange 이벤트를 사용할 때는 window.orientation 속성값으로 기기의 방향이 가로인지 세로인지 판단한다.

'getVertical'이라는 이름으로 구현한 함수는 다음과 같다.

```
/**
 * @description 모바일 기기의 방향이 세로인지 확인함
 * @return {Boolean} 세로면 true, 가로면 false
 */
getVertical : function() {
    var bVertical = null,
        sEventType = this.getRotateEvt();
    if(sEventType === "resize") {
        var screenWidth = document.documentElement.clientWidth;
        if (screenWidth > document.documentElement.clientHeight) {
            bVertical = false;
        } else {
            bVertical = true;
        }
        // console.log("getVertical : resize 이벤트로 판별 -> " + bVertical);
    } else {
        var windowOrientation = window.orientation;
        if (windowOrientation === 0 || windowOrientation === 180) {
            bVertical = true;
        } else if (windowOrientation === 90 || windowOrientation === -90) {
            bVertical = false;
        }
        // console.log("getVertical : orientationChange 이벤트로 판별 -> " +
bVertical);
    }
    return bVertical;
},
```

모바일 기기가 회전했는지 확인하는 모듈

모바일 기기가 회전했는지 확인하고 기기가 회전했을 때 처리하는 함수를 호출한다.

resize 이벤트나 orientationchange 이벤트에 onRotate() 함수를 바인딩하는 attachEvent() 함수를 만들어 모바일 기기가 회전했는지 확인한다. 실제로 모바일 기기가 회전했을 때 처리할 동작은 onRotate() 함수로 작성한다.

resize 이벤트일 경우에는 setTimeout() 메서드로 뷰 영역의 정보를 강제로 갱신한 후 사용자 이벤트를 호출한다. orientationchange 이벤트일 경우에는 안드로이드에서는 500ms 정도의 지연 간격을 둬서 불필요한 orientationchange 이벤트를 건너뛰고 마지막 orientationchange 이벤트에서 사용자 이벤트를 호출한다. 이렇게 setTimeout() 메서드를 이용해 구현하는 이유는 안드로이드일 경우 기기와 운영체제 버전에 따라 resize 이벤트나 orientationchange 이벤트가 발생한 후 약간의 시간(500ms)이 경과된 이후에 뷰 영역 정보를 정상적으로 얻을 수 있기 때문이다.

반면 iOS에서는 바로 사용자 이벤트를 호출한다.

이를 구현한 코드는 다음과 같다.

```
/**
 * @description 이벤트를 등록한다.
 */
attachEvent : function() {
    var self = this;
    window.addEventListener(this.getRotateEvt(), function() {
        self._onRotate();
    });
},


/**
 * @description 불필요한 이벤트를 피하기 위한 타이머 변수
 */
_nRotateTimer : null,

/**
 * @description 모바일 기기가 회전했을 경우
 */
_onRotate : function(evt) {
    var self = this;
    if (this.getRotateEvt() === "resize") {
        // console.log("Rotate Event is resize");
        setTimeout(function(){
            self._fire();
        }, 0);
    } else {
        // console.log("Rotate Event is orientationChange");
```

```
        if($.getOS() == "Android") {
            clearTimeout(this._nRotateTimer);
            this._nRotateTimer = setTimeout(function() {
                self._fire();
            },500);
        } else {
            self._fire();
        }
    }
}
```

전체 소스코드

모바일 기기의 회전을 확인하는 모듈의 최종 소스코드는 다음과 같다. 이 코드를 파일로 저장하면
모바일 기기가 회전할 때마다 회전한 방향에 따라 다르게 동작하는 웹 페이지를 만들 때 편리하게
활용할 수 있다. 여기서는 rotate.js 파일로 저장하겠다.[49]

```
(function($) {
    $.rotate = {
    /**
     * @description 이벤트 정제를 위한 타이머 변수
     */
    _nRotateTimer : null,

    /**
     * @description 사용자 이벤트 처리를 위한 배열
     * @type {Array}
     */
    _aRotatFunc : [],

    /**
     * @description 모바일 회전 적용 이벤트
     * @return {String} 이벤트명
     */
    getRotateEvt : function() {
```

---

49 rotate.js 파일의 소스코드는 https://github.com/wikibook/navermobileuidev/blob/gh-pages/Chapter10/rotate.js에서도 확인할 수 있다.

```javascript
                var bEvtName = 'onorientationchange' in window ? 'orientationchange' :
'resize';
            if($.getOS() == "Android" && $.getVersion() == "2.1") {
                bEvtName = 'resize';
            }
            return bEvtName;
        },


        /**
         * @description 기기의 가로/세로 여부를 판단함.
         * @return {Boolean} 세로일 경우 true, 가로일 경우 false
         */
        getVertical : function() {
            var bVertical = null,
                sEventType = this.getRotateEvt();
            if(sEventType == "resize") {
                var screenWidth = document.documentElement.clientWidth;
                if (screenWidth > document.documentElement.clientHeight) {
                    bVertical = false;
                } else {
                    bVertical = true;
                }
                // console.log("getVertical : resize로 판별 -> " + bVertical);
            } else {
                var windowOrientation = window.orientation;
                if (windowOrientation == 0 || windowOrientation == 180) {
                    bVertical = true;
                } else if (windowOrientation == 90 || windowOrientation == -90) {
                    bVertical = false;
                }
                // console.log("getVertical : orientationChange로 판별 -> " +
bVertical);
            }
            return bVertical;
        },


        /**
         * @description 이벤트를 등록한다.
         */
        attachEvent : function() {
```

```
        var self = this;
        window.addEventListener(this.getRotateEvt(), function() {
            self._onRotate();
        });
    },


    /**
     * @description 모바일 회전이 발생하는 경우
     */
    _onRotate : function(evt) {
        var self = this;
        if (this.getRotateEvt() === "resize") {
            // console.log("Rotate Event is resize");
            setTimeout(function(){
                self._fire();
            }, 0);
        } else {
            // console.log("Rotate Event is orientationChange");
            if($.getOS() === "Android") {
                clearTimeout(this._nRotateTimer);
                this._nRotateTimer = setTimeout(function() {
                    self._fire();
                },500);
            } else {
                self._fire();
            }
        }
    },


    _fire : function() {
        for (var i=0, len=this._aRotatFunc.length; i < len; i++){
            this._aRotatFunc[i].call(this, event);
        }
    },


    bind : function(func) {
        this._aRotatFunc.push(func);
    },


    unbind : function(func) {
```

```
        for(var i=0, len=this._aRotatFunc.length; i < len; i++){
            if (this._aRotatFunc[i] === func){
                this._aRotatFunc.splice(i, 1);
                break;
            }
        }
    }
    };
    $.rotate.attachEvent();
})(window.m);
```

모바일 기기 회전 확인 모듈 사용하기

"orientationchange 이벤트(70쪽)"에서 작성한 예제를 m.rotate.bind를 이용해 좀 더 쉽게 구현해 보겠다. 모바일 기기의 방향이 세로이면 이미지가 3개 보이고, 가로이면 이미지가 4개 보이는 예제다. 이 예제는 대부분의 운영체제와 모바일 기기에서 정상적으로 동작한다.

모바일 기기의 회전을 확인하는 모듈이 저장된 rotate.js 파일을 불러와 사용한다. rotate.js 파일에는 JindoJS를 기반으로 작성한 부분이 있기 때문에 JindoJS 라이브러리도 문서에 포함시킨다. 또한 미리 작성한 공통 모듈인 common.js 파일[50]도 포함시켰다.[51]

모바일 기기 회전 확인 모듈
사용 예제

http://me2.do/5rvkjQeO

```
<!DOCTYPE html>
<html lang="ko">
    <head>
        <meta charset="UTF-8" />
        <meta name="viewport" content="width=device-width, initial-scale=1.0,
maximum-scale=1.0, minimum-scale=1.0, user-scalable=no, target-densitydpi=medium-dpi" />
```

---

50 common.js 파일의 내용은 https://github.com/wikibook/navermobileuidev/blob/gh-pages/js/common.js에서 확인할 수 있다.
51 HTML 파일의 소스코드는 https://github.com/wikibook/navermobileuidev/blob/gh-pages/Chapter10/index.html에서도 확인할 수 있다.

```html
        <title>모바일 기기 회전 확인하기</title>
        <style>
            div, span {
                margin: 0px;
                padding: 0px
            }
        </style>
</head>
<body>
        <div id="imglist"></div>
</body>
<script src="../js/jindo.mobile.all.js" charset="utf-8"></script>
<script src="../js/common.js" charset="utf-8"></script>
<script src="./rotate.js" charset="utf-8"></script>
<script>
        var elImgList = jindo.$Element("imglist");

        // 이미지를 추가한다.
        function fncAddImg() {
            var elSpanTag = jindo.$("<span>");
            elSpanTag.innerHTML = "<img src='cony.png'/>";
            elImgList.append(elSpanTag);
        }

        // 이미지를 제거한다.
        function fncRemoveImg() {
            elImgList.remove(elImgList.last());
        }

        // 페이지 로딩이 완료된 경우.
        jindo.$Fn(function() {

            // orientationchange 이벤트를 등록한다.
            var fnc = function() {
                if (m.rotate.getVertical()) {
                    // 세로일 경우 이미지를 제거
                    fncRemoveImg();
                } else {
                    // 가로일 경우 이미지를 추가
                    fncAddImg();
```

```
            }
        };
        // 모바일 기기가 회전할 때 발생하는 이벤트 바인드
        m.rotate.bind(fnc);

        // 초기에 이미지 3개를 추가
        for (var i = 0; i < 3; i++) {
            fncAddImg();
        }
    }).attach(window, "load");
    </script>
</html>
```

페이지를 로딩할 때 아이디가 'imgList'인 DIV 요소에 〈span〉 태그로 둘러싸인 〈img〉 태그로 이미지 3개를 추가한다. 모바일 기기의 방향이 가로일 때는 fncAddImg() 함수를 호출해 이미지를 추가하고, 모바일 기기의 방향이 세로이면 fncRemoveImg() 함수를 호출해 이미지를 제거한다.

11
위치가 고정된
배너 만들기

이벤트나 중요한 공지 사항을 사용자에게 알릴 때 PC용
웹 페이지에서는 페이지의 특정 영역을 활용해 원하는 내
용을 사용자에게 보여줄 수 있다. 그러나 PC의 모니터보
다 작은 모바일 기기에서는 공지 사항 같은 중요한 정보가
화면 밖에 있을 수도 있다. 모바일 기기에서 이벤트나 주요
공지 사항을 사용자에게 알릴 때 사용하는 방법으로 배너
가 있다.

모바일 화면에서 배너는 일반적으로 화면의 중앙 또는 아
래에 나타나는 레이어다. 사용자가 레이어에 있는 닫기 버
튼을 누르기 전까지는 화면을 스크롤해도 화면의 특정 영
역에 고정되어 계속 보인다.

그림 11-1 배너 UI

배너 UI의 기본 원리

position:fixed 속성을 이용한 고정 영역 구현

배너 UI를 구현하려면 화면을 스크롤해도 배너는 화면의 특정 영역에 있게 고정시켜야 한다. 이런 기능은 CSS의 position:fixed 속성으로 손쉽게 구현할 수 있다.

position 속성을 fixed로 지정하면 레이어는 화면(클라이언트)을 기준으로 보이게 되며 사용자가 화면을 스크롤해도 position:fixed로 지정한 레이어는 움직이지 않는다.

다음은 파라미터인 sId에 해당하는 아이디를 가진 요소에 position:fixed 속성을 설정하는 함수를 '_setLayer'라는 이름으로 작성한 예다. 이 함수는 sId에 해당하는 요소의 정보를 이름이 '_htWElement'인 객체의 element 속성에 저장하고 배너를 숨기도록 구성했다.

```
_setLayer = function(sId) {
    _htWElement["element"] = jindo.$Element(sId);
    _htWElement["element"].hide();
    _htWElement["element"].css("position", "fixed");
}
```

배너의 위치 지정하기

배너는 가로축을 기준으로 봤을 때 대부분 화면 가운데에 나타난다. 가로축을 기준으로 화면의 가운데에 배너가 나타나게 하려면 left 속성값을 계산해서 지정한다. left 속성값은 화면의 가로 크기에서 배너의 너비(width 속성값)를 뺀 값을 반으로 나누면 구할 수 있다.

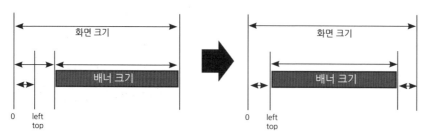

그림 11-2 가로축 가운데 나타나는 배너의 위치 구하기

세로축을 기준으로 배너의 위치를 지정하는 top 속성이나 bottom 속성의 값은 배너 위치에 따라 구하는 방식이 다르다. 배너를 화면 위쪽에 나타나게 할 때는 top 속성의 값을 0으로 지정한다. 화면의 중앙에 나타나게 할 때는 left 속성의 값을 구하는 방식과 유사하게 화면의 높이에서 배너의 높이를 제외한 부분을 반으로 나눈 값을 top 속성의 값으로 지정한다. 화면 아래에 배너가 나타나게 할 때는 bottom 속성의 값을 0으로 지정하거나 화면의 높이에서 배너의 높이를 제외한 값을 top 속성의 값으로 지정한다.

top:0px

top(화면 높이 - 배너 높이) / 2

top(화면 높이 - 배너 높이 / 2)
또는
bottom:0px

그림 11-3 세로축을 기준으로 배너 위치 지정하기

배너가 나타날 위치를 구하는 방법을 정리하면 다음과 같다.

표 11-1 배너의 위치 구하는 공식

기준	배너 위치	속성값 설정
가로축	화면 가운데	left 속성값: (화면의 너비 - 배너의 너비) / 2
세로축	화면 위	top 속성값: 0
	화면 가운데	top 속성값: (화면의 높이 - 배너의 높이) / 2
	화면 아래	bottom 속성값을 설정하거나 top 속성값을 설정한다. • bottom 속성값: 0 • top 속성값: 화면의 높이 - 배너의 높이

배너에 margin 속성이 적용돼 있다면 margin 속성의 값만큼 배너의 위치가 이동한다. 그래서 배너의 너비와 높이를 계산할 때 다음과 같이 margin 속성의 값을 빼고 계산해야 한다.

- 배너의 너비 = width 속성값 - (margin-left 속성값 + margin-right 속성값)
- 배너의 높이 = height 속성값 - (margin-top 속성값 + margin-bottom 속성값)

다음은 화면에 나타날 배너의 위치를 구하는 함수를 구현한 예다. 함수의 이름은 '_getPosition'으로 했다.

```
_getPosition = function(sPosition) {
    var nLayerWidth = _htWElement["element"].width(), nLayerHeight =
_htWElement["element"].height(), htElementPosition = {}, oClientSize =
jindo.$Document().clientSize(), nWidth = oClientSize.width, nHeight =
oClientSize.height;

    // 배너 레이어에 바깥 여백이 있을 때 너비와 높이를 보정.
    nLayerWidth += parseInt(_htWElement["element"].css('marginLeft'), 10) + parseInt(
_htWElement["element"].css('marginRight'), 10) || 0;
    nLayerHeight += parseInt(_htWElement["element"].css('marginTop'), 10) + parseInt(
_htWElement["element"].css('marginBottom'), 10) || 0;

    // 가로축 가운데 배너가 나타날 수 있는 left 속성값을 구한다.
    htElementPosition.nLeft = parseInt((nWidth - nLayerWidth) / 2, 10);

    // 배너의 위치에 따라 top 속성값이나 bottom 속성값을 구한다.
    switch (sPosition) {
        case "top":
            htElementPosition.nTop = 0;
            break;
        case "center":
            htElementPosition.nTop = parseInt((nHeight - nLayerHeight) / 2, 10);
            break;
        case "bottom":
            htElementPosition.nBottom = 0;
            break;
    }
    return htElementPosition;
}
```

$Document() 객체는 현재 문서와 관련된 정보를 제공하는 JindoJS의 객체다. 앞의 예제에서는 $Document() 객체의 clientSize() 메서드로 문서에서 스크롤바가 생겨 보이지 않는 부분을 제외한 영역(화면에 보이는 부분)의 가로 크기와 세로 크기를 확인한다.[52] 같은 내용을 jQuery로 구현하려면 $(document).width() 메서드[53]와 $(document).height() 메서드[54]를 이용할 수 있다.

화면에 나타날 배너의 위치를 구했으면 배너에 위치를 설정한다. 다음 예제는 _getPosition() 함수에서 구한 값을 배너에 지정하는 함수를 구현한 예다. 함수의 이름은 '_setPosition'으로 했다.

```
_setPosition = function(sPosition) {
    // 배너 레이어가 보이지 않게 돼 있을 경우 화면에 보이지 않는 영역으로 위치를
    // 지정한 후 배너를 보이게 한다.
    // 배너의 위치를 구했으면 다시 배너가 보이지 않게 한다.
    var bVisible = _htWElement["element"].visible();
    if (!bVisible) {
        _htWElement["element"].css({
            left : "-9999px"
        }).show();
    }
    _htPosition = _getPosition(sPosition);

    if (!bVisible) {
        _htWElement["element"].hide();
    }

    // 배너 레이어의 위치를 설정힌다. 이때 top 속싱값과 bottom 속성값을 초기화한 후
    처리한다.
    if ( typeof _htPosition.nTop === "undefined") {
        _htWElement["element"].$value().style.top = null;
    } else if ( typeof _htPosition.nBottom === "undefined") {
        _htWElement["element"].$value().style.bottom = null;
    }

    _htWElement["element"].css({
        left : _htPosition.nLeft + "px",
```

52 JindoJS의 $Document() 객체와 clientSize() 메서드에 대한 자세한 내용은 JindoJS 사이트의 API 문서에서 http://jindo.dev.naver.com/docs/jindo/latest/desktop/ko/classes/$Document.html을 참고한다.

53 jQuery의 $(document).width() 메서드에 대한 자세한 내용은 http://api.jquery.com/width를 참고한다.

54 jQuery의 $(document).height() 메서드에 대한 자세한 내용은 http://api.jquery.com/height를 참고한다.

```
        top : _htPosition.nTop + "px",
        bottom : _htPosition.nBottom + "px"
    });
};
```

이 함수에서 한 가지 주의할 점은 _getPosition() 함수는 배너 요소의 display 속성이 none으로
되어 배너 요소가 숨어 있을 때는 배너의 너비나 높이를 정상적으로 구할 수 없다는 것이다. 따라
서 _getPosition() 함수로 left 속성값이나 top 속성값, bottom 속성값을 구하려면 먼저 배너를 화
면에서 안 보이는 영역으로 이동하고 배너를 보이게 한 후 _getPosition() 함수로 배너의 위치를
구해야 한다. 배너의 위치를 구한 다음에는 다시 원래대로 배너가 보이지 않게 처리한다.

배너를 보이고 감추기

숨어있는 배너 요소를 보이게 하거나 배너를 다시 숨기는 함수를 구현한다. 이 함수는 숨어 있던
배너의 위치를 구하기 위해 배너를 보이게 할 때나 사용자의 동작으로 배너를 숨길 때 등에 사용
한다.

배너를 보이고 감추는 show() 함수와 hide() 함수는 모두 현재 배너로 지정된 요소의 visible
상태를 확인한다. show() 함수는 visible 속성의 값이 false일 때, 즉 배너가 보이지 않을 때는
_setPosition() 함수로 배너의 위치를 지정하고 배너 요소가 보이게 한다. hide() 함수는 visible 속
성의 값이 true일 때, 즉 배너가 보일 때 배너 요소를 숨긴다.

다음은 두 함수를 구현한 예제다.

```
show : function() {
    if (!_htWElement["element"].visible()) {
        _setPosition();
        _htWElement["element"].show();
    }
},
hide : function() {
    if (_htWElement["element"].visible()) {
        _htWElement["element"].hide();
    }
}
```

동작하는 기본 배너 만들기

기본 원리에 따라 실제로 사용할 수 있는 컴포넌트 성격의 기본 배너를 만들면 다음과 같다. 컴포넌트의 이름은 'mBanner'로 했다. mBanner 컴포넌트는 배너로 지정할 요소의 아이디와 세로 축을 기준으로 한 배너의 위치(top, center, bottom)를 생성자의 파라미터로 받는다. 또한 사용자가 배너를 제어할 수 있게 show() 함수와 hide() 함수를 지원한다. show() 함수는 배너를 보이기 전에 배너의 위치를 설정한 다음 배너를 보여주고, hide() 함수는 배너를 숨긴다.

이를 토대로 작성한 코드는 다음과 같다.

```javascript
window.mBanner = (function() {
    // private member
    var _htWElement = {}, _htOption = {
        sPosition : "bottom"
    }, _sPosition = "bottom";

    // private method
    var _setLayer = function(sId) {
        _htWElement["element"] = jindo.$Element(sId);
        _htWElement["element"].hide();
        _htWElement["element"].css("position", "fixed");
    }, _getPosition = function() {
        var nLayerWidth = _htWElement["element"].width(), nLayerHeight =
_htWElement["element"].height(), htElementPosition = {}, oClientSize =
jindo.$Document().clientSize(), nWidth = oClientSize.width, nHeight = oClientSize.
height;

        // 레이어에 바깥 여백(margin)이 있는 경우 렌더링 보정.
        nLayerWidth += parseInt(_htWElement["element"].css('marginLeft'), 10) +
parseInt(_htWElement["element"].css('marginRight'), 10) || 0;
        nLayerHeight += parseInt(_htWElement["element"].css('marginTop'), 10) +
parseInt(_htWElement["element"].css('marginBottom'), 10) || 0;

        // left의 중앙값을 구한다.
        htElementPosition.nLeft = parseInt((nWidth - nLayerWidth) / 2, 10);
        // top 또는 bottom 값을 상태에 구한다.
        switch (_sPosition) {
            case "top":
                htElementPosition.nTop = 0;
```

```
                break;
        case "center":
            htElementPosition.nTop = parseInt((nHeight - nLayerHeight) / 2, 10);
            break;
        case "bottom":
            htElementPosition.nBottom = 0;
            break;
    }
    return htElementPosition;
}, _setPosition = function(sPosition) {
    _sPosition = sPosition || _sPosition;
    // 레이어의 visible 상태를 확인하여 숨어 있는 상태면 화면에서
    // 안 보이는 영역으로 위치를 지정한 다음 보이게 한다.
    // 배너의 위치를 구한 다음 레이어를 다시 숨긴다.
    var bVisible = _htWElement["element"].visible();
    if (!bVisible) {
        _htWElement["element"].css({
            left : "-9999px"
        }).show();
    }
    _htPosition = _getPosition(_sPosition);
    if (!bVisible) {
        _htWElement["element"].hide();
    }

    if ( typeof _htPosition.nTop === "undefined") {
        _htWElement["element"].$value().style.top = null;
    } else if ( typeof _htPosition.nBottom === "undefined") {
        _htWElement["element"].$value().style.bottom = null;
    }
    _htWElement["element"].css({
        left : _htPosition.nLeft + "px",
        top : _htPosition.nTop + "px",
        bottom : _htPosition.nBottom + "px"
    });
};

// 생성자
function mBanner(sId, htOption) {
    htOption = htOption || {};
```

```
        for (var property in htOption) {
            _htOption[property] = htOption[property];
        }
        _setLayer(sId);
    }


    // public
    mBanner.prototype = {
        setPosition : _setPosition,
        show : function() {
            if (!_htWElement["element"].visible()) {
                _setPosition();
                _htWElement["element"].show();
            }
        },
        hide : function() {
            if (_htWElement["element"].visible()) {
                _htWElement["element"].hide();
            }
        }
    };
    return mBanner;
})();
```

배너 UI에서 고려해야 할 것

position:fixed 속성으로 만든 mBanner 컴포넌트를 모바일 환경에서 사용해 보면 정상적으로 동
작하지 않는 경우가 더 많다. 브라우저에서 position:fixed 속성을 지원하지 않아서일 수도 있고,
운영체제의 특성 때문일 수도 있다.

position:fixed 속성을 지원하지 않는 모바일 브라우저

데스크톱 환경에서는 거의 모든 브라우저가 position:fixed 속성을 지원하지만 모바일 환경에서
는 최근에 와서야 position:fixed 속성을 지원하는 브라우저가 나타났다. iOS 5.0의 사파리와 안
드로이드 2.1의 기본 브라우저부터 position:fixed 속성을 지원한다(표 11-2 참고). 하지만 실제

테스트한 결과로는 iOS 5.0 이상의 사파리와 안드로이드 3.0 이상의 기본 브라우저에서 안정적으로 동작한다.

표 11-2 브라우저별 position:fixed 속성 지원 여부[55]

브라우저	브라우저 버전				현재 버전
인터넷 익스플로러	-	8	9	10	11
파이어폭스	-	-	24	25	26
크롬	-	-	29	30	31
사파리	-	5.1	6	6.1	7
오페라	-	-	-	-	17
iOS용 사파리	4.0 ~ 4.1 (지원 안 함)	4.2 ~ 4.3 (지원 안 함)	5.0 ~ 5.1 (부분적으로 지원함)	6.0 ~ 6.1 (부분적으로 지원함)	7 (부분적으로 지원함)
오페라 미니	-	-	-	-	5.0 ~ 7.0 (지원 안 함)
안드로이드 브라우저	2.3 (부분적으로 지원함)	3	4	4.1	4.2 ~ 4.3
블랙베리 브라우저	-	-	-	7	10
인터넷 익스플로러 모바일	-	-	-	-	10

안드로이드에서 레이어의 이벤트 투과

안드로이드의 기본 브라우저에서는 레이어 위에서 발생한 이벤트가 레이어 뒤에 있는 요소에 전달되어 뒤쪽 요소에 하이라이트가 생기고, 터치나 클릭이 발생한다.

그림 11-4 안드로이드 기본 브라우저에서 발생하는 이벤트 투과 현상

---

55 이 표는 "Can I use…" 사이트(http://caniuse.com)의 내용을 정리한 것이다. 더 자세한 정보는 http://caniuse.com/#feat=css-fixed를 참고한다.

이 문제는 브라우저의 특성이라 원천적으로 막을 수는 없다. 따라서 안드로이드에서 동작해야 하는 모바일 웹 페이지에서는 레이어가 중복해서 나타나는 UI를 기획하지 않는 것이 가장 좋다. 그러나 필요한 경우에는 touchstart 이벤트를 이용해 제한적으로 문제를 해결할 수 있다.

모바일 기기의 화면 회전

모바일 기기는 데스크톱과 다르게 사용자가 화면을 회전할 수 있다. 화면의 회전을 감지해 회전한 이후에 배너의 위치를 다시 설정해야 한다. 모바일 기기의 회전을 확인하는 방법에 대한 설명은 "orientationchange 이벤트(70쪽)"를 참고한다.

다양한 환경에서 동작하는 배너 UI 구현

다양한 환경에서 동작할 수 있도록 배너 UI를 수정해 보자.

position:fixed 속성을 사용하지 못하는 환경

position:fixed 속성을 정상적으로 사용하지 못하는 iOS 5 미만과 안드로이드 3 미만의 기기에서는 position:fixed 속성 대신 position:absolute 속성을 사용해 배너 UI를 구현할 수 있다. position:absolute 속성은 요소를 문서의 절대 좌표에 놓을 수 있다. 다만 문서의 절대 좌표에 있기 때문에 사용자가 화면을 스크롤할 때는 화면에 보이는 영역에 맞게 위치를 다시 지정해야 한다.

우선 기기에서 position:fixed 속성을 지원하는지 확인한다. position:fixed 속성을 지원하는 기기라면 앞에서 구현한 코드를 사용할 수 있다. position:fixed 속성을 지원하지 않는 iOS 5 미만이거나 안드로이드 3 미만의 기기라면 별도의 방법으로 배너 UI가 동작하도록 구현한다.

다음 예제는 position:fixed 속성 지원 여부를 확인하는 함수를 구현한 것이다. 함수의 이름은 '_isSupportFixed'로 했다. 운영체제가 position:fixed 속성을 지원하지 않는 iOS 5 미만이거나 안드로이드 3 미만일 때는 false를 반환한다.

```
_isSupportFixed = function() {
    var isFixed = true, sOS = m.getOS(), sVersion = parseInt(m.getVersion(), 10);
    if ((sOS == "iOS" && sVersion < 5 ) || (sOS == "Android" && sVersion < 3)) {
        isFixed = false;
    }
    return isFixed;
}
```

position:fixed 속성을 사용할 수 없는 운영체제에서는 사용자가 화면을 스크롤할 때 배너
의 위치를 다시 지정하게 한다. 배너가 보이는 상태일 때는 window 객체의 scroll 이벤트에
_setPosition() 함수를 호출하는 _onScroll 핸들러를 등록(attach)한다. 배너가 보이지 않는 상태
일 때는 _onScroll 핸들러를 해제(detach)한다. 코드는 다음과 같다.

```
_attachEvent = function() {
    if (!_bSupportFixed) {
        _htEvent["scroll"] = jindo.$Fn(_onScroll, this).bind();
        _htWElement["window"].attach("scroll", _htEvent["scroll"]);
    }
},
_detachEvent = function() {
    if (!_bSupportFixed) {
        _htWElement["window"].detach("scroll", _htEvent["scroll"]);
    }
},

_onScroll = function() {
    _setPosition();
}
```

기존에 작성했던 _setLayer() 함수, show() 함수, hide() 함수, _setPosition() 함수, _getPosition()
함수를 수정해 position:fixed 속성을 지원하지 않는 환경에서도 정상적으로 동작하도록 수정한다.

배너 요소에 position:fixed 속성을 적용하는 _setLayer() 함수에는 scroll 이벤트를 호출할
window 요소를 설정하고, position:fixed 속성을 사용하지 못하면 position:absolute 속성으로
설정한다. 또한 현재 지정한 배너의 부모 요소가 document.body 요소가 아니면 BODY 요소의
자식 요소로 배너를 설정한다. position:absolute 속성이 있는 요소의 좌푯값은 부모 요소를 기준

으로 상대적인 좌푯값이기 때문이다. 부모를 BODY 요소로 지정해 실제 배너의 위치가 BODY 요소를 기준으로 상대 좌표가 되도록 조정한다[56].

이를 반영한 코드는 다음과 같다.

```
_setLayer = function(sId) {
    _htWElement["element"] = jindo.$Element(sId);
    _htWElement["element"].hide();
    _htWElement["window"]= jindo.$Element(window);

    if(_bSupportFixed) {
        _htWElement["element"].css("position", "fixed");
    } else {
        _htWElement["element"].css("position", "absolute");
        if(!_htWElement["element"].parent().isEqual(document.body)) {
            _htWElement["element"].appendTo(document.body);
        }
    }
    return this;
},
```

배너 요소를 보이게 하는 show() 함수는 요소를 보이기 전에 scroll 이벤트에 등록하게 수정했다. 그리고 배너 요소를 숨기는 hide() 함수에서는 요소를 숨긴 다음 scroll 이벤트 등록을 해제하게 했다.

```
show : function() {
    if (!_htWElement["element"].visible()) {
        _setPosition();
        _attachEvent();
        _htWElement["element"].show();
    }
},
hide : function() {
```

---

56 여기서는 JindoJS의 parent() 메서드와 isEqual() 메서드로 부모 요소를 확인하고 appendTo() 메서드로 body를 배너의 부모 요소로 지정했다. 각 메서드에 대한 더 자세한 내용은 JindoJS API 문서(http://jindo.dev.naver.com/docs/jindo/latest/desktop/ko/classes/jindo.$Element.html)를 참 고한다.

```
    if (_htWElement["element"].visible()) {
        _htWElement["element"].hide();
        _detachEvent();
    }
}
```

화면에 나타날 배너의 위치를 구하는 _getPosition() 함수에는 position:fixed 속성을 사용할 수 없을 때 배너가 화면의 아래에 나타나도록 top 속성값을 구하는 로직을 추가해야 한다. position:fixed 속성을 사용할 때 bottom 속성값이 0이면 배너가 화면 아래에 나타나지만, position:absolute 속성을 사용할 때 bottom 속성값이 0이면 화면 아래가 아니라 문서의 아래에 배너가 나타난다. 그래서 top 속성값을 별도로 계산해야 한다.

또한 position:absolute 속성일 때는 BODY 요소를 기준으로 배너의 위치가 지정되므로 스크롤이 일어나면 스크롤한 만큼 left 속성값과 top 속성값을 계산해서 더해야 한다.

이를 반영한 코드는 다음과 같다.

```
_getPosition = function(sPosition) {
    생략 …
    // left 속성값을 구한다.
    htElementPosition.nLeft = parseInt((nWidth - nLayerWidth) / 2, 10);
    // 상태에 따라 top 속성값이나 bottom 속성값을 계산한다.
    switch (sPosition) {
        case "top":
            htElementPosition.nTop = 0;
            break;
        case "center":
            htElementPosition.nTop = parseInt((nHeight - nLayerHeight) / 2, 10);
            break;
        case "bottom":
            if (_bSupportFixed) {
                htElementPosition.nBottom = 0;
            } else {
                htElementPosition.nTop = parseInt(nHeight - nLayerHeight, 10);
            }
            break;
    }
```

```
        if (!_bSupportFixed) {
            var htScrollPosition = jindo.$Document().scrollPosition();
            htElementPosition.nTop += htScrollPosition.top;
            htElementPosition.nLeft += htScrollPosition.left;
        }
        return htElementPosition;
    }
```

배너가 나타날 위치를 지정하는 _setPosition() 함수에는 scroll 이벤트가 발생할 때 같은 위치에 배너가 있으면 배너의 위치를 지정하지 않는 기능을 넣는다. 이는 불필요한 변경을 방지하기 위해서다. 배너의 잦은 변경은 성능과 직결되기 때문이다.

하지만 배너가 보이지 않는 상태라면 배너의 위치를 변경해도 주변 레이아웃에 영향을 미치지 않으므로 위치를 변경해도 성능상의 문제가 없다. 따라서 화면에 보이지 않을 때는 배너의 위치를 지속적으로 변경시켜 놓는다.

_setPosition() 함수로 설정한 배너의 위치 정보는 _htPosition에 저장하고, 전에 발생한 위치 정보는 _htOldPosition에 설정한다. 코드는 다음과 같다.

```
_setPosition = function(sPosition) {
    생략 …
    if (!bVisible) {
        _htWElement["element"].css({
            left : "-9999px"
        }).show();
    }
    _htOldPosition = _htPosition;
    _htPosition = _getPosition(_sPosition);
    if (!bVisible) {
        _htWElement["element"].hide();
    }

    // 기존 위치값과 현재 위치값이 다르면 변경. 그렇지 않으면 위치값을 변경하지 않음.
    // 안 보이면 무조건 변경함.
    if (!bVisible || _htOldPosition.nLeft !== _htPosition.nLeft || _htOldPosition.
nTop !== _htPosition.nTop || _htOldPosition.nBottom !== _htPosition.nBottom) {
```

```
        if ( typeof _htPosition.nTop === "undefined") {
            생략…;
        }
    }
};
```

모바일 기기 회전 시 처리

기기가 회전하면 배너 또한 위치를 다시 지정해야 한다. 기기가 회전할 때 처리할 수 있는 이벤트 핸들러를 m.rotate.bind() 함수로 이벤트에 등록하고, m.rotate.unbind() 함수로 등록을 해제한다.

기기가 회전했을 때 발생하는 _onReposition() 함수는 다음과 같다.

```
_onReposition = function() {
    _setPosition();
}
```

이 핸들러를 처리하는 코드를 _attachEvent() 함수와 _detachEvent() 함수에 구현했다. 수정된 코드는 다음과 같다.

```
_attachEvent = function() {
    _htEvent["rotate"] = jindo.$Fn(_onReposition, this).bind();
    m.rotate.bind(_htEvent["rotate"]);
    if (!_bSupportFixed) {
        _htEvent["scroll"] = jindo.$Fn(_onScroll, this).bind();
        _htWElement["window"].attach("scroll", _htEvent["scroll"]);
    }
}, _detachEvent = function() {
    m.rotate.unbind(_htEvent["rotate"]);
    if (!_bSupportFixed) {
        _htWElement["window"].detach("scroll", _htEvent["scroll"]);
    }
}
```

위치가 고정된 배너 사용하기

간단한 기능이지만 다양한 모바일 환경에서 정상적으로 동작하는 배너를 만들기 위해 많은 양의 코드를 추가했다. 지금까지 작성한 코드의 최종 결과는 다음과 같다.

```javascript
window.mBanner = (function() {
    // private memeber
    var _htWElement = {},
    _htEvent = {},
    _htOption = {
        sPosition : "bottom",
        sPassClass : "pass_evt"
    },
    _bSupportFixed = false,
    _htPosition = {},
    _htOldPosition = {},
    _sPosition = "bottom";

    // private method
    var _isSupportFixed = function() {
        var isFixed = true,
        sOS = m.getOS(),
        sVersion = parseInt(m.getVersion(), 10);
        if ((sOS == "iOS" && sVersion < 5 ) || (sOS == "Android" && sVersion < 3)) {
            isFixed = false;
        }
        return isFixed;
    },

    _attachEvent = function() {
        _htEvent["rotate"] = jindo.$Fn(_onReposition, this).bind();
        m.rotate.bind(_htEvent["rotate"]);
        if (!_bSupportFixed) {
            _htEvent["scroll"] = jindo.$Fn(_onScroll, this).bind();
            _htWElement["window"].attach("scroll", _htEvent["scroll"]);
        }
    },

    _detachEvent = function() {
```

```
            m.rotate.unbind(_htEvent["rotate"]);
            if (!_bSupportFixed) {
                _htWElement["window"].detach("scroll", _htEvent["scroll"]);
            }
        },

    _onScroll = function() {
            _setPosition();
        },

    _onReposition = function() {
            _setPosition();
        },

    _setLayer = function(sId) {
            _htWElement["element"] = jindo.$Element(sId);
            _htWElement["element"].hide();
            _htWElement["window"] = jindo.$Element(window);

            if (_bSupportFixed) {
                _htWElement["element"].css("position", "fixed");
            } else {
                _htWElement["element"].css("position", "absolute");
                if (!_htWElement["element"].parent().isEqual(document.body)) {
                    _htWElement["element"].appendTo(document.body);
                }
            }
            return this;
        },

    _getPosition = function(sPosition) {
            var nLayerWidth = _htWElement["element"].width(),
            nLayerHeight = _htWElement["element"].height(),
            htElementPosition = {},
            oClientSize = jindo.$Document().clientSize(),
            nWidth = oClientSize.width,
            nHeight = oClientSize.height;

            // 레이어에 바깥 여백이 있을 때 렌더링 보정
            nLayerWidth += parseInt(_htWElement["element"].css('marginLeft'), 10) +
parseInt(_htWElement["element"].css('marginRight'), 10) || 0;
```

```
            nLayerHeight += parseInt(_htWElement["element"].css('marginTop'), 10) +
parseInt(_htWElement["element"].css('marginBottom'), 10) || 0;
            // 배너를 가운데에 보이게 하는 left 속성값을 구한다.
            htElementPosition.nLeft = parseInt((nWidth - nLayerWidth) / 2, 10);
            // 배너의 위치에 따라 top 속성값이나 bottom 속성값을 구한다.
            switch (sPosition) {
                case "top":
                    htElementPosition.nTop = 0;
                    break;
                case "center":
                    htElementPosition.nTop = parseInt((nHeight - nLayerHeight) / 2, 10);
                    break;
                case "bottom":
                    if (_bSupportFixed) {
                        htElementPosition.nBottom = 0;
                    } else {
                        htElementPosition.nTop = parseInt(nHeight - nLayerHeight, 10);
                    }
                    break;
            }
            if (!_bSupportFixed) {
                var htScrollPosition = jindo.$Document().scrollPosition();
                htElementPosition.nTop += htScrollPosition.top;
                htElementPosition.nLeft += htScrollPosition.left;
            }
            return htElementPosition;
        },

        _setPosition = function(sPosition) {
            _sPosition = sPosition || _sPosition;
            // 레이어의 visible 상태를 확인해 보이지 않는 상태면 화면에
            // 보이지 않는 영역으로 위치를 지정한 후 레이어가 보이게 한다.
            // 위치값을 다 확인했으면 다시 레이어를 숨긴다.
            var bVisible = _htWElement["element"].visible();
            if (!bVisible) {
                _htWElement["element"].css({
                    left : "-9999px"
                }).show();
            }
```

```javascript
        _htOldPosition = _htPosition;
        _htPosition = _getPosition(_sPosition);
        if (!bVisible) {
            _htWElement["element"].hide();
        }

        // 기존 좌표와 현재 좌표가 다르면 변경. 그렇지 않으면 좌표를 변경하지 않음.
        // 안 보이면 무조건 변경함.
        if (!bVisible || _htOldPosition.nLeft !== _htPosition.nLeft ||
_htOldPosition.nTop !== _htPosition.nTop || _htOldPosition.nBottom !==
_htPosition.nBottom) {
            if ( typeof _htPosition.nTop === "undefined") {
                _htWElement["element"].$value().style.top = null;
            } else if ( typeof _htPosition.nBottom === "undefined") {
                _htWElement["element"].$value().style.bottom = null;
            }
            _htWElement["element"].css({
                left : _htPosition.nLeft + "px",
                top : _htPosition.nTop + "px",
                bottom : _htPosition.nBottom + "px"
            });

        }
    };

    // 생성자
    function mBanner(sId, htOption) {
        htOption = htOption || {};
        for (var property in htOption) {
            _htOption[property] = htOption[property];
        }
        _bSupportFixed = _isSupportFixed();
        _setLayer(sId);
    }

    // public
    mBanner.prototype = {
        setPosition : _setPosition,
        show : function() {
            if (!_htWElement["element"].visible()) {
```

```
                _setPosition();
                _attachEvent();
                _htWElement["element"].show();
            }
        },
        hide : function() {
            if (_htWElement["element"].visible()) {
                _htWElement["element"].hide();
                _detachEvent();
            }
        }
    };
    return mBanner;
})();
```

위에서 만든 mBanner 컴포넌트를 활용하기 쉽게 banner.js 파일[57]로 저장한 다음 이를 적용한 예제를 작성했다. mBanner 컴포넌트에는 JindoJS를 기반으로 작성한 부분이 있기 때문에 JindoJS 라이브러리를 문서에 포함시켰다. 또 모바일 기기가 회전하면 배너의 위치를 다시 지정할 수 있도록 "10. 모바일 기기 회전 확인하기(121쪽)"에서 작성한 모바일 기기 회전 확인 모듈인 rotate.js 파일[58]도 포함시켰다.[59]

위치가 고정된 배너

http://me2.do/FhK5qAbf

```
<!DOCTYPE html>
<html lang="ko">
    <head>
        <meta charset="UTF-8" />
        <meta name="viewport" content="width=device-width, initial-scale=1.0,
maximum-scale=1.0, minimum-scale=1.0, user-scalable=no, target-densitydpi=medium-dpi" />
        <title>위치가 고정된 배너</title>
        <script src="../js/jindo.mobile.all.js" charset="utf-8"></script>
        <style>
```

---

57 banner.js 파일의 소스코드는 https://github.com/wikibook/navermobileuidev/blob/gh-pages/Chapter11/banner.js에서도 확인할 수 있다.
58 rotate.js 파일의 내용은 https://github.com/wikibook/navermobileuidev/blob/gh-pages/js/rotate.js에서 확인할 수 있다.
59 HTML 파일의 소스코드는 https://github.com/wikibook/navermobileuidev/blob/gh-pages/Chapter11/index.html에서도 확인할 수 있다.

```css
        div, ul, ol, li, h3 {
            margin: 0px;
            padding: 0px
        }
        ul, ol {
            list-style: none
        }
        h3 {
            background-color: #000;
            color: #fff;
            line-height: 2em;
        }

        #contents {
            height: 3000px;
            width: 100%;
        }

        #banner {
            border: 1px solid red;
            background-color: #F3F3F3;
        }
    </style>
</head>
<body>
    <h3>Banner</h3>
    <div id="contents">
        콘텐츠입니다.
    </div>
    <div id="banner">
        광고용 배너입니다.
    </div>
</body>
<script src="../js/common.js" charset="utf-8"></script>
<script src="../js/rotate.js" charset="utf-8"></script>
<script src="./banner.js" charset="utf-8"></script>
<script>
    var oBanner = new mBanner("banner");
    oBanner.show();
</script>
</html>
```

데스크톱에서는 아주 간단한 기능이지만 모바일에서는 여기서 언급한 내용 말고도 기기나 운영체제에 따라 고려해야 할 문제가 다양하게 있다.

대표적으로 iOS에서는 사용자가 스크롤하는 도중에는 DOM이 변경되지 않는다는 문제가 있다. 그래서 position:fixed 속성을 사용하지 않을 때는 사용자가 스크롤하는 동안에 배너의 위치가 스크롤에 따라 바뀌고 스크롤이 완료된 후에 배너가 지정된 위치에 놓인다. 이 문제를 해결하려면 스크롤하는 중에는 배너를 숨기고, 스크롤이 완료됐을 때 배너의 위치를 다시 지정해서 보여주도록 구현해야 한다.

이 같은 세부적인 사항을 고려하려면 배너 하나를 보여주는 단순한 기능을 구현하는 데 더 많은 노력을 기울여야 할 것이다. 이 부분은 개발하려는 서비스의 성격과 상황에 따라 적절히 판단해서 처리하기 바란다.

12
스크롤되는
콘텐츠 만들기

모바일 기기의 작은 화면에 검색창이나 내비게이션 메뉴, 도구 막대를 콘텐츠와 함께 표시하는 방법은 다양하지만 일반적으로 화면 위쪽과 아래쪽에 검색창이나 내비게이션 메뉴, 도구 막대를 놓고 서비스에서 전달하려는 콘텐츠는 화면 중앙에 배치한다. 이때 화면 위쪽과 아래쪽 영역은 고정되고 사용자는 콘텐츠가 있는 영역을 스크롤해서 내용을 본다.

고정된 영역

콘텐츠 영역

고정된 영역

그림 12-1 일반적인 모바일 UI 구조

position:fixed 속성의 문제

이런 UI를 구성하려면 화면을 스크롤해도 화면 위쪽과 아래쪽 영역이 고정되게 해야 한다. 데스크톱 브라우저에서는 구현하는 방법이 아주 간단하다. position:fixed 속성을 이용하면 화면을 스크롤해도 위쪽 영역과 아래쪽 영역이 화면에 고정되게 할 수 있다. 하지만 모바일에서는 여러 문제가 있어 이렇게 하기가 결코 만만치 않다.

가장 큰 문제는 아직까지 position:fixed 속성을 지원하는 브라우저가 많지 않다는 것이다. 데스크톱 환경에서는 거의 모든 브라우저가 position:fixed 속성을 지원하지만 모바일 환경에서는 최근에 와서야 position:fixed 속성을 지원하는 브라우저가 생겨났다. iOS 5.0의 사파리와 안드로이드 2.1의 기본 브라우저부터 position:fixed 속성을 지원하지만 정상적인 동작은 iOS 5.0 이상의 사파리와 안드로이드 3.0 이상의 브라우저에서나 가능하다. position:fixed를 지원하는 브라우저에 대한 자세한 내용은 "11. 위치가 고정된 배너 만들기(135쪽)"를 참고한다.

그리고 position:fixed 속성으로 만든 UI에서는 다음 그림처럼 위쪽과 아래쪽의 고정된 영역에도 스크롤 막대가 표시된다. 또한 고정된 영역이 콘텐츠의 윗부분과 아랫부분을 가려서 내용의 일부가 안 보이게 되는 문제도 있다.

그림 12-2 position:fixed 속성을 사용할 때 생기는 스크롤 막대

그 외에도 스크롤이 끝난 뒤 화면이 튀어 오르는 듯한 바운스 효과나 빠르게 손가락을 움직였을 때 나타나는 속도감 있는 스크롤, 밀어 올리거나 끌어 내려 콘텐츠를 업데이트하는 등의 다양한 기능은 브라우저의 position:fixed 속성만으로는 구현하기 어렵다.

스크롤 영역의 기본 원리

position:fixed 속성을 이용하지 않고 위쪽과 아래쪽 영역, 콘텐츠 영역으로 구성된 웹 페이지를 만드는 방법에는 각 영역의 크기를 화면 크기에 맞게 지정해서 구성하는 방법이 있다. 위쪽과 아래쪽 영역의 크기를 구한 다음 세 영역의 전체 크기가 화면 크기와 같도록 콘텐츠 영역의 크기를 지정한다. 이 방식은 position:fixed 속성에서 발생할 수 있는 여러 문제점을 해결할 수 있다.

콘텐츠 영역의 크기 =
전체 화면 크기 - 위쪽 고정된 영역의 크기-
아래쪽 고정된 영역의 크기

그림 12-3 스크롤 영역의 크기

이때 콘텐츠 영역을 스크롤 영역으로 만들어 사용자가 콘텐츠를 스크롤하면 애니메이션을 이용해 콘텐츠를 가상으로 스크롤한다.

콘텐츠 영역을 스크롤 영역으로 만들 때 스크롤 영역의 구조는 비교적 간단하다. 사용자가 보는 뷰(view) 영역과 내용이 존재하는 콘텐츠(content) 영역으로 구성되며, 사용자가 뷰 영역에서 손가락을 움직이면 콘텐츠 영역을 스크롤한다.

그림 12-4 스크롤되는 콘텐츠의 동작 원리

뷰 영역과 스크롤 영역의 기본적인 HTML 마크업은 다음과 같이 작성할 수 있다.

```
<div id="view">
    <div id="content">
        // 콘텐츠 내용
    </div>
</div>
```

스크롤 영역 구현하기

위의 마크업을 기반으로 스크롤되는 영역을 구현할 때는 다음과 같은 단계로 구현할 수 있다.

1. 스크롤 영역 초기화: 마크업 요소 중에 뷰 영역으로 사용할 요소와 스크롤 영역으로 사용할 요소를 지정하고, 각 영역의 크기를 지정한다. 애니메이션을 이용해 가상으로 스크롤할 수 있게 CSS 스타일을 지정하는 것도 초기화에서 할 일이다.
2. 가상 스크롤을 위한 애니메이션 구현: 스크롤 영역을 가상으로 스크롤하는 함수를 구현한다.
3. 이벤트 처리: 사용자가 뷰 영역을 터치할 때 가상 스크롤이 일어날 수 있게 터치 이벤트와 스크롤 함수를 연결한다.

이어서 위의 단계에 따라 스크롤 영역을 컴포넌트 형식으로 구현하겠다. 아울러 컴포넌트의 이름은 'mScroll'로 한다.

스크롤 영역 초기화

mScroll 컴포넌트는 콘텐츠의 HTMLElement 객체를 기준으로 컴포넌트를 초기화한다.

초기화 함수는 다음 순서로 진행된다.

1. 스크롤 영역의 크기가 지정된 옵션값을 초기화한다.
2. 콘텐츠의 HTMLElement를 기준으로 뷰 영역과 콘텐츠 영역을 설정한다(_setLayer).
3. 뷰 영역과 콘텐츠 영역의 스타일을 설정한다(_setProperty).
4. 스크롤을 위한 기본 정보를 갱신한다(_refresh).

옵션값 초기화

옵션값을 초기화하는 생성자 함수는 다음과 같다.

```
window.mScroll = (function() {
    //private member
    var _htOption = {
    nWidth : 0,
    nHeight : 0
    },
    // 생성자
    function mScroll(el, htOption) {
        // 옵션을 초기화한다.
        htOption = htOption || {};
        for (var property in htOption) {
            _htOption[property] = htOption[property];
        }
        // nWidth, nHeight 옵션값이 숫자면 "px"를 추가한다.
        _htOption["nWidth"] = isNaN(_htOption["nWidth"]) ? _htOption["nWidth"] : _
htOption["nWidth"] + "px";
        _htOption["nHeight"] = isNaN(_htOption["nHeight"]) ? _htOption["nHeight"] : _
htOption["nHeight"] + "px";
        _setLayer(el);
        _refresh();
    }

    // public
    mScroll.prototype = {};
    return mScroll;
})();
```

뷰 영역과 콘텐츠 영역 지정

다음으로 뷰 영역과 콘텐츠 영역을 지정하는 함수를 작성한다. 함수 이름은 '_setLayer'로 정했다. _setLayer() 함수는 뷰 영역으로 지정할 요소의 아이디를 파라미터(el)로 받는다. 파라미터로 받은 요소를 뷰 영역으로 지정하고 뷰 영역의 첫 번째 자식 노드를 콘텐츠 영역으로 지정한다.

```
var _htWElement = {},
var _setLayer = function(el) {
    _htWElement["view"] = jindo.$Element(el);
    _htWElement["content"] = _htWElement["view"].first()⁶⁰;
    _setProperty();
},
```

CSS 속성 설정

뷰 영역과 콘텐츠 영역을 지정했으면 각 영역에 CSS 속성을 설정한다. 여기서는 '_setProperty'라
는 이름의 함수로 속성을 설정한다.

뷰 영역에는 overflow:hidden 속성을 설정해 뷰 영역의 크기에 해당하는 부분만 콘텐츠가 보이
게 한다. 콘텐츠 영역에는 position:relative 속성을 부여해 콘텐츠 영역의 내용이 뷰 영역을 기준
으로 이동할 수 있게 한다.

또한 콘텐츠 영역이 사용자의 동작(터치)에 따라 뷰 영역을 기준으로 움직일 수 있도록
position:absolute 속성과 left:0 속성, top:0 속성을 지정한다. 그리고 스크롤하는 애니메이션에
필요한 transition-property 속성과 transform 속성, transition-timing-function 속성을 지정
한다.⁶¹

_setProperty() 함수에서 속성을 설정하는 코드는 다음과 같다.

```
var _sPrefix = m.getPrefix(), _setProperty = function() {
    // view의 position:relative로 변경
    _htWElement["view"].css({
        "position" : "relative",
        "overflow" : "hidden"
    });
    _htWElement["content"].css({
        "position" : "absolute",
        "zIndex" : 1,
        "left" : 0,
        "top" : 0
```

---

60 first() 메서드는 HTML 요소의 첫 번째 자식 노드에 해당하는 요소를 반환하는 JindoJS의 메서드다.
61 애니메이션에 필요한 속성에 대한 자세한 설명은 "부록 A. 효과적인 애니메이션 구현하기(305쪽)"를 참고한다.

```
    }).css("-" + _sPrefix + "-transition-property", "-" + _sPrefix + "-transform").
css("-" + _sPrefix + "-transform", "translate(0,0)").css("-" + _sPrefix +
"-transition-timing-function", "cubic-bezier(0.33,0.66,0.66,1)");
    },
```

스크롤을 위한 기본값 초기화

가상 스크롤을 위한 기본값을 초기화하는 함수를 작성한다. '_refresh'라는 이름을 붙인 이 함수는
뷰 영역의 크기를 옵션으로 받아 지정하고, 뷰 영역과 콘텐츠 영역의 크기를 확인해 가로 스크롤
과 세로 스크롤 여부 및 최대 left 값과 top 값을 설정한다.

```
var _htOption = {
    nWidth : "0px",
    nHeight : "0px"
}, _nMaxScrollLeft = 0, _nMaxScrollTop = 0, _bUseHScroll = false, _bUseVScroll =
false, _refresh = function() {
    // 뷰 영역의 크기 지정
    if (_htOption["nWidth"] != 0) {
        _htWElement["view"].css("width", _htOption["nWidth"]);
    }
    if (_htOption["nHeight"] != 0) {
        _htWElement["view"].css("height", _htOption["nHeight"]);
    }
    // 뷰 영역과 콘텐츠 영역의 크기 판별
    var nViewW = _htWElement["view"].width() - parseInt(_htWElement["view"].
css("border-left-width"), 10) - parseInt(_htWElement["view"].css(
"border-right-width"), 10), nViewH = _htWElement["view"].height() - parseInt(
_htWElement["view"].css("border-top-width"), 10) - parseInt(_htWElement["view"].
css("border-bottom-width"), 10), nContentW = _htWElement["content"].width(), nContentH
= _htWElement["content"].height();

    // 스크롤 여부 판별 및 최대 크기 지정
    _bUseHScroll = nViewW <= nContentW;
    _bUseVScroll = nViewH <= nContentH;
    _nMaxScrollLeft = nViewW - nContentW;
    _nMaxScrollTop = nViewH - nContentH;
}
```

애니메이션을 이용한 가상 스크롤

콘텐츠 영역을 사용자가 터치하면 애니메이션 기능을 이용해 콘텐츠를 가상으로 스크롤한다. 모바일 웹에서 이러한 애니메이션을 구현하는 기술로는 자바스크립트, CSS3 등 다양한 기술이 있지만, 여기서는 CSS3의 애니메이션으로 가상 스크롤을 구현하겠다. 애니메이션에 대한 상세한 내용은 "부록 A. 효과적인 애니메이션 구현하기(305쪽)"에서 더 자세히 다룬다.

가상 스크롤을 위해 애니메이션을 처리할 수 있는 함수(_setPosition)와 애니메이션의 동작 시간을 설정하는 함수(_transitionTime), 스크롤 가능한 범위를 벗어났을 때 바운싱 효과를 주는 함수(_restorePosition)를 구현했다.

애니메이션을 처리하는 _setPosition() 함수에서는 left, top의 좌표와 애니메이션이 일어날 시간(ms)을 파라미터로 받아 그 시간 동안 left, top으로 이동한다. 코드는 다음과 같다.

```
var _nLeft = 0,
    _nTop = 0,
    _setPosition = function(nLeft, nTop, nDuration) {
    nLeft = _bUseHScroll ? nLeft : 0;
    nTop = _bUseVScroll ? nTop : 0;
    nDuration = nDuration || 0;
    _nLeft = nLeft;
    _nTop = nTop;
    _transitionTime(nDuration);
    _htWElement["scroller"].css("-" + _sPrefix + "-transform", "translate(" + nLeft +
"px, " + nTop + "px)");
    },
```

애니메이션의 동작 시간을 설정하는 _transitionTime() 함수는 transition-duration에 적용할 시간(ms)을 지정한다. 코드는 다음과 같다.

```
_transitionTime = function(nDuration) {
    nDuration += 'ms';
    _htWElement["content"].css("-" + _sPrefix + "-transition-duration", nDuration);
    },
```

_restorePosition() 함수는 스크롤이 가능한 영역이면 스크롤이 멈추고, 스크롤이 가능한 영역을 벗어나면 스크롤이 가능한 영역으로 _transitionTime()에서 지정한 시간(ms) 동안 애니메이션으로 이동한다.

```
_restorePosition = function(nDuration) {
    if (!_bUseHScroll && !_bUseVScroll) {
        return;
    }
    // 최대, 최소 범위 지정
    var nNewLeft = _nLeft >= 0 ? 0 : (_nLeft <= _nMaxScrollLeft ? _nMaxScrollLeft :
_nLeft), nNewTop = _nTop >= 0 ? 0 : (_nTop <= _nMaxScrollTop ? _nMaxScrollTop : _nTop);
    if (nNewLeft === _nLeft && nNewTop === _nTop) {
        return;
    } else {
        _setPosition(nNewLeft, nNewTop, nDuration);
    }
}
```

이벤트 처리

사용자가 터치하면 가상 스크롤이 발생하도록 이벤트 핸들러를 추가한다.

사용자가 터치했을 때 발생하는 touchstart 이벤트의 이벤트 핸들러는 '_onStart'로 지정했다. 터치 후 이동할 경우 발생하는 touchmove 이벤트의 이벤트 핸들러는 '_onMove'로 지정하고, 터치를 하고 나서 발생하는 touchend 이벤트의 이벤트 핸들러는 '_onEnd'로 지정했다.

```
var _htEvent = {}, _attachEvent = function() {
    /* Touch 이벤트용 */
    _htWElement["view"].attach("touchstart", jindo.$Fn(_onStart, this).bind()).
attach("touchmove", jindo.$Fn(_onMove, this).bind()).attach("touchend", jindo.$Fn(
_onEnd, this).bind());
}
```

그리고 _attachEvent() 함수를 생성자에서 호출해 객체가 생성될 때 터치 이벤트의 이벤트 핸들러를 처리할 수 있게 했다.

```
// 생성자
function mScroll(el, htOption) {
    // ···
    _setLayer(el);
    _attachEvent();
    _refresh();
}
```

touchstart 이벤트에 등록한 _onStart() 함수는 사용자가 화면에 손가락을 댔을 때 애니메이션 동작 시간을 0ms로 초기화하고, 사용자가 터치한 위치의 값을 _nBeforeX, _nBeforeY, _nStartX, _nStartY에 저장한다.

```
var _nBeforeX,
    _nBeforeY,
    _nStartX,
    _nStartY,
    _onStart = function(we) {
    var pos = we.changedTouch(0).pos();
    _transitionTime(0);
    _nBeforeX = _nStartX = pos.pageX;
    _nBeforeY = _nStartY = pos.pageY;
},
```

touchmove 이벤트에 등록한 _onMove() 함수는 이벤트가 발생한 좌표에서 사용자가 터치한 위치의 값(_nBeforeX 값과 _nBeforeY의 값)을 빼 직전 좌표와의 차이를 nVectorX, nVectorY로 지정한다. 스크롤이 가능한 영역이면 실제로 이동한 거리(nVectorX, nVectorY)만큼 이동하게 된다. 스크롤이 가능한 영역을 벗어나면 실제 이동한 거리의 1/2만 이동한다.

```
_onMove = function(we) {
    var weParent = we.oEvent,
    pos = we.changedTouch(0).pos(),
    nNewLeft, nNewTop,
    nVectorX = pos.pageX - _nBeforeX,
    nVectorY = pos.pageY - _nBeforeY;
    _nBeforeX = pos.pageX;
    _nBeforeY = pos.pageY;
```

```
    nNewLeft = _nLeft + (_nLeft >= 0 || _nLeft <= _nMaxScrollLeft ? nVectorX / 2 :
nVectorX);
    nNewTop = _nTop + (_nTop >= 0 || _nTop <= _nMaxScrollTop ? nVectorY / 2 :
nVectorY);
    _setPosition(nNewLeft, nNewTop);
},
```

touchend 이벤트에 등록한 _onEnd() 함수에서는 터치가 종료된 시점에 restorePosition() 함수를 호출하고 애니메이션 이동 시간으로 300ms를 전달한다. 스크롤할 수 있는 영역이면 스크롤을 즉시 멈춘다. 스크롤을 할 수 있는 영역을 벗어나면 스크롤할 수 있는 영역으로 300ms 동안 애니메이션을 통해 이동한다.

```
_onEnd = function(we) {
    _restorePosition(300);
},
```

전체 소스코드

구현된 최종 소스코드는 다음과 같다. mScroll 컴포넌트의 최종 코드는 mScroll.js 파일에 들어 있다.[62]

```
window.mScroll = (function() {
    // private memeber
    var _htWElement = {},
    _htEvent = {},
    _htOption = {
        nWidth : "0px",
        nHeight : "0px",
        bUseHScroll : false,
        bUseVScroll : true
    },
    _sPrefix = m.getPrefix(),
    _nMaxScrollLeft = 0,
    _nMaxScrollTop = 0,
```

---

62 mScroll.js 파일의 소스코드는 https://github.com/wikibook/navermobileuidev/blob/gh-pages/Chapter12/mScroll.js에서도 확인할 수 있다.

```
    _bUseHScroll = _htOption["bUseHScroll"],
    _bUseVScroll = _htOption["bUseVScroll"],
    _nTop = 0,
    _nLeft = 0,
    _nStartX = 0,
    _nStartY = 0,
    _nBeforeX,
    _nBeforeY;

    // private method
    var _setLayer = function(el) {
        _htWElement["wrapper"] = jindo.$Element(el);
        _htWElement["scroller"] = _htWElement["wrapper"].first();
        _setProperty();
    },

    _setProperty = function() {
        // wrapper의 postion : relative로 변경
        _htWElement["wrapper"].css({
            "position" : "relative",
            "overflow" : "hidden"
        });
        _htWElement["scroller"].css({
            "position" : "absolute",
            "zIndex" : 1,
            "left" : 0,
            "top" : 0
        }).css("-" + _sPrefix + "-transition-property", "-" + _sPrefix +
"-transform")
            .css("-" + _sPrefix + "-transform", "translate(0,0)")
            .css("-" + _sPrefix + "-transition-timing-function",
                "cubic-bezier(0.33,0.66,0.66,1)");
    },

    _setPosition = function(nLeft, nTop, nDuration) {
        nLeft = _bUseHScroll ? nLeft : 0;
        nTop = _bUseVScroll ? nTop : 0;
        nDuration = nDuration || 0;
        _nLeft = nLeft;
        _nTop = nTop;
```

```
        _transitionTime(nDuration);
        _htWElement["scroller"].css("-" + _sPrefix + "-transform", "translate(" +
nLeft + "px, " + nTop + "px)");
    },

    _onStart = function(we) {
        var pos = we.changedTouch(0).pos();
        _transitionTime(0);
        _nBeforeX = _nStartX = pos.pageX;
        _nBeforeY = _nStartY = pos.pageY;
    },

    _onMove = function(we) {
        var weParent = we.oEvent,
        pos = we.changedTouch(0).pos(),
        nNewLeft,
        nNewTop,
        nVectorX = pos.pageX - _nBeforeX,
        nVectorY = pos.pageY - _nBeforeY;
        _nBeforeX = pos.pageX;
        _nBeforeY = pos.pageY;
        nNewLeft = _nLeft + (_nLeft >= 0 || _nLeft <= _nMaxScrollLeft ? nVectorX / 2
: nVectorX);
        nNewTop = _nTop + (_nTop >= 0 || _nTop <= _nMaxScrollTop ? nVectorY / 2 :
nVectorY);
        _setPosition(nNewLeft, nNewTop);
    },

    _onEnd = function(we) {
        _restorePosition(300);
    },

    _transitionTime = function(nDuration) {
        nDuration += 'ms';
        _htWElement["scroller"].css("-" + _sPrefix + "-transition-duration",
nDuration);
    },

    _restorePosition = function(nDuration) {
        if (!_bUseHScroll && !_bUseVScroll) {
```

```
                return;
        }
        // 최대/최소 범위 지정
        var nNewLeft = _nLeft >= 0 ? 0 : (_nLeft <= _nMaxScrollLeft ? _nMaxScrollLeft
: _nLeft),
            nNewTop = _nTop >= 0 ? 0 : (_nTop <= _nMaxScrollTop ? _nMaxScrollTop : _nTop);
        if (nNewLeft === _nLeft && nNewTop === _nTop) {
            return;
        } else {
            _setPosition(nNewLeft, nNewTop, nDuration);
        }
    }, _attachEvent = function() {
        /* Touch 이벤트용 */
        _htWElement["wrapper"].attach("touchStart", jindo.$Fn(_onStart, this).bind())
        .attach("touchMove", jindo.$Fn(_onMove, this).bind())
        .attach("touchEnd", jindo.$Fn(_onEnd, this).bind());
    };


    // 생성자
    function mScroll(el, htOption) {
        htOption = htOption || {};
        for (var property in htOption) {
            _htOption[property] = htOption[property];
        }
        _htOption["nWidth"] = isNaN(_htOption["nWidth"]) ? _htOption["nWidth"]
: _htOption["nWidth"] + "px";
        _htOption["nHeight"] = isNaN(_htOption["nHeight"]) ? _htOption["nHeight"]
: _htOption["nHeight"] + "px";
        _setLayer(el);
        _attachEvent();
        this.refresh();
    }


    // public
    mScroll.prototype = {
        refresh : function() {
            // wrappwer 크기 지정
            if (_htOption["nWidth"] != 0) {
```

```
            _htWElement["wrapper"].css("width", _htOption["nWidth"]);
        }
        if (_htOption["nHeight"] != 0) {
            _htWElement["wrapper"].css("height", _htOption["nHeight"]);
        }
        // wrapper와 스크롤러의 크기 판별
        var nWrapperW = _htWElement["wrapper"].width() - parseInt(
_htWElement["wrapper"].css("border-left-width"), 10) - parseInt(
_htWElement["wrapper"].css("border-right-width"), 10),
            nWrapperH = _htWElement["wrapper"].height() - parseInt(
_htWElement["wrapper"].css("border-top-width"), 10) - parseInt(
_htWElement["wrapper"].css("border-bottom-width"), 10),
            nScrollW = _htWElement["scroller"].width(), nScrollH =
_htWElement["scroller"].height();

        // 스크롤 여부 판별 및 최대 사이즈 지정
        _bUseHScroll = _htOption["bUseHScroll"] && (nWrapperW <= nScrollW);
        _bUseVScroll = _htOption["bUseVScroll"] && (nWrapperH <= nScrollH);
        _nMaxScrollLeft = nWrapperW - nScrollW;
        _nMaxScrollTop = nWrapperH - nScrollH;

        // 스크롤 여부에 따른 스타일 지정
        if (_bUseHScroll && !_bUseVScroll) {// 수평인 경우
            _htWElement["scroller"].css("height", "100%");
        }
        if (_bUseVScroll && !_bUseHScroll) {// 수직인 경우
            _htWElement["scroller"].css("width", "100%");
        }
    },
    setPosition : _setPosition
};
    return mScroll;
})();
```

mScroll 컴포넌트 적용

앞에서 구현한 mScroll 컴포넌트를 이용해 간단하게 스크롤되는 목록 화면을 구현할 수 있다. 작성할 화면은 다음과 같다.

스크롤되는 콘텐츠

http://me2.do/5zDIrfeb

그림 12-5 mScroll 컴포넌트를 적용한 화면

mScroll 컴포넌트를 구성하는 기본적인 마크업을 작성한다. 구성한 마크업은 다음과 같다.[63]

```html
<!DOCTYPE html>
<html lang="ko">
    <head>
        <meta charset="UTF-8" />
        <meta name="viewport" content="width=device-width, initial-scale=1.0,
maximum-scale=1.0, minimum-scale=1.0, user-scalable=no, target-densitydpi=medium-dpi"
/>
        <title>스크롤되는 콘텐츠 만들기</title>
        <style>
          header, footer, div, ul, ol, li, h3 {
                margin: 0px;
                padding: 0px
            }
```

---

63 전체 소스코드는 https://github.com/wikibook/navermobileuidev/blob/gh-pages/Chapter12/index.html에서 확인할 수 있다.

```
                ul, ol {
                    list-style: none
                }
                header, footer {
                    background-color: #000;
                    color: #fff;
                    line-height: 2em;
                }

            </style>
        </head>
        <body>
            <header>화면 위에 고정된 영역</header>
            <div id="view">
                <div>
                    <ul>
                        <li>스크롤내용1</li>
                        <li>스크롤내용2</li>
                        <li>스크롤내용3</li>
                        ... 생략 ...
                        <li>스크롤내용48</li>
                        <li>스크롤내용49</li>
                        <li>스크롤내용50</li>
                    </ul>
                </div>
            </div>
            <footer>화면 아래에 고정된 영역</footer>
        </body>
    </html>
```

mScroll 컴포넌트는 JindoJS를 기반으로 작성됐기 때문에 JindoJS 라이브러리와 공통 모듈인 common.js[64], 그리고 mScroll 컴포넌트인 mScroll.js를 삽입한다.

```
    ... 생략 ...
    <footer>화면 아래에 고정된 영역</footer>
    <script src="../js/jindo.mobile.all.js" charset="utf-8"></script>
    <script src="../js/common.js" charset="utf-8"></script>
    <script src="./mScroll.js" charset="utf-8"></script>
</body>
```

---

64   common.js 파일의 내용은 https://github.com/wikibook/navermobileuidev/blob/gh-pages/js/common.js에서 확인할 수 있다.

window.onload 이벤트에서 사용자 고정 영역의 높이를 제외한 전체 화면의 크기를 구한 다음
mScroll 객체를 생성한다.

```
    ... 생략 ...
    <script>
        window.onload = function() {
            // 위와 아래 고정된 영역의 높이를 구하고, 화면 크기를 구해 콘텐츠 영역의
    높이를 구한다.
            var nHeaderHeight = jindo.$Element(jindo.$$.getSingle("header")).height();
            var nFooterHeight = jindo.$Element(jindo.$$.getSingle("footer")).height();
            var nContentHeight = window.innerHeight - nHeaderHeight - nFooterHeight;
            // mScroll 객체를 생성한다.
            var oScroll = new mScroll("view", {
                nWidth : "100%",
                nHeight : nContentHeight
            });
        }
    </script>
</body>
```

간단한 스크롤이 아닌 실제 서비스에 적합한 컴포넌트를 개발하려면 여기서 언급한 내용보다 더
많은 부분을 신경 써야 한다.

우선 속도감 있는 스크롤 애니메이션 효과를 비롯해 밀어 올리거나 끌어 내려 콘텐츠를 업데이
트하는 것과 같은 기능을 구현하려면 물리적인 계산도 필요할 뿐더러 사용자 액션 또한 분석해
야 한다.

그뿐만 아니라 대용량 콘텐츠를 스크롤할 때 일어날 수 있는 다양한 성능 문제도 고려해야 한다.
특히 모바일 기기는 버전별, 제조사별 특성이 있기 때문에 구현하는 방식도 제품별로 차별화해야
한다.

하지만 이러한 방식을 기기별로 각각 테스트하고 확인하는 일련의 작업을 직접 하기에는 현실적
으로 어려움이 있다. 따라서 컴포넌트 개발자가 아니라면 스크롤 컴포넌트는 현재 시중에 있는 스
크롤 컴포넌트를 사용하는 것이 현실적인 대안이다.

13
사용자 터치 움직임 분석하기

모바일에서 사용자는 다음과 같은 다양한 제스처를 사용해 애플리케이션과 웹 서비스를 이용한다. 그러나 웹 브라우저에는 이 제스처에 해당하는 이벤트가 없다. 그렇기 때문에 플리킹이나 스크롤과 같은 사용자의 제스처에 반응하는 UI를 구현하려면 사용자가 어떤 제스처를 사용했는지 알아낼 수 있는 방법을 찾아야 한다.

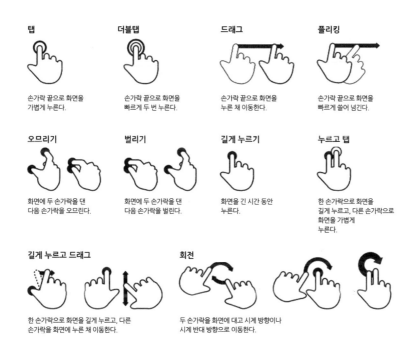

탭
손가락 끝으로 화면을 가볍게 누른다.

더블탭
손가락 끝으로 화면을 빠르게 두 번 누른다.

드래그
손가락 끝으로 화면을 누른 채 이동한다.

플리킹
손가락 끝으로 화면을 빠르게 쓸어 넘긴다.

오므리기
화면에 두 손가락을 댄 다음 손가락을 오므린다.

벌리기
화면에 두 손가락을 댄 다음 손가락을 벌린다.

길게 누르기
화면을 긴 시간 동안 누른다.

누르고 탭
한 손가락으로 화면을 길게 누르고, 다른 손가락으로 화면을 가볍게 누른다.

길게 누르고 드래그
한 손가락으로 화면을 길게 누르고, 다른 손가락을 화면에 누른 채 이동한다.

회전
두 손가락을 화면에 대고 시계 방향이나 시계 반대 방향으로 이동한다.

그림 13-1 모바일 기기에서 사용하는 사용자 제스처[65]

---

65 http://adpearance.com/blog/designing-mobile-landing-pages-revisited

탭이나 더블탭, 롱탭과 같이 화면의 특정한 위치를 손가락으로 누르는 제스처는 터치 이벤트를 분석해 어떤 제스처인지 알 수 있다. 터치 이벤트를 분석하면 그 외에도 플리킹이나 스크롤 같은 제스처를 구별할 수 있을 뿐더러 어떤 방향으로 손가락을 움직였는지도 알 수 있다.

이 절에서는 터치 이벤트를 분석해 사용자의 제스처를 알아내는 컴포넌트를 구현하고, 컴포넌트에서 어떻게 터치 이벤트를 분석해 사용자의 제스처를 알아내는지 설명할 것이다.

> **참고**
>
> 손가락 두 개를 이용하는 확대와 축소, 회전과 같은 동작을 할 때 일어나는 제스처 이벤트에 대해서는 "제스처 이벤트(64쪽)"에서 설명한다.

터치 이벤트 분석 컴포넌트

'mTouch'라는 이름으로 구현한 터치 이벤트 분석 컴포넌트는 지정한 요소에서 발생하는 사용자의 터치 움직임을 분석한다.

mTouch 컴포넌트는 터치 움직임을 분석할 요소만 설정하기 때문에 마크업 구조는 간단하다. 기본적인 마크업은 다음과 같다.

```
<div id="touch">
// 이 영역에서 일어나는 터치 움직임을 분석한다.
</div>
```

mTouch 컴포넌트는 초기화 부분과 사용자 움직임을 분석하는 부분, 사용자 동작을 처리하는 부분으로 구성했다.

초기화

mTouch 컴포넌트는 지정한 HTML 요소를 기준으로 컴포넌트를 초기화한다. 초기화 부분은 다음과 같은 순서로 컴포넌트를 초기화한다.

1. 컴포넌트의 옵션값을 초기화한다.
2. 컴포넌트 내부에서 사용할 이벤트의 이름을 지정한다.

3. 대각선 스크롤과 수직 방향 스크롤, 수평 방향 스크롤의 범위를 결정하는 기울기 값을 설정한다.

4. touch 이벤트 핸들러를 등록한다.

옵션값 초기화

컴포넌트의 옵션값을 초기화하는 생성자 함수의 코드는 다음과 같다.

```javascript
window.mTouch= (function() {
    //private member
    var _wel = null,
        _htOption = {
            nMomentumDuration : 350,
            nMoveThreshold : 7,
            nSlopeThreshold : 25,
            nLongTapDuration : 1000,
            nDoubleTapDuration : 400,
            nTapThreshold : 6,
            nPinchThreshold : 0.1,
            nRotateThreshold : 5,
            nEndEventThreshold : 0
            },
        _htTouchEventName = {
            start : 'mousedown',
            move : 'mousemove',
            end : 'mouseup',
            cancel : null
        },
        _bStart = false,
        _bMove = false,
        _nMoveType = -1,
        _htEndInfo = {},
        _nVSlope = 0,
        _nHSlope = 0,
        _htEventHandler = {},
        _htMoveInfo = {
            nStartX : 0,
            nStartY : 0,
            nBeforeX : 0,
            nBeforeY : 0,
            nStartTime : 0,
```

```
            nBeforeTime : 0,
            nStartDistance : 0,
            nBeforeDistance : 0,
            nStartAngle : 0,
            nLastAngle : 0
        };
        _htEventHandler : {};
    // 생성자
    function mTouch(el,htOption) {
        // 옵션값을 초기화한다.
        htOption = htOption || {};
        for(var property in htOption) {
            _htOption[property] = htOption[property];
        }
        _initVar();
        _setSlope();
        _attachEvent();
    }

    // public
    mTouch.prototype = {};
    return mTouch;
})();
```

이벤트 이름 지정

터치 이벤트에 대응하는 이벤트는 운영체제마다 다르다. iOS의 사파리와 안드로이드의 기본 브라우저는 touch 이벤트를 사용하고, 윈도우폰 8에서는 MSPointer 이벤트를 사용한다. 그리고 데스크톱 환경에서는 mouse 이벤트를 사용한다. 이렇게 다른 이벤트에 대응할 수 있도록 각각 다른 이벤트 이름을 컴포넌트 내부에서 통일해 초기화한다. 이벤트 이름을 초기화하는 _initVar() 함수는 다음과 같다.

```
_htTouchEventName = {
        start : 'mousedown',
        move : 'mousemove',
        end : 'mouseup',
        cancel : null
};
```

```
var _initVar = function(){
    if('ontouchstart' in window){  //touch 이벤트가 있는 경우
        _htTouchEventName.start = 'touchstart';
        _htTouchEventName.move = 'touchmove';
        _htTouchEventName.end = 'touchend';
        _htTouchEventName.cancel = 'touchcancel';
    } else if(window.navigator.msPointerEnabled){ //msPointer 이벤트가 있는 경우
        _htTouchEventName.start = 'MSPointerDown';
        _htTouchEventName.move = 'MSPointerMove';
        _htTouchEventName.end = 'MSPointerUp';
        _htTouchEventName.cancel = 'MSPointerCancel';
    }
};
```

기울기 기준 값 설정

이번에는 사용자가 스크롤한 방향이 수직 또는 수평인지, 대각선인지 판단하는 기울기를 구하는 함수인 _setSlope() 함수를 구현해 보자.

일반적으로 수직인 경우는 X축은 동일하고 Y축만 움직인 경우고, 수평인 경우는 Y축은 동일하고 X축만 움직인 경우다. 대각선일 경우에는 X축 Y축 값이 모두 변경된 경우다. 하지만 실제로 사용자가 손가락을 화면에 대고 움직일 때는 X축이나 Y축은 동일한 값으로 입력되지 않는다. 사용자가 어떤 방향으로 움직이든 X 값과 Y 값이 바뀌게 된다. 따라서 몇 가지 기준을 정해 사용자가 손가락을 움직인 방향이 수직 방향인지, 수평 방향인지, 또는 대각선 방향인지 구별해야 한다. 그러한 구별 방법 중 하나로 화면 크기를 분할하는 방법이 있다.

이 방법은 모바일 기기의 화면 크기를 기준으로 기울기를 구하는 것이다. 기울기는 'Y축 이동 거리 / X축 이동 거리'로 구한다. 그림 13-2와 같이 화면을 3개의 영역으로 나누고 그 영역에 속하는 기울기로 수평 방향 움직임, 수직 방향 움직임, 대각선 방향 움직임을 판단한다.

수평 스크롤 기준 기울기는 '(화면의 높이 / 2) / 화면의 너비'로 구할 수 있고, 수직 스크롤 기준 기울기는 '화면의 높이 / (화면의 너비 / 2)'로 구할 수 있다. 기울기가 0 이상, 수평 스크롤 기준 기울기 이하면 수평 방향 움직임이다. 기울기가 수직 스크롤 기준 기울기 이상이면 수직 방향 움직임이다. 기울기가 그 외의 값이면 대각선 방향 움직임으로 판단한다.

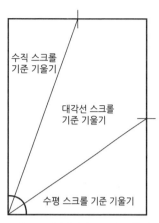

수직 스크롤
기준 기울기

대각선 스크롤
기준 기울기

수평 스크롤 기준 기울기

그림 13-2 기기 화면에 따른 기준 기울기

위의 내용을 코드로 나타내면 다음과 같다.

```
var _setSlope = function(){
    if(!_bSetSlope){
        _nHSlope = ((window.innerHeight/2) / window.innerWidth).toFixed(2)*1;
        _nVSlope = (window.innerHeight / (window.innerWidth/2)).toFixed(2)*1;
    }
};
```

이벤트 핸들러 등록

_attachEvent() 함수에서는 이벤트 핸들러를 등록한다. 사용자가 화면을 터치했을 때 발생하는 touchstart 이벤트의 핸들러는 _onStart()로 지정하고, 터치 후 이동할 때 발생하는 touchmove 이벤트의 핸들러는 _onMove()로 지정한다. 터치를 끝냈을 때 발생하는 touchend 이벤트의 핸들러는 _onEnd()로 지정한다. touchcancel 이벤트도 touchend 이벤트로 간주해 _onEnd()를 이벤트 핸들러로 지정한다.

```
_htTouchEventName = {
        start : 'mousedown',
        move : 'mousemove',
        end : 'mouseup',
        cancel : null
};
```

```
var _attachEvent = function(){
        _wel.attach(_htTouchEventName.start,jindo.$Fn(_onStart, this).bind())
            .attach(_htTouchEventName.move, jindo.$Fn(_onMove, this).bind())
            .attach(_htTouchEventName.end, jindo.$Fn(_onEnd, this).bind());
        if(_htTouchEventName.cancel){
            _wel.attach(_htTouchEventName.cancel, jindo.$Fn(_onEnd, this).bind());
        }
};
```

사용자 움직임 분석

사용자 움직임을 분석하는 부분은 사용자의 동작에 따라 제스처 유형을 반환하는 함수와 터치 좌표 정보와 터치한 요소 등의 정보를 추출하는 함수로 구성했다.

제스처 유형 반환

제스처 유형을 반환하는 함수인 _getMoveType() 함수는 사용자가 터치를 시작한 좌표에서 현재 누르고 있는 좌표까지의 거리를 확인해 제스처 유형을 반환한다. 거리가 nTapThreshold 옵션값의 범위 내에 있으면 탭으로 분석한다. 다음으로 방향성을 분석하기 위해 nSlopeThreshold 옵션 값보다 많이 움직였으면 움직인 수직 방향과 수평 방향의 거리를 이용해 사용자 움직임의 기울기를 구한다. 기울기가 수직 방향 기준 기울기보다 크거나 같으면 수직 방향으로 판단하고, 수평 방향 기준 기울기보다 작거나 같으면 수평 방향으로 판단한다. 그 외의 값이면 대각선으로 판단한다. 코드는 다음과 같다.

```
// common.js에 설정된 움직임 상수값
// $.m = {
//    MOVETYPE : {
//            0 : 'hScroll', // 수평 스크롤
//            1 : 'vScroll', // 수직 스크롤
//            2 : 'dScroll', // 대각선 스크롤
//            3 : 'tap', // 탭
//            4 : 'longTap', // 롱탭
//            5 : 'doubleTap' // 더블탭
//        }
//}

var _getMoveType = function(x, y){
        var nType = _nMoveType;
```

```
        var nX = Math.abs(_htMoveInfo.nStartX - x);
        var nY = Math.abs(_htMoveInfo.nStartY - y);
        var nDis = nX + nY;

        //tap 정의
        var nGap = _htOption['nTapThreshold'];
        if((nX <= nGap) && (nY <= nGap)){
            nType = 3;
        }else{
            nType = -1;
        }

        if(_htOption['nSlopeThreshold'] <= nDis){
            var nSlope = parseFloat((nY/nX).toFixed(2),10);
            if((_nHSlope === -1) && (_nVSlope === -1)){
                nType = 2;
            }else{
                if(nSlope <= _nHSlope){
                    nType = 0;
                }else if(nSlope >= _nVSlope){
                    nType = 1;
                }else {
                    nType = 2;
                }
            }
        }
        return nType;
    };
```

사용자 동작 정보 추출

_onStart 이벤트와 _onMove 이벤트, _onEnd 이벤트 핸들러에서 이벤트 객체에 필요한 정보를
추출하는 함수는 _getTouchInfo() 함수로 구현했다. 이 함수에서는 현재 X, Y 좌표와 터치 대상
요소, 타임스탬프(timestamp) 값을 반환한다. 멀티 터치 좌표가 들어올 수 있기 때문에 반환값은
배열이다. 코드는 다음과 같다.

```
var _getTouchInfo = function(oEvent){
    var aReturn = [];
    var nTime = oEvent.$value().timeStamp;

    if(typeof oEvent.$value().changedTouches !== 'undefined'){
        var oTouch = oEvent.$value().changedTouches;
        for(var i=0, nLen = oTouch.length; i<nLen; i++){
            aReturn.push({
                el : oTouch[i].target,
                nX : oTouch[i].pageX,
                nY : oTouch[i].pageY,
                nTime : nTime
            });
        }

    }else{
        aReturn.push({
            el : oEvent.element,
            nX : oEvent.pos().pageX,
            nY : oEvent.pos().pageY,
            nTime : nTime
        });
    }

    return aReturn;
};
```

사용자 액션 처리

사용자 액션 처리 부분에서는 _attachEvent() 함수를 통해 등록된 _onStart() 함수, _onMove() 함수, _onEnd() 함수에서 각 터치 좌표와 타임스탬프 등을 이용해 사용자 움직임을 분석하고 커스텀 이벤트를 발생시킨다.

_onStart() 함수는 터치 정보를 초기화하고, 시작 터치 지점의 정보를 설정하고, 'touchStart' 커스텀 이벤트를 발생시킨다. 터치 이벤트에 항상 touchend 이벤트가 발생하는 것은 아니라서 touchstart 이벤트에서도 터치 정보를 초기화하는 코드가 필요하다. 코드는 다음과 같다.

```
var _onStart = function(oEvent){
    // touch 정보를 초기화
    _resetTouchInfo();

    var htInfo = _getTouchInfo(oEvent);

    var htParam ={
        element : htInfo[0].el,
        nX : htInfo[0].nX,
        nY : htInfo[0].nY,
        oEvent : oEvent
    };

    if(!_fireEvent('touchStart', htParam)){
        return;
    }

    // touchstart 플래그 세팅
    _bStart = true;

    // 이동 정보 업데이트
    _htMoveInfo.nStartX = htInfo[0].nX;
    _htMoveInfo.nBeforeX = htInfo[0].nX;
    _htMoveInfo.nStartY = htInfo[0].nY;
    _htMoveInfo.nBeforeY = htInfo[0].nY;
    _htMoveInfo.nStartTime = htInfo[0].nTime;
    _htMoveInfo.aStartInfo = htInfo;

    _startLongTapTimer(htInfo, oEvent);

};
```

_onMove() 함수는 터치의 시작 지점과 현재 좌표를 비교해 사용자 움직임을 분석하고, 'touchMove' 커스텀 이벤트를 발생시킨다. 또 직전의 터치 좌표를 저장한다. 코드는 다음과 같다.

```
var _onMove = function(oEvent){
    if(!_bStart){
        return;
    }
```

```javascript
_bMove = true;

var htInfo = _getTouchInfo(oEvent);

// 현재 _nMoveType이 없거나 tap 혹은 longTap일 때 다시 _nMoveType을 계산한다.
if(_nMoveType < 0 ||_nMoveType == 3 || _nMoveType == 4){
        var nMoveType = _getMoveType(htInfo[0].nX, htInfo[0].nY);
        if(!((_nMoveType == 4) && (nMoveType == 3)) ){
            _nMoveType = nMoveType;
        }
}
// 커스텀 이벤트에 대한 파라미터 생성
htParam = _getCustomEventParam(htInfo, false);

// longtap timer 삭제
if((typeof _nLongTapTimer != 'undefined') && _nMoveType != 3){
    _deleteLongTapTimer();
}


htParam.oEvent = oEvent;

var nDis = 0;
if(_nMoveType == 0){ // hScroll일 경우
    nDis = Math.abs(htParam.nVectorX);
}else if(_nMoveType == 1){ // vScroll일 경우
    nDis = Math.abs(htParam.nVectorY);
}else{ // dScroll일 경우
    nDis = Math.abs(htParam.nVectorX) + Math.abs(htParam.nVectorY);
}

// move 간격이 옵션 설정값보다 작으면 커스텀 이벤트를 발생시키지 않는다.
if(nDis < _htOption['nMoveThreshold']){
    return;
}

if(!_fireEvent('touchMove', htParam)){
    _bStart = false;
    return;
}
// touchInfo 정보의 before 정보만 업데이트한다.
_htMoveInfo.nBeforeX = htInfo[0].nX;
```

```
        _htMoveInfo.nBeforeY = htInfo[0].nY;
        _htMoveInfo.nBeforeTime = htInfo[0].nTime;
    };
```

_onEnd() 함수는 분석된 사용자 움직임과 'touchEnd' 커스텀 이벤트를 발생시킨다. 또한 마지막 터치 좌표와 사용자 움직임을 저장한다. 코드는 다음과 같다.

```
var _onEnd = function(oEvent){
    if(!_bStart){
        return;
    }
    _deleteLongTapTimer();
    // touchMove 이벤트가 발생하지 않고 현재 롱탭이 아니라면 탭으로 판단한다.
    if(!_bMove && (_nMoveType != 4)){
        _nMoveType = 3; // 탭
    }

    // touchEnd 시점에 판단된 moveType이 없으면 리턴한다.
    if(_nMoveType < 0){
        return;
    }

    var htInfo = _getTouchInfo(oEvent);

    // 현재 touchEnd 시점의 타입이 더블탭이라고 판단되는 경우
    if(_isDblTap(htInfo[0].nX, htInfo[0].nY, htInfo[0].nTime)){
        clearTimeout(_nTapTimer);
        delete _nTapTimer;
        _nMoveType = 5; //doubleTap으로 설정
    }

    // 커스텀 이벤트에 대한 파라미터 생성
    var htParam = _getCustomEventParam(htInfo, true);
    htParam.oEvent = oEvent;
    var sMoveType = htParam.sMoveType;

    // 더블탭 핸들러가 있고, 현재가 탭인 경우
    if( (typeof _htEventHandler[m.MOVETYPE[5]] != 'undefined' && (
_htEventHandler[m.MOVETYPE[5]].length > 0))&& (_nMoveType == 3) ){
```

```
        _nTapTimer = setTimeout(function(){
            _fireEvent('touchEnd', htParam);
            _fireEvent(sMoveType, htParam);
            delete _nTapTimer;
        }, _htOption['nDoubleTapDuration']);

    }else{
        _fireEvent('touchEnd', htParam);
        if(_nMoveType != 4){
            console.log('//////', sMoveType)
            _fireEvent(sMoveType, htParam);
        }
    }

    //touchEnd info 업데이트
    _htEndInfo = {
        element: htInfo[0].el,
        time : htInfo[0].nTime,
        movetype : _nMoveType,
        nX : htInfo[0].nX,
        nY : htInfo[0].nY
    };
    _resetTouchInfo();
};
```

터치 이벤트를 이용한 제스처 분석 방법

여기서는 "사용자 액션 처리(185쪽)"에서 설명한 _onStart() 함수, _onMove() 함수, _onEnd() 함수에서 제스처를 분석하는 코드 위주로 제스처 분석 방법을 설명하겠다.

탭 분석하기

touchstart 이벤트가 발생한 이후 touchmove 이벤트가 발생하지 않고 touchend 이벤트가 발생하거나, touchmove 이벤트와 touchend 이벤트에서 nTapThreshold 옵션에 설정한 값 이하로 움직였으면 탭으로 판단한다.

다음 그림은 탭을 분석하는 플로차트다.

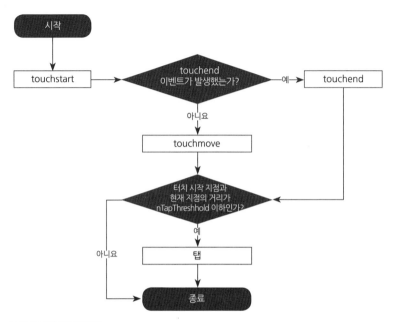

그림 13-3 탭 이벤트 분석

일반적으로 탭은 touchmove 이벤트가 발생하지 않는 제스처이지만, 터치에 민감한 기기에서는 touchmove 이벤트가 발생하기 때문에 touchmove 이벤트 핸들러에서도 탭인지 확인하는 부분이 필요하다. 터치의 시작 지점과 현재의 좌표를 비교해서 사용자의 움직임을 분석하는 기능은 _onMove() 함수에 구현했다. 사용자의 동작이 탭이 아니고 드래그면 초반에 발생하는 touchMove에서는 탭으로 분석될 수 있으므로 탭이거나 롱탭일 경우 다시 사용자 움직임을 분석한다. 관련 코드는 다음과 같다.

```
var _onMove = function(oEvent){
    // ... 생략
    // 현재 _nMoveType이 없거나 탭 혹은 롱탭일 때 다시 _nMoveType을 계산한다.
    if(_nMoveType < 0 ||_nMoveType == 3 || _nMoveType == 4){
        var nMoveType = _getMoveType(htInfo[0].nX, htInfo[0].nY);
        if(!((_nMoveType == 4) && (nMoveType == 3)) ){
            _nMoveType = nMoveType;
        }
    }
    // ... 생략
};
```

touchEnd 이벤트의 핸들러인 _onEnd() 함수에서는 touchMove 이벤트가 발생하지 않고 touchEnd 이벤트가 발생하면 탭으로 분석한다. 관련 코드는 다음과 같다.

```
var _onEnd = function(oEvent){
    // ... 생략
    // touchMove 이벤트가 발생하지 않고 현재 롱탭이 아니라면 탭으로 판단한다.
    if(!_bMove && (_nMoveType != 4)){
        _nMoveType = 3;
    }
    // ... 생략
};
```

롱탭(longTap) 분석하기

touchstart 이벤트 발생 이후 nLongTapDuration 옵션에 설정한 시간(1,000ms) 동안 touchend 이벤트가 발생하지 않고 사용자 움직임 분석이 탭이면 롱탭으로 판단한다. 다음 그림은 롱탭 이벤트의 분석 흐름을 나타낸 플로차트다.

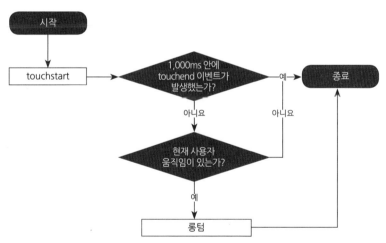

그림 13-4 롱탭 이벤트 분석

_onStart() 함수에서는 롱탭 커스텀 이벤트를 발생시키는 타이머인 _startLongTapTimer() 함수를 호출한다.

관련 코드는 다음과 같다.

```
var _onStart = function(oEvent){
// ... 생략
    // 롱탭 타이머를 세팅하는 함수 호출
      _startLongTapTimer(htInfo, oEvent);
    };
```

_startLongTapTimer() 함수는 롱탭 커스텀 이벤트의 핸들러를 사용자가 등록했을 때만 롱탭을 발생시킨다. 롱탭 여부를 판단하는 옵션값 nLongTapDuration에 지정된 시간 이후에 롱탭 커스텀 이벤트를 발생시키고 현재 사용자 움직임을 롱탭으로 설정한다. 코드는 다음과 같다.

```
var _startLongTapTimer = function(htInfo, oEvent){
        // 롱탭 이벤트 핸들러가 있을 경우
        if((typeof _htEventHandler[m.MOVETYPE[4]] != 'undefined') && (
_htEventHandler[m.MOVETYPE[4]].length > 0)){
            self._nLongTapTimer = setTimeout(function(){
                _fireEvent('longTap',{
                    element : htInfo[0].el,
                    oEvent : oEvent,
                    nX : htInfo[0].nX,
                    nY : htInfo[0].nY
                });
                delete _nLongTapTimer;
                //현재 moveType 세팅
                _nMoveType = 4;
            }, _htOption['nLongTapDuration']);
        }
    };
```

_onMove() 함수에서 사용자 움직임이 탭이 아니면 롱탭 타이머를 삭제하는 _deleteLongTapTimer() 함수를 호출한다. 관련 코드는 다음과 같다.

```
var _onMove = function(oEvent){
    // ... 생략
    // 롱탭 타이머 삭제
    if((typeof _nLongTapTimer != 'undefined') && _nMoveType != 3){
        _deleteLongTapTimer();
    }
// ... 생략
}
```

_deleteLongTapTimer() 함수는 롱탭을 설정하는 타이머를 삭제한다. 코드는 다음과 같다.

```
var _deleteLongTapTimer = function(){
    if(typeof _nLongTapTimer !== 'undefined'){
        clearTimeout(_nLongTapTimer);
        delete _nLongTapTimer;
    }
};
```

touchend 이벤트가 발생하면 롱탭이 아니므로 _onEnd() 함수에서는 롱탭 타이머를 삭제하는
_deleteLongTapTimer() 함수를 호출한다. 관련 코드는 다음과 같다.

```
var _onEnd = function(oEvent){
    // ... 생략
    _deleteLongTapTimer();
    // ... 생략
};
```

더블탭(doubleTap) 분석하기

탭 이벤트가 nDoubleTapDuration(더블탭 여부를 판단하는 옵션값)에 설정한 시간 이내에 두
번 발생하면 더블탭으로 판단한다. 또한 손가락 면적이 넓어 정확히 같은 좌표를 누르기는 힘들기
때문에 nTapThreshold 값을 기준으로 같은 탭으로 인지한다.

아래 그림은 더블탭 이벤트를 분석하는 플로차트다.

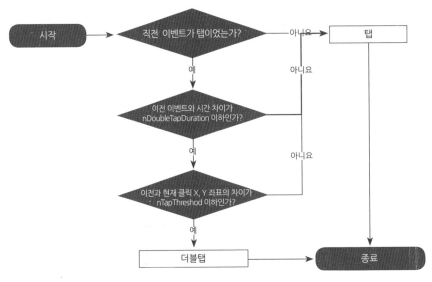

그림 13-5 더블탭 이벤트 분석

더블탭 커스텀 이벤트 핸들러가 있으면 _onEnd() 함수에서 nDoubleTapDuration에 설정한 시간만큼 지연시킨 후 touchEnd 커스텀 이벤트를 발생한다. 현재 더블탭인지 판단하는 _isDblTap() 함수를 호출하고 더블탭이면 현재 움직임을 더블탭으로 설정한다. 관련 코드는 다음과 같다.

```
var _onEnd = function(oEvent){
    // ... 생략
    var htInfo = _getTouchInfo(oEvent);

    // 현재 touchEnd시점의 타입이 더블탭이라고 판단되는 경우
    if(_isDblTap(htInfo[0].nX, htInfo[0].nY, htInfo[0].nTime)){
        clearTimeout(_nTapTimer);
        delete _nTapTimer;
        _nMoveType = 5; // 더블탭으로 설정
    }
    // ... 생략
    // 더블탭 핸들러가 있고, 현재가 탭인 경우
    if( (typeof _htEventHandler[m.MOVETYPE[5]] != 'undefined' && (
_htEventHandler[m.MOVETYPE[5]].length > 0))&& (_nMoveType == 3) ){
```

```
        _nTapTimer = setTimeout(function(){
            _fireEvent('touchEnd', htParam);
            _fireEvent(sMoveType, htParam);
            delete _nTapTimer;
        }, _htOption['nDoubleTapDuration']);

    }else{
        _fireEvent('touchEnd', htParam);
        if(_nMoveType != 4){
            console.log('/////', sMoveType)
            _fireEvent(sMoveType, htParam);
        }
    }
    // ... 생략
};
```

_isDblTap() 함수는 마지막 터치가 탭이고 이전 탭의 좌표와 현재 탭의 좌표를 비교해서 더블탭인지 판단한다. 코드는 다음과 같다.

```
var _isDblTap = function(nX, nY, nTime){
    if((typeof _nTapTimer != 'undefined') && _nMoveType == 3){
        var nGap = _htOption['nTapThreshold'];
        if( (Math.abs(_htEndInfo.nX - nX) <= nGap) && (Math.abs(_htEndInfo.nY-nY)
<= nGap) ){
            return true;
        }
    }
    return false;
};
```

사용자 스크롤 방향 분석

터치가 시작되는 지점에서 nSlopeThreshold 이상 움직였을 때는 사용자 스크롤의 방향을 분석한다.

다음 그림은 사용자 스크롤의 방향을 분석하는 플로차트다.

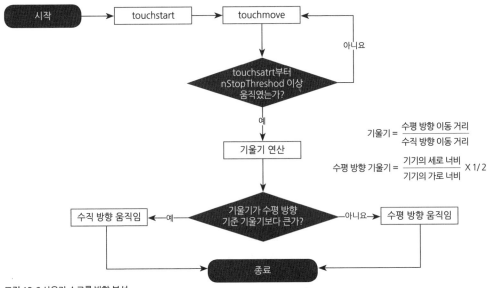

그림 13-6 사용자 스크롤 방향 분석

사용자 움직임이 분석되지 않았거나 탭이나 롱탭이면 _onMove() 함수에서 _getMoveType() 함수를 호출해 현재 사용자 움직임을 설정한다. 한 번 스크롤 움직임의 방향이 설정됐으면 다시 분석하지 않는다. 관련 코드는 다음과 같다.

```
var _onMove = function(oEvent){
        // ... 생략

        // 현재 _nMoveType이 없거나 tap 혹은 longTap일 때 다시 _nMoveType을 계산한다.
        if(_nMoveType < 0 ||_nMoveType == 3 || _nMoveType == 4){
                var nMoveType = _getMoveType(htInfo[0].nX, htInfo[0].nY);
                if(!((_nMoveType == 4) && (nMoveType == 3)) ){
                    _nMoveType = nMoveType;
                }
        }
        // ... 생략
};
```

분석된 움직임이 없으면 _onEnd() 함수에서 처리하지 않는다. 움직임이 분석되면 touchEnd 커스텀 이벤트와 분석된 이벤트를 발생시킨다. 관련 코드는 다음과 같다.

```
var _onEnd = function(oEvent){
    // ... 생략

    // touchEnd 시점에 판단된  moveType이 없으면 리턴한다.
    if(_nMoveType < 0){
        return;
    }

    // ... 생략
    // 더블탭 핸들러가 있고, 현재가 탭인 경우
    if( (typeof _htEventHandler[m.MOVETYPE[5]] != 'undefined' && (
_htEventHandler[m.MOVETYPE[5]].length > 0))&& (_nMoveType == 3) ){
        _nTapTimer = setTimeout(function(){
            _fireEvent('touchEnd', htParam);
            _fireEvent(sMoveType, htParam);
            delete _nTapTimer;
        }, _htOption['nDoubleTapDuration']);

    }else{
        _fireEvent('touchEnd', htParam);
        if(_nMoveType != 4){
            _fireEvent(sMoveType, htParam);
        }
    }
    // ... 생략
};
```

전체 소스코드

구현된 최종 소스코드는 다음과 같다. 작성된 컴포넌트의 소스코드를 touch.js 파일로 저장하면
필요할 때 사용할 수 있다.[66]

```
window.mTouch = (function() {

    // private memeber
```

---

66 touch.js 파일의 소소코드는 https://github.com/wikibook/navermobileuidev/blob/gh-pages/Chapter13/touch.js에서도 확인할 수 있다.

```
var _wel = null,
_htOption = {
    nMomentumDuration : 350,
    nMoveThreshold : 7,
    nSlopeThreshold : 25,
    nLongTapDuration : 1000,
    nDoubleTapDuration : 400,
    nTapThreshold : 6,
    nPinchThreshold : 0.1,
    nRotateThreshold : 5,
    nEndEventThreshold : 0
},
_htTouchEventName = {
    start : 'mousedown',
    move : 'mousemove',
    end : 'mouseup',
    cancel : null
},
_bStart = false,
_bMove = false,
_nMoveType = -1,
_htEndInfo = {},
_nVSlope = 0,
_nHSlope = 0,
_htEventHandler = {},
_htMoveInfo = {
    nStartX : 0,
    nStartY : 0,
    nBeforeX : 0,
    nBeforeY : 0,
    nStartTime : 0,
    nBeforeTime : 0,
    nStartDistance : 0,
    nBeforeDistance : 0,
    nStartAngle : 0,
    nLastAngle : 0
};

var _initVar = function() {
    _htEventHandler = {};
    if ('ontouchstart' in window) {
```

```
            _htTouchEventName.start = 'touchstart';
            _htTouchEventName.move = 'touchmove';
            _htTouchEventName.end = 'touchend';
            _htTouchEventName.cancel = 'touchcancel';
        } else if (window.navigator.msPointerEnabled) {
            _htTouchEventName.start = 'MSPointerDown';
            _htTouchEventName.move = 'MSPointerMove';
            _htTouchEventName.end = 'MSPointerUp';
            _htTouchEventName.cancel = 'MSPointerCancel';
        }
    };
    var _setLayer = function(el) {
        _wel = jindo.$Element(el);
    }
    var _attachEvent = function() {
        _wel.attach(_htTouchEventName.start, jindo.$Fn(_onStart, this).bind())
            .attach(_htTouchEventName.move, jindo.$Fn(_onMove, this).bind())
            .attach(_htTouchEventName.end, jindo.$Fn(_onEnd, this).bind());
        if (_htTouchEventName.cancel) {
            _wel.attach(_htTouchEventName.cancel, jindo.$Fn(_onEnd, this).bind());
        }
    };

    var _onStart = function(oEvent) {
        // touch 정보를 초기화
        _resetTouchInfo();

        var htInfo = _getTouchInfo(oEvent);

        var htParam = {
            element : htInfo[0].el,
            nX : htInfo[0].nX,
            nY : htInfo[0].nY,
            oEvent : oEvent
        };

        if (!_fireEvent('touchStart', htParam)) {
            return;
        }

        //touchstart 플래그 세팅
```

```
            _bStart = true;
            //move info update
            _htMoveInfo.nStartX = htInfo[0].nX;
            _htMoveInfo.nBeforeX = htInfo[0].nX;
            _htMoveInfo.nStartY = htInfo[0].nY;
            _htMoveInfo.nBeforeY = htInfo[0].nY;
            _htMoveInfo.nStartTime = htInfo[0].nTime;
            _htMoveInfo.aStartInfo = htInfo;

            _startLongTapTimer(htInfo, oEvent);

    };

    var _onMove = function(oEvent) {
        if (!_bStart) {
            return;
        }
        _bMove = true;

        var htInfo = _getTouchInfo(oEvent);

        // 현재 _nMoveType이 없거나 탭 혹은 롱탭일 때 다시 _nMoveType을 계산한다.
        if (_nMoveType < 0 || _nMoveType == 3 || _nMoveType == 4) {
            var nMoveType = _getMoveType(htInfo[0].nX, htInfo[0].nY);
            if (!((_nMoveType == 4) && (nMoveType == 3))) {
                _nMoveType = nMoveType;
            }
        }
        // 커스텀 이벤트에 대한 파라미터 생성
        htParam = _getCustomEventParam(htInfo, false);

        //longtap timer 삭제
        if (( typeof _nLongTapTimer != 'undefined') && _nMoveType != 3) {
            _deleteLongTapTimer();
        }

        htParam.oEvent = oEvent;
        var nDis = 0;
        if (_nMoveType == 0) {//hScroll일 경우
            nDis = Math.abs(htParam.nVectorX);
        } else if (_nMoveType == 1) {//vScroll일 경우
```

```
            nDis = Math.abs(htParam.nVectorY);
        } else {//dScroll일 경우
            nDis = Math.abs(htParam.nVectorX) + Math.abs(htParam.nVectorY);
        }

        // move 간격이 옵션 설정값보다 작을 경우에는 커스텀 이벤트를 발생시키지 않는다.
        if (nDis < _htOption['nMoveThreshold']) {
            return;
        }

        if (!_fireEvent('touchMove', htParam)) {
            _bStart = false;
            return;
        }
        // touchInfo 정보의 before 정보만 업데이트한다.
        _htMoveInfo.nBeforeX = htInfo[0].nX;
        _htMoveInfo.nBeforeY = htInfo[0].nY;
        _htMoveInfo.nBeforeTime = htInfo[0].nTime;
    };

    var _onEnd = function(oEvent) {
        if (!_bStart) {
            return;
        }
        _deleteLongTapTimer();
        // touchMove 이벤트가 발생하지 않고 현재 롱탭이 아니라면 탭으로 판단한다.
        if (!_bMove && (_nMoveType != 4)) {
            _nMoveType = 3;
        }

        // touchEnd 시점에 판단된 moveType이 없으면 리턴한다.
        if (_nMoveType < 0) {
            return;
        }

        var htInfo = _getTouchInfo(oEvent);
        // 현재 touchEnd 시점의 타입이 더블탭이라고 판단되는 경우
        if (_isDblTap(htInfo[0].nX, htInfo[0].nY, htInfo[0].nTime)) {
            clearTimeout(_nTapTimer);
            delete _nTapTimer;
            _nMoveType = 5;
```

```
            //doubleTap으로 세팅
    }

        // 커스텀 이벤트에 대한 파라미터 생성
        var htParam = _getCustomEventParam(htInfo, true);
        htParam.oEvent = oEvent;
        var sMoveType = htParam.sMoveType;

        // 더블탭 핸들러가 있고, 현재가 탭인 경우
        if (( typeof _htEventHandler[m.MOVETYPE[5]] != 'undefined' && (_htEventHandler
[m.MOVETYPE[5]].length > 0)) && (_nMoveType == 3)) {
            _nTapTimer = setTimeout(function() {
                _fireEvent('touchEnd', htParam);
                _fireEvent(sMoveType, htParam);
                delete _nTapTimer;
            }, _htOption['nDoubleTapDuration']);

        } else {
            _fireEvent('touchEnd', htParam);
            if (_nMoveType != 4) {
                _fireEvent(sMoveType, htParam);
            }
        }

        //touchEnd 정보를 업데이트
        _htEndInfo = {
            element : htInfo[0].el,
            time : htInfo[0].nTime,
            movetype : _nMoveType,
            nX : htInfo[0].nX,
            nY : htInfo[0].nY
        };
        _resetTouchInfo();
    };

    var _resetTouchInfo = function() {
        for (var x in _htMoveInfo) {
            _htMoveInfo[x] = 0;
        }

        _deleteLongTapTimer();
```

```javascript
        _bStart = false;
        _bMove = false;
        _nMoveType = -1;
    };

    var _isDblTap = function(nX, nY, nTime) {
        if (( typeof _nTapTimer != 'undefined') && _nMoveType == 3) {
            var nGap = _htOption['nTapThreshold'];
            if ((Math.abs(_htEndInfo.nX - nX) <= nGap) && (Math.abs(_htEndInfo.nY -
nY) <= nGap)) {
                return true;
            }
        }
        return false;
    };

    var _getTouchInfo = function(oEvent) {
        var aReturn = [];
        var nTime = oEvent.$value().timeStamp;

        if ( typeof oEvent.$value().changedTouches !== 'undefined') {
            var oTouch = oEvent.$value().changedTouches;
            for (var i = 0, nLen = oTouch.length; i < nLen; i++) {
                aReturn.push({
                    el : oTouch[i].target,
                    nX : oTouch[i].pageX,
                    nY : oTouch[i].pageY,
                    nTime : nTime
                });
            }

        } else {
            aReturn.push({
                el : oEvent.element,
                nX : oEvent.pos().pageX,
                nY : oEvent.pos().pageY,
                nTime : nTime
            });
        }

        return aReturn;
```

```javascript
    };

    var _getMoveType = function(x, y) {
        var nType = _nMoveType;

        var nX = Math.abs(_htMoveInfo.nStartX - x);
        var nY = Math.abs(_htMoveInfo.nStartY - y);
        var nDis = nX + nY;

        // tap 정의
        var nGap = _htOption['nTapThreshold'];
        if ((nX <= nGap) && (nY <= nGap)) {
            nType = 3;
        } else {
            nType = -1;
        }

        if (_htOption['nSlopeThreshold'] <= nDis) {
            var nSlope = parseFloat((nY / nX).toFixed(2), 10);

            if ((_nHSlope === -1) && (_nVSlope === -1)) {
                nType = 2;
            } else {
                if (nSlope <= _nHSlope) {
                    nType = 0;
                } else if (nSlope >= _nVSlope) {
                    nType = 1;
                } else {
                    nType = 2;
                }
            }
        }

        return nType;
    };

    var _getCustomEventParam = function(htTouchInfo, bTouchEnd) {
        var sMoveType = m.MOVETYPE[_nMoveType];
        var nDuration = htTouchInfo[0].nTime - _htMoveInfo.nStartTime;
        var nVectorX = nVectorY = nMomentumX = nMomentumY = nSpeedX = nSpeedY = nDisX
= nDisY = 0;
```

```
nDisX = (_nMoveType === 1) ? 0 : htTouchInfo[0].nX - _htMoveInfo.nStartX;
// vScroll
nDisY = (_nMoveType === 0) ? 0 : htTouchInfo[0].nY - _htMoveInfo.nStartY;
// hScroll

nVectorX = htTouchInfo[0].nX - _htMoveInfo.nBeforeX;
nVectorY = htTouchInfo[0].nY - _htMoveInfo.nBeforeY;
//scroll 이벤트만 계산한다.
if (bTouchEnd && (_nMoveType === 0 || _nMoveType === 1 || _nMoveType === 2 )) {
    if (nDuration <= _htOption['nMomentumDuration']) {
        nSpeedX = Math.abs(nDisX) / nDuration;
        nMomentumX = (nSpeedX * nSpeedX) / 2;

        nSpeedY = Math.abs(nDisY) / nDuration;
        nMomentumY = (nSpeedY * nSpeedY) / 2;
    }
}

var htParam = {
    element : htTouchInfo[0].el,
    nX : htTouchInfo[0].nX,
    nY : htTouchInfo[0].nY,
    nVectorX : nVectorX,
    nVectorY : nVectorY,
    nDistanceX : nDisX,
    nDistanceY : nDisY,
    sMoveType : sMoveType,
    nStartX : _htMoveInfo.nStartX,
    nStartY : _htMoveInfo.nStartY,
    nStartTimeStamp : _htMoveInfo.nStartTime
};

if (htTouchInfo.length >= 1) {
    var aX = [];
    var aY = [];
    var aElement = [];
    for (var i = 0, nLen = htTouchInfo.length; i < nLen; i++) {
        aX.push(htTouchInfo[i].nX);
        aY.push(htTouchInfo[i].nY);
        aElement.push(htTouchInfo[i].el);
    }
```

```
            htParam.aX = aX;
            htParam.aY = aY;
            htParam.aElement = aElement;
        }

        // touchend에는 가속에 대한 계산값이 추가로 필요하다.
        if (bTouchEnd) {
            htParam.nMomentumX = nMomentumX;
            htParam.nMomentumY = nMomentumY;
            htParam.nSpeedX = nSpeedX;
            htParam.nSpeedY = nSpeedY;
            htParam.nDuration = nDuration;
        }

        return htParam;
    };


    var _fireEvent = function(sEvent, oEvent) {
        oEvent = oEvent || {};
        var aHandlerList = _htEventHandler[sEvent] || [], bHasHandlerList =
aHandlerList.length > 0;

        if (!bHasHandlerList) {
            return true;
        }
        aHandlerList = aHandlerList.concat();
        // fireEvent 수행 시 핸들러 내부에서 해제(detach)돼도 최초 수행 시의 핸들러
목록은 모두 수행

        oEvent.sType = sEvent;
        if ( typeof oEvent._aExtend == 'undefined') {
            oEvent._aExtend = [];
            oEvent.stop = function() {
                if (oEvent._aExtend.length > 0) {
                    oEvent._aExtend[oEvent._aExtend.length - 1].bCanceled = true;
                }
            };
        }
        oEvent._aExtend.push({
            sType : sEvent,
            bCanceled : false
```

```
        });

        var aArg = [oEvent], i, nLen;

        for ( i = 2, nLen = arguments.length; i < nLen; i++) {
            aArg.push(arguments[i]);
        }

        if (bHasHandlerList) {
            var fHandler;
            for ( i = 0, fHandler; ( fHandler = aHandlerList[i]); i++) {
                fHandler.apply(this, aArg);
            }
        }

        return !oEvent._aExtend.pop().bCanceled;
    };


    var _setSlope = function() {
        _nHSlope = ((window.innerHeight / 2) / window.innerWidth).toFixed(2) * 1;
        _nVSlope = (window.innerHeight / (window.innerWidth / 2)).toFixed(2) * 1;
    };


    var _deleteLongTapTimer = function() {
        if ( typeof _nLongTapTimer !== 'undefined') {
            clearTimeout(_nLongTapTimer);
            delete _nLongTapTimer;
        }
    };


    var _startLongTapTimer = function(htInfo, oEvent) {
        //롱탭 핸들러가 있는 경우
        if ((( typeof _htEventHandler[m.MOVETYPE[4]] != 'undefined') && (
_htEventHandler[m.MOVETYPE[4]].length > 0)) {
            self._nLongTapTimer = setTimeout(function() {
                _fireEvent('longTap', {
                    element : htInfo[0].el,
                    oEvent : oEvent,
                    nX : htInfo[0].nX,
                    nY : htInfo[0].nY
                });
```

```
                delete _nLongTapTimer;
                // 현재 moveType 설정
                _nMoveType = 4;
            }, _htOption['nLongTapDuration']);
        }
    };


    // 생성자
    function mTouch(el, htOption) {
        htOption = htOption || {};
        for (var property in htOption) {
            _htOption[property] = htOption[property];
        }

        _initVar();
        _wel = jindo.$Element(el);
        _setSlope();
        _attachEvent();
    }


    mTouch.prototype = {
        attach : function(sEvent, fHandlerToAttach) {
            var aHandler = _htEventHandler[sEvent];

            if ( typeof aHandler == 'undefined') {
                aHandler = _htEventHandler[sEvent] = [];
            }

            aHandler.push(fHandlerToAttach);

            return mTouch;
        }
    };
    return mTouch;
})();
```

mTouch 컴포넌트를 이용한 사용자 움직임 분석 결과 보기

앞에서 구현한 mTouch 컴포넌트를 이용해 사용자 움직임을 화면에 보여주는 페이지를 구현할 수 있다.

작성할 화면은 다음과 같다.

터치 이벤트 활용 예제

http://me2.do/5YDK2wR0

그림 13-7 사용자 움직임에 대한 분석 결과를 보여주는 화면

먼저 mTouch 컴포넌트를 구성하는 기본적인 마크업을 작성한다. 구성한 마크업은 다음과 같다.[67]

```
<!DOCTYPE html>
<html lang="ko">
    <head>
        <meta charset="UTF-8" />
        <meta name="viewport" content="width=device-width, initial-scale=1.0,
maximum-scale=1.0, minimum-scale=1.0, user-scalable=no, target-densitydpi=medium-dpi"
/>
        <title>사용자 터치 움직임 분석하기</title>

        <style>
            div, ul, ol, li, h3 {
                margin: 0px;
                padding: 0px
            }
            ul, ol {
```

---

67 전체 소스코드는 https://github.com/wikibook/navermobileuidev/blob/gh-pages/Chapter13/index.html에서 확인할 수 있다.

```
            list-style: none
        }
        h3 {
            background-color: #000;
            color: #fff;
            line-height: 2em;
        }
    </style>
</head>
<body>
    <h3>터치 움직임 분석 </h3>
    <div id="touch1" style="width:100%;height:150px;background-color:gray;">
        <p style="padding:20px;">
            이 영역을 터치하세요.
        </p>
    </div>
    <br>
    <textarea id="txt" style="width:100%; height:200px;">

    </textarea>
</body>
</html>
```

mTouch 컴포넌트는 JindoJS를 기반으로 작성했기 때문에 JindoJS 라이브러리와 공통 모듈인 common.js, 그리고 mTouch 컴포넌트 파일인 touch.js를 삽입한다.

```
... 생략 ...
</textarea>
<script src="../js/jindo.mobile.all.js" charset="utf-8"></script>
<script src="../js/common.js" charset="utf-8"></script>
<script src="./touch.js" charset="utf-8"></script>;
```

mTouch 객체를 생성하고 커스텀 이벤트에서 화면에 로그를 표시하는 함수를 호출한다.

```
... 생략 ...
<script src="./touch.js" charset="utf-8"></script>
<script>
    var oTouch = new mTouch("touch1");
    oTouch.attach('tap', function(evt){
        addLog('[tap] : nX :' + evt.nX + ", nY: "+ evt.nY);
```

```
    });
    oTouch.attach('longTap', function(evt){
        addLog('[longTap] : nX :' + evt.nX + ", nY: "+ evt.nY);
    });
    oTouch.attach('doubleTap', function(evt){
        addLog('[doubleTap] : nX :' + evt.nX + ", nY: "+ evt.nY);
    });
    oTouch.attach('vScroll', function(evt){
        addLog('[vScroll] : nX :' + evt.nX + ", nY: "+ evt.nY);
    });
    oTouch.attach('hScroll', function(evt){
        addLog('[hScroll] : nX :' + evt.nX + ", nY: "+ evt.nY);
    });
    oTouch.attach('dScroll', function(evt){
        addLog('[dScroll] : nX :' + evt.nX + ", nY: "+ evt.nY);
    });
</script>
```

터치 영역 아래의 TEXTAREA 요소에 로그를 표시하는 함수를 다음과 같이 작성했다.

```
... 생략 ...
    var nIndex =0;
    var welText = jindo.$Element('txt');

    addLog = function(sText){
        var sHtml = nIndex++ +". " + sText +"\r\n";
        welText.html(sHtml+ welText.html());
    }
</script>
```

여기서 작성한 mTouch 컴포넌트는 모바일에서 가장 많이 쓰는 플리킹이나 스크롤을 구현할 때 활용할 수 있다. mTouch 컴포넌트를 어떻게 활용하느냐에 따라 옵션값을 조정해야 한다. 예를 들면, 가로 플리킹이나 스크롤에 적용할 때는 기울기를 판단하는 기준 거리인 nSlopeThreshold 옵션값을 4픽셀로 설정하는 것이 좋다. 값을 그 이상으로 설정하면 브라우저의 기본 수직 스크롤이 발생해 touchmove 이벤트나 touchend 이벤트가 발생하지 않을 수 있기 때문이다. 또한 기기에 따라 옵션값을 조정해야 할 경우도 있다. 터치가 민감한 애플 기기에서는 nTapThreshold 값을 조금 크게 설정하는 것이 좋고, 터치에 민감하지 않은 안드로이드 기기에서는 값을 작게 설정하는 것이 좋다.

쉽고 빠른 모바일 웹 UI 개발

14
플리킹되는
콘텐츠 만들기

플리킹은 손가락으로 화면을 빠르게 쓸어 넘기는 제스처다. 여러 화면을 위나 아래, 왼쪽이나 오른쪽으로 넘겨서 볼 때 사용하는 동작이다. 스마트폰이나 태블릿 PC 등 모바일 기기를 사용하면서 익숙해진 동작이고, 모바일 웹에서도 플리킹으로 콘텐츠를 볼 수 있도록 구현한 UI를 자주 볼 수 있다.

플리킹의 기본적인 형태는 왼쪽에서 오른쪽으로, 또는 오른쪽에서 왼쪽으로 사용자의 손가락 움직임에 따라 패널이 이동해 이전 콘텐츠와 다음 콘텐츠를 보는 형태다. 이와 같은 형태는 많은 서비스에서 적용하고 있으며, 한 예로 네이버 모바일 웹의 메인 페이지를 들 수 있다.

그림 14-1은 네이버 모바일 웹의 메인 페이지다. 탭을 누르지 않고 플리킹 동작으로 콘텐츠를 볼 수 있게 구성돼 있어 사용성이 더 높아졌다.

그림 14-1 네이버 메인 플리킹

14장에서는 플리킹으로 콘텐츠를 이동하는 UI 컴포넌트를 만들면서 플리킹 동작에 대해 살펴보 겠다.

플리킹 UI의 기본 구조

플리킹 UI는 화면을 왼쪽이나 오른쪽으로 이동할 때 사용자가 보고 있는 패널을 기준으로 왼쪽과 오른쪽에 해당하는 콘텐츠를 미리 가지고 있는 형태로 구성하는 것이 일반적이다.

이를 적용하기 위한 마크업은 다음과 같이 뷰, 컨테이너, 패널의 세 가지 요소로 구성돼 있다.

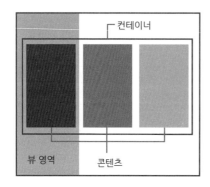

그림 14-2 플리킹 기본 구조

뷰(view)는 콘텐츠가 실제 화면에서 보이는 영역이다. 뷰에 들어오지 않은 나머지 콘텐츠는 화면에 보이지 않게 overflow:hidden 속성을 적용한다.

패널을 감싸고 있는 영역인 컨테이너(container)는 사용자의 동작에 따라 이동하는 영역이다. 애니메이션을 이 영역에 적용해 움직이게 한다.

패널(panel)은 플리킹되면서 화면에 보이는 영역으로, 사용자에게 보여줄 콘텐츠를 담는 영역이다.

사용자의 손가락 동작에 따른 이동은 애니메이션으로 구현한다. 자바스크립트에서 애니메이션은 setTimeout() 메서드나 setInterval() 메서드 등으로 일정 시간(ms) 동안 위치를 이동하는 방법으로 구현할 수도 있고, CSS3를 이용해 구현할 수도 있다. 여기서는 구현하기도 쉽고 이동하는 동작도 더 부드러운 CSS3를 이용해 플리킹 동작을 구현하겠다.

플리킹 UI 구현하기

마크업 구성

플리킹 컴포넌트를 적용할 마크업은 다음과 같이 구성했다. 콘텐츠가 들어가는 영역인 패널은 클래스 이름이 'flick-panel'인 DIV 요소로 3개를 추가했고, 패널을 감싸는 컨테이너를 추가했다. 사용자에게 콘텐츠가 보이는 영역인 뷰는 아이디가 'flickView'인 DIV 요소로 설정했다.

```
<div id="flickView"> <!-- 뷰 -->
    <div id="flickContainer" class="wkit-transition"> <!-- 컨테이너 -->
        <div class="flick-panel panel-one"> <!-- 패널 -->
            <p>
                패널 1<br/>
                <a href="http://naver.com">네이버</a>
            </p>
        </div>
        <div class="flick-panel panel-two"> <!-- 패널 -->
            <p>
                패널 2<br/>
                <a href="http://mail.naver.com">네이버 메일</a>
```

```
            </p>
        </div>
        <div class="flick-panel panel-three"> <!-- 패널 -->
            <p>
                패널 3<br/>
                <a href="http://cafe.naver.com">네이버 카페</a>
            </p>
        </div>
    </div>
</div>
```

CSS 설정

마크업에 맞춰 CSS 속성을 다음과 같이 설정한다.

뷰의 CSS 속성

먼저 뷰 영역은 영역에 있는 패널만 보이고 영역에 들어오지 않은 나머지 패널은 보이지 않게
overflow:hidden 속성을 적용한다.

```
#flickView {
    overflow:hidden;
}
```

컨테이너의 CSS 속성

컨테이너의 크기는 다음과 같이 설정하고, position:relative 속성을 적용했다. position:relative
속성을 적용하면 컨테이너에 포함되는 패널의 위치가 컨테이너를 기준으로 놓이게 된다. 이 속성
은 'wkit-transition'이라는 클래스 이름으로 따로 설정했다.

```
.wkit-transition {
    position:relative;
    width:100%;
    height:200px;
}
```

패널의 CSS 속성

패널의 크기와 위치를 설정한다. 패널에는 position:absolute 속성을 공통으로 적용하고, 각 패널의 left 속성값을 지정해 패널이 펼쳐진 형태로 놓일 수 있게 했다.

```
.flick-panel {
    width:100%;
    height:300px;
    position:absolute;
    text-align:center;
}
.panel-one {
    left:0%;
    background-color: rgb(21,147,141);
}
.panel-two {
    left:100%;
    background-color: rgb(85,142,213);
}
.panel-three {
    left:200%;
    background-color: rgb(142,180,227);
}
```

이벤트 처리하기

플리킹은 손가락을 화면에 대고 왼쪽이나 오른쪽으로 움직인 다음 손가락을 떼는 동작으로 이뤄진다. 이때 발생하는 이벤트는 차례로 touchstart 이벤트, touchmove 이벤트, touchend 이벤트다. 이 이벤트가 발생하면 화면이 이동하도록 이벤트 핸들러를 설정한다.

이벤트 핸들러를 설정하기 전에 먼저 필요한 변수의 값을 초기화한다. 손가락이 이동한 거리는 터치를 시작할 때의 X, Y 좌표와 손가락을 이동하는 중이나 손가락을 뗐을 때의 X, Y 좌표의 차이를 계산해서 얻는다. 터치를 시작할 때의 좌표와 손가락을 움직이는 동안의 좌표를 저장할 변수를 초기화하고, 플리킹 동작을 적용할 뷰 영역과 컨테이너, 패널에 해당하는 요소를 지정한다. 터치 이벤트의 좌표에 대한 자세한 내용은 "터치 이벤트(57쪽)"를 참고한다.

```
var elFlick = jindo.$("flickView"),
elContainer = jindo.$("flickContainer"),
aChildNodes = jindo.$$("div.flick-panel", elContainer),

nContainerWidth = elContainer.offsetWidth,
nTouchStartX = 0,  // touchstart 이벤트가 발생한 때의 X 좌표
nTouchStartY = 0,   // touchStart 이벤트가 발생한 때의 Y 좌표
nTouchX = 0,     // touchmove 이벤트와 touchend 이벤트가 발생한 때의 X 좌표
nTouchY = 0,     // touchmove 이벤트와 touchend 이벤트가 발생한 때의 Y 좌표
nIndex = 0, // 화면에 보이는 요소의 인덱스 값
nTimeout = 0;   // 앞으로 사용할 setTimeout() 메서드의 타임 저장 변수
```

이제 뷰에 touchstart 이벤트와 touchmove 이벤트, touchend 이벤트의 핸들러를 등록한다.

touchstart 이벤트에 이벤트 핸들러 적용하기

touchstart 이벤트의 이벤트 핸들러는 touchstart 이벤트가 발생하면 터치를 시작한 지점의 좌표를 변수에 저장한다. 다음은 touchstart 이벤트의 이벤트 핸들러를 작성한 예다.

```
var _attachTouchStart = function(){
    elFlick.addEventListener('touchstart', function(event) {
        _clearAnchor();
        var touch = event.touches[0];
        nTouchStartX = touch.pageX;  // X 좌표
        nTouchStartY = touch.pageY;  // Y 좌표
    }, false);
};
```

touchmove 이벤트에 이벤트 핸들러 적용하기

touchmove 이벤트의 이벤트 핸들러는 터치를 시작한 때의 좌표와 움직이는 동안의 좌표를 비교해 컨테이너를 이동시킨다. touchmove 이벤트는 손가락이 움직이는 동안 발생하므로 손가락의 움직임에 따라 컨테이너가 이동하게 된다. 다음은 touchstart 이벤트의 이벤트 핸들러 다음에 추가한 touchmove 이벤트의 이벤트 핸들러다.

```
var _attachTouchMove = function(){
    elFlick.addEventListener('touchmove', function(event) {
        var touch = event.touches[0];
        nTouchX = touch.pageX;  // X 좌표
        nTouchY = touch.pageY;  // Y 좌표

    var nValue = nTouchX - nTouchStartX;
        if(nIndex <= 0 && nValue > 0 ||  nIndex >=2 && nValue < 0){
            return false;
        }else{
            elContainer.style.webkitTransform = "translate("+nValue +"px)";
        }
}, false);
};
```

touchstart 이벤트 핸들러에서 저장한 터치를 시작할 때의 좌푯값에서 touchmove 이벤트가 발생한 때의 좌푯값을 뺀 값(nValue)을 확인해 컨테이너로 지정한 요소를 움직인다.

사용자가 터치한 상태에서 왼쪽으로 이동했다면 위에서 nValue 값은 음수가 되고 컨테이너 요소는 왼쪽으로 움직인다. 반대로 오른쪽으로 손가락이 이동했다면 nValue 값은 양수가 되어 컨테이너 요소는 오른쪽으로 이동한다.

컨테이너의 이동은 CSS3의 transform 속성을 이용한 애니메이션으로 구현한다. transform 속성의 translate() 메서드에 픽셀(px) 단위로 값을 설정하면 설정한 값만큼 요소가 가로로 이동한다. 사용자가 현재 보고 있는 인덱스 정보를 가지고 0 이하이거나 2 이상일 때 동작되지 않도록 처리하고 있다.

touchend 이벤트에 이벤트 핸들러 적용하기

마지막으로 화면에서 손가락을 뗄 때 발생하는 touchend 이벤트에 이벤트 핸들러를 등록한다. touchend 이벤트 핸들러에서는 touchstart 이벤트가 발생한 때의 좌표를 비교해 화면에 보이는 패널 요소의 인덱스 값을 변경해 요소를 이동시킨다.

다음은 touchend 이벤트 핸들러의 예제다.

```
var _attachTouchEnd = function(){
    elFlick.addEventListener('touchend', function(event) {
        var touch = event.changedTouches[0];
        nTouchX = touch.pageX;  // X 좌표
        nTouchY = touch.pageY;  // Y 좌표
        var nTmpIndex = nIndex;

        if(nTouchStartX - nTouchX > 0){
            nIndex++;
        }else{
            nIndex--;
        }

        if(nIndex >= 0 && nIndex <=2){
            _setPosition();
            elContainer.style.webkitTransform = "translate(0)";
            elContainer.style.webkitTransition = null;
        }else{
            nIndex = nTmpIndex;
        }
    }, false);
};
```

touchstart 이벤트 핸들러에서 저장한 터치를 시작할 때의 좌푯값에서 touchend 이벤트가 발생한 때의 좌푯값을 뺀 값이 음수이면 사용자가 손가락을 왼쪽으로 움직인 것으로 화면에 보이는 요소의 인덱스 값을 1 증가시킨다. 반대로 값이 양수이면 손가락을 오른쪽으로 움직인 것으로 화면에 보이는 요소의 인덱스 값을 1 감소시킨다. 그리고 -webkit-transform과 -webkit-transition 값을 다시 설정한다.

touchend 이벤트 핸들러에서 호출한 _setPosition() 함수는 인덱스 값을 확인해 패널의 left 속성을 처리하는 함수다. 다음과 같이 화면 중앙에 보이는 요소의 인덱스 값에 따라 left 속성을 -100%, 0%, 100%로 설정해 순환되는 플리킹이 가능하게 했다.

```
_setPosition = function(){
    var nCenterIndex = nIndex % 3;
    var nRightIndex = nCenterIndex + 1;
    var nLeftIndex = nCenterIndex - 1;
```

```
        if(nCenterIndex - 1 < 0){
            nLeftIndex = 2;
        }
        if(nCenterIndex + 1 > 2){
            nRightIndex = 0;
        }
        aChildNodes[nLeftIndex].style.left = "-100%";
        aChildNodes[nCenterIndex].style.left = "0%";
        aChildNodes[nRightIndex].style.left = "100%";
    }
```

애니메이션 적용하기

touchmove 이벤트에 적용한 transform 속성은 요소를 이동시키는 역할만 한다. 그래서 touchend 이벤트에 적용했을 때는 부드럽게 화면이 넘어가지 않고 끊기는 느낌으로 화면이 넘어간다. CSS3의 transition 속성을 적용해 화면이 좀 더 부드럽게 넘어가도록 수정했다.

다음과 같이 touchend 이벤트 핸들러의 코드를 수정해 보자.

```
var _attachTouchEnd = function(){
    elFlick.addEventListener('touchend', function(event) {
        var touch = event.changedTouches[0];
        nTouchX = touch.pageX;  // X 좌표
        nTouchY = touch.pageY;  // Y 좌표
        var nTranslate = nContainerWidth;   // 추가된 코드

        if(nTouchStartX - nTouchX > 0){
            nIndex++;
            nTranslate = nContainerWidth * -1;    // 추가된 코드
        }else{
            nIndex--;
        }

        if(nIndex >= 0 && nIndex <=2){
            // modify - start
            nTimeout = setTimeout(function(){
                _setPosition();
```

```
                elContainer.style.webkitTransform = "translate(0)";
                elContainer.style.webkitTransition = null;
            }, 200);
            elContainer.style.webkitTransition = "all 0.2s ease-out";
            elContainer.style.webkitTransform = "translate("+nTranslate+"px)";
        }else{
            nIndex = nTmpIndex;
        }
    }, false);
};
```

CSS3의 transition 속성은 지정한 시간 동안 지정한 스타일로 움직이게 하는 속성이다. 위 코드에서는 모든 속성(all)을 0.2초 동안(0.2s) 바뀌게 하고, 움직임이 멈출 때 변화의 정도가 서서히 감소하도록(ease-out) 설정했다.

iOS에서의 링크 이동 문제

지금까지 구현한 코드를 iOS에서 실행하면 링크 요소(〈a〉 태그)에 손가락을 놓고(touchstart 이벤트 발생) 플리킹하면 플리킹이 완료되기 이전에 사용자가 의도치 않게 링크로 이동하는 현상이 발생한다.

이 문제를 해결하려면 플리킹을 시작할 때 패널에 있는 링크 요소가 동작하지 않도록 설정한다. 플리킹이 끝나고 touchend 이벤트가 발생하면 다시 링크를 복원한다.

```
var _setAnchorElement = function(){
    if(jindo.$Agent().os().ios){
        this._aAnchor = jindo.$$("A", elContainer);
    }
}
var _clearAnchor = function(){
    if(this._bBlocked || !this._aAnchor){
        return false;
    }
    this._fnDummyFnc = function(){return false;};
    for ( var i = 0 , nLen = this._aAnchor.length ; i < nLen ; i++ ){
```

```
            if(this._fnDummyFnc !== this._aAnchor[i].onclick){
                this._aAnchor[i]._onclick = this._aAnchor[i].onclick;
            }
            this._aAnchor[i].onclick = this._fnDummyFnc;
        }
        this._bBlocked = true;
    }
var _restoreAnchor = function(){
    if(!this._bBlocked || !this._aAnchor){
        return false;
    }

    for (var i = 0 , nLen = this._aAnchor.length ; i < nLen ; i++ ){
        if(this._fnDummyFnc !== this._aAnchor[i]._onclick){
            this._aAnchor[i].onclick = this._aAnchor[i]._onclick;
        }else{
            this._aAnchor[i].onclick = null;
        }
    }
    this._bBlocked = false;
}
```

플리킹을 초기화할 때 링크 요소를 변수에 저장할 _setAnchorElement() 함수를 호출한다. touchstart 이벤트가 발생할 때는 A 요소의 onclick 이벤트를 임시 함수로 대체하는 _clearAnchor() 함수를 실행한다. touchend 이벤트가 발생하면 A 요소의 onclick 이벤트를 다시 복원하는 _storeAnchor() 함수를 실행한다. 만약 플리킹이 아니라 링크를 누른 동작이라면 링크로 이동할 수 있게 touchend 이벤트에서 링크를 복원할 때 플리킹인지 탭인지 확인한다. 다음은 touchstart 이벤트 핸들러와 touchend 이벤트 핸들러를 수정한 예제다.

```
elFlick.addEventListener('touchstart', function(event) {
    _clearAnchor();      // 코드 추가
    var touch = event.touches[0];
    nTouchStartX = touch.pageX;  // X 좌표
    nTouchStartY = touch.pageY;  // Y 좌표
}, false);

var _attachTouchEnd = function(){
    var self = this;     // 코드 추가
```

```
elFlick.addEventListener('touchend', function(event) {
    var touch = event.changedTouches[0];
    nTouchX = touch.pageX;   // X 좌표
    nTouchY = touch.pageY;   // Y 좌표
    var nTranslate = nContainerWidth;
    var nTmpIndex = nIndex;
// 코드 추가 - start
    if(nTouchStartX - nTouchX == 0){
        _restoreAnchor();
        _setAnchorElement();
        return false;
    }
// 코드 추가 - ends
    if(nTouchStartX - nTouchX > 0){
        nIndex++;
        nTranslate = nContainerWidth * -1;
    }else{
        nIndex--;
    }
    ... 생략 ...
};
```

플리킹되는 컴포넌트 모듈

구현된 최종 소스코드는 다음과 같다. 모듈로 사용할 수 있게 mFlicking.js 파일로 저장한 다음 웹 페이지에 적용해 보겠다.[68]

```
window.mFlicking = (function() {
    var _htElement = [],
    _htOption = {
        container : "flickContainer",
        childnode : "flick-panel"
    },
```

68 mFlicking.js 파일의 소스코드는 https://github.com/wikibook/navermobileuidev/blob/gh-pages/Chapter14/mFlicking.js에서도 확인할 수 있다.

```
        nContainerWidth = 0,
        nTouchStartX = 0, // touchstart의 X 좌표
        nTouchStartY = 0, // touchStart의 Y 좌표
        nTouchX = 0, // touchmove, touchend의 X 좌표
        nTouchY = 0, // touchmove, touchend의 Y 좌표
        nIndex = 0, // 화면에 노출되고 있는 element의 index
        nTimeout = 0;

    var _attachTouchStart = function() {
        jindo.$Fn(function(event){
            _clearAnchor();
            var touch = event._event.touches[0];
            nTouchStartX = touch.pageX;
            // X 좌표
            nTouchStartY = touch.pageY;
            // Y 좌표
        }).attach(_htElement["elFlick"], "touchstart");
    };

    var _setElement = function(sId) {
        _htElement["elFlick"] = jindo.$(sId);
        _htElement["elContainer"] = jindo.$(_htOption.container);
        _htElement["aChildNodes"] = jindo.$$("." + _htOption.childnode, _htElement
["elContainer"]);

        nContainerWidth = _htElement["elContainer"].offsetWidth;
    };

    var _attachTouchMove = function() {
        jindo.$Fn(function(event){
            event.stop();
            var touch = event._event.touches[0];
            nTouchX = touch.pageX;
            // X 좌표
            nTouchY = touch.pageY;
            // Y 좌표

            var nValue = nTouchX - nTouchStartX;
            if (nIndex <= 0 && nValue > 0 || nIndex >= 2 && nValue < 0) {
                return false;
```

```
            } else {
                _htElement["elContainer"].style.webkitTransform = "translate(" +
nValue + "px)";
            }
        }).attach(_htElement["elFlick"], "touchmove");

    };

    var _attachTouchEnd = function() {
        var self = this;

        jindo.$Fn(function(event){
            var touch = event._event.changedTouches[0];
            nTouchX = touch.pageX;
            // X 좌표
            nTouchY = touch.pageY;
            // Y 좌표

            var nTranslate = nContainerWidth;
            var nTmpIndex = nIndex;

            if (nTouchStartX - nTouchX == 0) {
                _restoreAnchor();
                _setAnchorElement();
                return false;
            }
            if (nTouchStartX - nTouchX > 0) {
                nIndex++;
                nTranslate = nContainerWidth * -1;
            } else {
                nIndex--;
            }

            if (nIndex >= 0 && nIndex <= 2) {
                nTimeout = setTimeout(function() {
                    _setPosition();
                    _htElement["elContainer"].style.webkitTransform = "translate(0)";
                    _htElement["elContainer"].style.webkitTransition = null;
                }, 200);
```

```
                _htElement["elContainer"].style.webkitTransition = "all 0.2s
ease-out";
                _htElement["elContainer"].style.webkitTransform = "translate(" +
nTranslate + "px)";
            } else {
                nIndex = nTmpIndex;
            }
        }).attach(_htElement["elFlick"], "touchend");

    };

    var _setPosition = function() {
        var nCenterIndex = nIndex % 3;
        var nRightIndex = nCenterIndex + 1;
        var nLeftIndex = nCenterIndex - 1;
        if (nCenterIndex - 1 < 0) {
            nLeftIndex = 2;
        }
        if (nCenterIndex + 1 > 2) {
            nRightIndex = 0;

        }
        _htElement["aChildNodes"][nLeftIndex].style.left = "-100%";
        _htElement["aChildNodes"][nCenterIndex].style.left = "0%";
        _htElement["aChildNodes"][nRightIndex].style.left = "100%";

    };

    var _setAnchorElement = function() {
        if (jindo.$Agent().os().ios) {
            this._aAnchor = jindo.$$("A", _htElement["elContainer"]);
        }
    }

    var _clearAnchor = function() {
        if (this._bBlocked || !this._aAnchor) {
            return false;
        }
        this._fnDummyFnc = function() {
            return false;
        };
```

```
            if (this._fnDummyFnc !== this._aAnchor[i].onclick) {
                this._aAnchor[i]._onclick = this._aAnchor[i].onclick;
            }
            this._aAnchor[i].onclick = this._fnDummyFnc;
        }
        this._bBlocked = true;
    }
    var _restoreAnchor = function() {
        if (!this._bBlocked || !this._aAnchor) {
            return false;
        }

        for (var i = 0, nLen = this._aAnchor.length; i < nLen; i++) {
            if (this._fnDummyFnc !== this._aAnchor[i]._onclick) {
                this._aAnchor[i].onclick = this._aAnchor[i]._onclick;
            } else {
                this._aAnchor[i].onclick = null;
            }
        }
        this._bBlocked = false;
    }
    function mFlicking(sId, htOption) {

        htOption = htOption || {};
        for (var property in htOption) {
            _htOption[property] = htOption[property];
        }
        _setElement(sId);
        _setAnchorElement();
        _attachTouchStart();
        _attachTouchMove();
        _attachTouchEnd();
    };

    return mFlicking;
})();
```

mFlicking 컴포넌트 적용

mFlicking 컴포넌트로 다음과 같이 플리킹 동작을 사용할 수 있는 화
면을 구현할 수 있다.

http://me2.do/5532hRGO

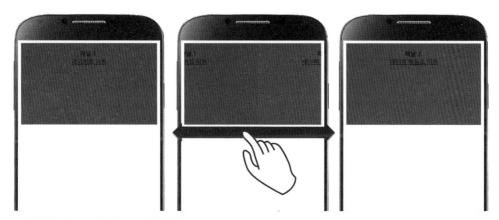

그림 14-3 mFlicking 컴포넌트를 적용한 화면

mFlicking 컴포넌트를 구성하는 기본적인 마크업은 다음과 같다.[69]

```
<!DOCTYPE html>
<html lang="ko">
    <head>
        <meta charset="UTF-8" />
        <meta name="viewport" content="width=device-width, initial-scale=1.0,
maximum-scale=1.0, minimum-scale=1.0, user-scalable=no, target-densitydpi=medium-dpi" />
        <title>플리킹되는 콘텐츠 만들기</title>
        <style>
            #flickView {
```

---

[69] 전체 소스코드는 https://github.com/wikibook/navermobileuidev/blob/gh-pages/Chapter14/index.html에서 확인할 수 있다.

```
                overflow: hidden;
            }
            .flick-panel {
                width: 100%;
                height: 200px;
                position: absolute;
                text-align: center;
            }
            .panel-one {
                left: 0%;
                background-color: rgb(21,147,141);
            }
            .panel-two {
                left: 100%;
                background-color: rgb(85,142,213);
            }
            .panel-three {
                left: 200%;
                background-color: rgb(142,180,227);
            }
            .wkit-transition {
                position: relative;
                width: 100%;
                height: 200px;
            }
        </style>
    </head>
    <body>
        <div id="flickView">
            <div id="flickContainer" class="wkit-transition">
                <div class="flick-panel panel-one">
                    <p>
                        패널 1
                        <br/>
                        <a href="http://naver.com">네이버로 이동</a>
                    </p>
                </div>
                <div class="flick-panel panel-two">
                    <p>
                        패널 2
                        <br/>
```

```
                    <a href="http://mail.naver.com">네이버 메일로 이동</a>
                </p>
            </div>
            <div class="flick-panel panel-three">
                <p>
                    패널 3
                    <br/>
                    <a href="http://cafe.naver.com">네이버 카페로 이동</a>
                </p>
            </div>
        </div>
    </div>
</body>
</html>
```

이제 JindoJS 라이브러리와 mFlicking 컴포넌트 파일을 삽입해야 한다. JindoJS 라이브러리가 필요한 이유는 mFlicking 컴포넌트를 JindoJS를 기반으로 작성했기 때문이다.

```
<script src="../js/jindo.mobile.all.js" charset="utf-8"></script>
<script src="./mFlicking.js" charset="utf-8"></script>
```

mFlicking 컴포넌트를 사용할 준비가 끝났다. 페이지가 로딩되고 mFlicking 컴포넌트를 초기화 해 화면에서 플리킹이 동작하도록 초기화하는 부분을 다음과 같이 적용한다.

```
<script>
    var oFlicking = new mFlicking("flickView");
</script>
```

모바일 브라우저에서 확인하면 플리킹 영역이 왼쪽과 오른쪽으로 플리킹되는 모습을 확인할 수 있다.

14장에서는 터치 이벤트를 통한 적용 방식과 플리킹 동작 방식을 간단히 알아보고 이를 컴포넌트로 만들어 서비스에 적용하는 방법을 익혔다. mFlicking.js 파일을 실제 서비스에 적용하기에는 무리가 있다. 실제 서비스에 사용할 수 있는 플리킹 기능을 적용하려면 시중에 나와 있는 플리킹 컴포넌트 또는 JMC 플리킹 컴포넌트를 사용하는 것이 바람직하다.

Jindo 프레임워크와 jQuery

"3부. 모바일 웹에서 자주 사용하는 UI"의 예제는 복잡한 코드를 이해하기 쉽도록 Jindo 프레임워크를 기반으로 작성했다. Jindo 프레임워크를 기반으로 작성했지만 간단한 선택자와 속성, 메서드를 주로 사용했기 때문에 jQuery의 선택자와 메서드를 사용해서 다시 작성할 수 있다.

"3부. 모바일 웹에서 자주 사용하는 UI"에서 사용한 주요 Jindo 프레임워크 메서드와 이를 대체할 수 있는 jQuery 메서드를 다음과 같이 정리했다. 메서드 사용법은 대체로 비슷하기 때문에 jQuery로 바꿔서 다시 작성할 때 별 어려움이 없을 것이다.

Jindo 프레임워크	jQuery	설명
jindo.$Document().scrollPosition().top	$(window).scrollTop()	• 현재 문서에서 스크롤바의 세로 위치를 반환한다. • 메서드를 사용한 예제 ·11. 위치가 고정된 배너 만들기(135쪽)
jindo.$Document().scrollPosition().left	$(window).scrollLeft()	• 현재 문서에서 스크롤바의 가로 위치를 반환한다. • 메서드를 사용한 예제 ·11. 위치가 고정된 배너 만들기(135쪽)
jindo.$Document().clientSize().width	$(window).width()	• 화면에 보이고 있는 부분의 가로 크기를 반환한다. • 메서드를 사용한 예제 ·11. 위치가 고정된 배너 만들기(135쪽)
jindo.$Document().clientSize().height	$(window).height()	• 화면에 보이고 있는 부분의 세로 크기를 반환한다. • 메서드를 사용한 예제 ·11. 위치가 고정된 배너 만들기(135쪽) ·12. 스크롤되는 콘텐츠 만들기(159쪽)
jindo.$Element("id")	$("#id")	• 아이디가 "id"인 요소를 반환한다. • 메서드를 사용한 예제 ·10. 모바일 기기 회전 확인하기(121쪽)
jindo.$Element("id").height()	$("#id").height()	• "id" 요소의 높이값을 반환한다. • 메서드를 사용한 예제 ·11. 위치가 고정된 배너 만들기(135쪽) ·12. 스크롤되는 콘텐츠 만들기(159쪽)

Jindo 프레임워크	jQuery	설명
jindo.$Element("id").width()	$("#id").width()	• "id" 요소의 너비값을 반환한다. • 메서드를 사용한 예제 ·11. 위치가 고정된 배너 만들기(135쪽) ·12. 스크롤되는 콘텐츠 만들기(159쪽)
jindo.$Element("id").appendTo()	$("#id").appendTo()	• "id" 요소의 마지막 자식 요소에 요소를 추가한다. • 메서드를 사용한 예제 ·11. 위치가 고정된 배너 만들기(135쪽)
jindo.$Element("id").parent()	$("#id").parent()	• "id" 요소의 상위 노드에 해당하는 요소를 검색한다. • 메서드를 사용한 예제 ·11. 위치가 고정된 배너 만들기(135쪽)
jindo.$Element("id").first()	$("#id").first()	• "id" 요소의 첫 번째 자식 노드에 해당하는 요소를 반환한다. • 메서드를 사용한 예제 ·12. 스크롤되는 콘텐츠 만들기(159쪽)
jindo.$Element("id").show()	$("#id").show()	• "id" 요소를 화면에 보이도록 display 속성을 변경한다. • 메서드를 사용한 예제 ·11. 위치가 고정된 배너 만들기(135쪽)
jindo.$Element("id").hide()	$("#id").hide()	• "id" 요소를 화면에 보이지 않도록 display 속성을 변경한다. • 메서드를 사용한 예제 ·11. 위치가 고정된 배너 만들기(135쪽)
jindo.$Element("id").visible()	$("#id").ls(":visible")	• "id" 요소가 화면에 보이고 있는지 여부를 반환한다. ·true : 화면에 보이고 있는 상태 ·false : 화면에 보이지 않는 상태 • 메서드를 사용한 예제 ·11. 위치가 고정된 배너 만들기(135쪽)
Jindo.$$(".myClass")	$(".myClass")	• 클래스 이름이 "myClass"인 요소를 검색한다. • 메서드를 사용한 예제 ·14. 플리킹되는 콘텐츠 만들기(213쪽)

04

컴포넌트를 활용한
UI 제작

15
JMC로 모바일 웹
메인 페이지 만들기

15장에서는 JMC의 컴포넌트를 활용해 모바일 웹 페이지를 만드는 방법을 설명하겠다. 여기서 다루지 않은 다른 컴포넌트에 대해서는 JMC API 문서를 참고한다.

"3부. 모바일 웹에서 자주 사용하는 UI(104쪽)"에서 모바일 웹에서 자주 사용하는 UI의 구현 원리를 살펴보고 컴포넌트로 만들어 봤지만, 실제 서비스에 적용하기에는 부족한 부분이 많다. 모바일 기기나 운영체제에 따라 오류가 발생하기도 하고 원하는 대로 동작하지 않기도 한다.

서비스 개발자가 다양한 모바일 환경을 고려해서 서비스를 개발하려면 많은 노력과 시간이 반복적으로 든다. 이런 문제를 해결하기 위해 일반적으로 검증된 컴포넌트나 프레임워크를 사용해 서비스를 개발한다.

검증된 컴포넌트와 프레임워크는 다양한 환경에서도 안정적으로 동작하는 기능을 개발할 수 있게 하며, 새로 나온 환경에 적용할 수 있게 꾸준히 기능이 업데이트된다. 그렇기 때문에 서비스 개발자는 실제 비즈니스 로직에 집중할 수 있어 창조적이고 생산적인 업무에 역량을 더 발휘할 수 있게 된다. JMC 역시 모바일 웹 서비스에 필요한 UI를 쉽게 개발하고 안정적으로 사용할 수 있게 네이버에서 오픈소스로 공개한 컴포넌트다.

여기서는 JMC를 간단히 설명하고 JMC를 활용해 모바일 웹 페이지에서 자주 사용하는 플리킹 기능과 숨어 있는 메뉴, 스크롤 기능을 구현하는 방법을 설명하겠다.

JMC

JMC는 네이버의 자바스크립트 프레임워크인 JindoJS[70]를 기반으로 개발된 재사용 가능한 독립적인 자바스크립트 모듈로서 국내 모바일 환경에 최적화된 모바일 컴포넌트다.

네이버 사내 모바일 컴포넌트로 시작된 JMC는 2011년 10월에 DEVIEW 2011에서 오픈소스로 공개됐다. 네이버의 수많은 모바일 서비스에서 사용하고 있을 정도로 품질과 안정성이 뛰어난 JMC는 120여 종의 샘플과 상세한 가이드를 제공하고 있어 초급자도 손쉽게 고품질 UI를 개발할 수 있다. 2014년 1월 현재 1.11.0 버전까지 배포돼 사내외에서 활발하게 이용하고 있다.

JMC의 특징

JindoJS 기반

JMC는 네이버에서 제작, 배포하는 자바스크립트 프레임워크인 JindoJS를 기반으로 한다. JindoJS는 PC 개발용 프레임워크인 Jindo 프레임워크와 모바일 개발용 프레임워크인 Jindo Mobile로 구성돼 있다. JMC는 두 프레임워크에서 모두 동작한다.

- Jindo 프레임워크: 1.4.7 이상에서 동작
- Jindo Mobile: 2.0.0 이상에서 동작

디자인 요소와 기능 요소의 분리와 탁월한 성능

디자인 요소(HTML,CSS)와 기능 요소(자바스크립트)를 분리해서 자유롭게 디자인할 수 있다. 각 컴포넌트에서 제한하는 최소한의 마크업 구조만 지킨다면, 스크립트 코드를 수정하지 않아도 다양한 디자인을 적용할 수 있고 기능을 추가할 수 있다.

국내 모바일 환경에 최적화된 애니메이션 성능

국내 모바일 환경에 최적화돼 국내의 다양한 모바일 환경에서 안정적인 성능을 보장한다. JMC는 애니메이션을 구현할 때 모바일 기기의 종류와 운영체제에 따라 하드웨어 가속을 사용할지, 타이머 방식을 사용할지, transition을 사용할지를 자동으로 결정한다. 국내에 출시된 기기를 테스트

---

70 JindoJS에 대한 자세한 내용은 JindoJS 웹 사이트(http://jindo.dev.naver.com/)를 참고한다.

한 결과를 반영했기 때문에 국내 모바일 환경에서 최적의 애니메이션 성능을 보장한다.

다음은 JMC와 여러 프레임워크의 스크롤 성능을 테스트한 영상
의 일부다. 동영상을 보면 JMC의 스크롤 성능이 더 좋다는 것을
확인할 수 있다.

스크롤 성능 테스트 영상

http://youtu.be/WjzHgRRdhKQ

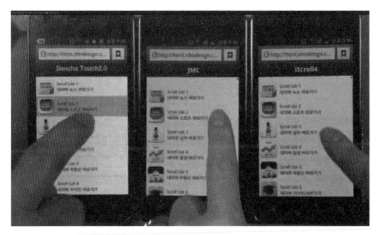

그림 15-1 Sencha Touch와 JMC, iScroll4의 스크롤 성능 테스트 영상

확장성

플리킹이나 스크롤과 같은 특별한 상황에서 발생하는 커스텀 이벤트를 제공한다. 개발자는 이 이
벤트에 원하는 함수를 바인딩해 컴포넌트가 제공하는 기능 이외에 원하는 기능을 추가할 수 있다.

JMC 설치하기

JMC는 JindoJS를 기반으로 작성됐기 때문에 JMC를 사용하려면 JindoJS가 필요하다.

JindoJS 다운로드

JindoJS는 공식 사이트(http://jindo.dev.naver.com)에서 다운로드할 수 있다. 프레임워크를 다운로드할 때는 압축 여부와 네임스페이스 사용 여부를 선택해 다운로드할 수 있다.

압축한 파일은 용량이 작은 반면 가독성이 떨어져 소스코드를 읽거나 디버깅하는 데 어려움이 있다. 그렇기 때문에 개발 중에는 압축하지 않은 버전을 사용해 소스코드의 가독성을 높이고, 개발 완료 후 서비스를 배포할 때 압축 버전을 사용할 것을 권장한다.

만약 다른 컴포넌트와 함께 사용한다면 네임스페이스가 있는 버전을 사용한다. 네임스페이스가 있을 때는 jindo 하위에 모든 Jindo 객체가 존재한다. 네임스페이스가 없을 때는 window 하위에 모든 Jindo 객체가 존재한다.

그림 15-2 JindoJS 다운로드

JMC 다운로드하기

JMC는 공식 사이트(http://jindo.dev.naver.com/jindo_home/Mobile.html)에서 필요한 컴포넌트만 선택해 내려받을 수 있다.

JMC를 사용하려면 내려받은 JindoJS와 JMC 파일을 HTML에 포함시켜야 한다. 이때, 꼭 JindoJS를 먼저 포함시키고 JMC를 나중에 포함시킨다.

다음은 실습을 위한 기본 HTML 구조다.

```
<html>
    <head>
        <script type="text/javascript" src="jindo.mobile.js"/>
        <script type="text/javascript" src="jindo_mobile_component.js"/>
    </head>
    <body>
    </body>
</html>
```

샘플 페이지

여기서 만들 샘플 페이지는 네이버 모바일 웹 메인 페이지를 흉내 낸 페이지다. 네이버 모바일 웹에서 사용하는 미디어 쿼리와 플리킹 기능을 적용해서 구현할 것이다. 그리고 네이버 모바일 웹메인 페이지에서는 사용하지 않지만 스타캐스트와 네이버 날씨 모바일 페이지에서 사용하는 숨어 있는 메뉴와 스크롤 기능을 구현할 것이다.

완성된 샘플 페이지

http://me2.do/59auR59u

그림 15-3 샘플 페이지의 완성 화면

플리킹 기능과 숨어 있는 메뉴, 스크롤 기능은 직접 개발하지 않고 JMC를 활용해 구현한다.

JMC 준비

샘플 페이지에서 사용할 JMC는 총 3개로 SlideFlicking 컴포넌트, SlideReveal 컴포넌트,
Scroll 컴포넌트다. JMC 다운로드 페이지에서 필요한 컴포넌트를 선택하면 jindo_mobile_
component.js 파일을 내려받을 수 있다.

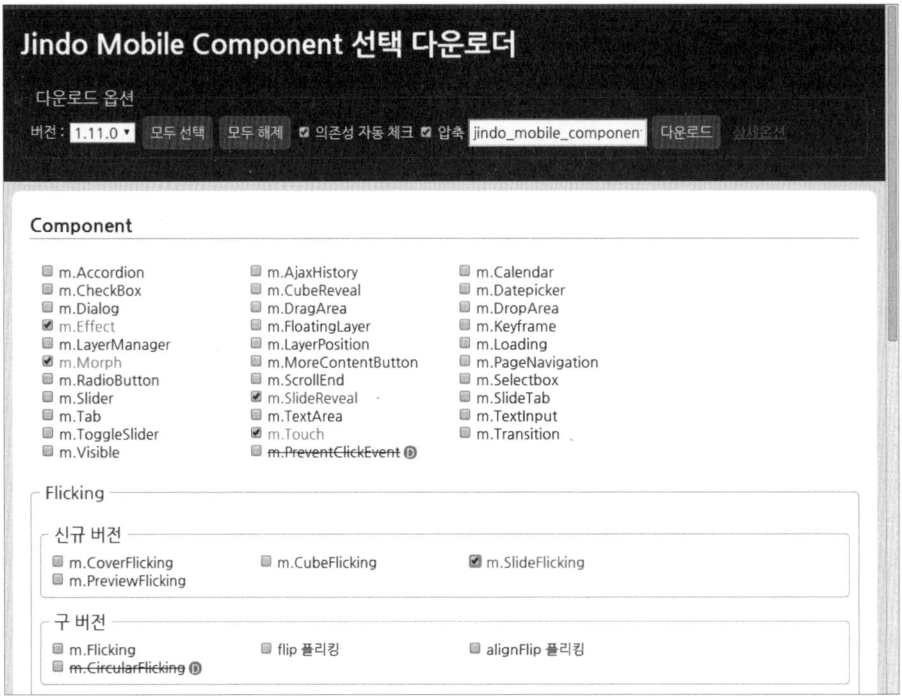

그림 15-4 다운로드할 JMC 선택

샘플 페이지 준비

컴포넌트를 적용하기 전에 기본적인 HTML 마크업이 있는 샘플 파일을 내려받는다.

- 샘플 파일 다운로드 URL:

  http://wikibook.github.io/navermobileuidev/Part04/Part04_Sample_Site.zip

다운로드한 압축 파일을 풀면 다음과 같이 샘플에 사용할 이미지 파일과 CSS 파일, 자바스크립트
파일이 있는 폴더와 HTML 파일이 나온다.

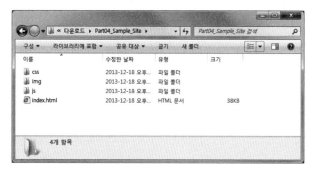

그림 15-5 샘플 파일의 폴더 구조

처음 내려받은 샘플 파일에는 CSS가 적용돼 있지 않다. index.html 파일을 브라우저에서 열면 그림 15-6의 왼쪽과 같은 모습이다. css 폴더에 있는 서식 파일을 적용해 그림 15-6의 오른쪽과 같은 모습이 되게 한 다음 기능을 구현할 것이다.

그림 15-6 CSS를 적용하기 전의 모습과 후의 모습

index.html 파일에 다음과 같이 css 폴더에 있는 css.css 파일을 추가한다. 다시 index.html 파일을 브라우저에서 열면 그림 15-6의 오른쪽과 같은 모습이 나타날 것이다.

```
<head>
    <title>네이버</title>
    <link rel="stylesheet" type="text/css" href="./css/css.css">
</head>
```

이 상태에서는 버튼을 누르거나 화면을 움직여도 아무런 변화가 없다. 이제 이 샘플 페이지에 기능을 하나하나 추가하면서 JMC를 활용하는 방법을 익힐 것이다.

16
미디어 쿼리 적용

미디어 쿼리(media query)란 출력 장치(브라우저)의 조건에 따라 특정한 CSS 스타일을 적용해 HTML 소스 하나로 여러 가지 모습의 웹 페이지를 표현하는 방법이다.

예를 들어, 모바일 기기의 브라우저는 다음 그림처럼 세로 모드일 때와 가로 모드일 때의 화면 크기가 달라진다. 이런 특성을 이용해 화면이 일정한 크기보다 클 때 특정한 CSS 스타일을 적용하면 아이폰에서 볼 때와 아이패드나 다른 태블릿 PC에서 볼 때 웹 페이지의 모습이 다르게 나타나게 할 수 있다.

네이버 샘플 페이지에서 미디어 쿼리를 사용해 화면의 해상도에 따라 서로 다른 CSS 스타일을 적용해 보자.

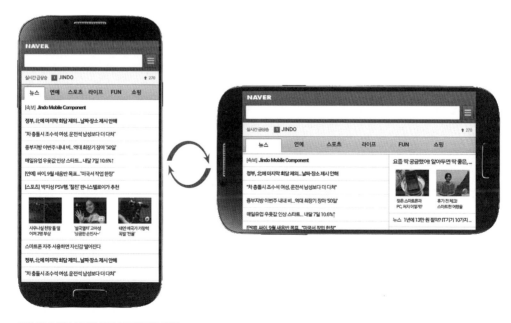

그림 16-1 세로 모드와 가로 모드의 모습 차이

미디어 쿼리

미디어 쿼리를 적용하기 전에 미디어 쿼리의 형식과 미디어 쿼리의 조건문을 간단하게 살펴보겠다.

미디어 쿼리 이해

CSS 코드 내부에서 사용하는 미디어 쿼리의 기본적인 형태는 다음과 같다.

```
@media only all and (조건문) {실행문}
```

- @media: 미디어 쿼리를 시작할 때 선언한다.
- only: only 키워드는 미디어 쿼리를 지원하는 에이전트만 쿼리 구문을 해석해 적용하라는 명령이다.
- all: all 키워드 자리에는 미디어 쿼리를 해석해야 할 대상 미디어를 선언한다.
  - all: 모든 미디어 타입
  - aural: 음성 합성 장치
  - braille: 점자 표시 장치
  - print: 인쇄 용도
  - screen: 컴퓨터 스크린을 위한 용도
  - tv: 음성과 영상이 동시에 출력되는 TV와 같은 장치
- and: 연산 조건을 지정하는 키워드의 자리다. and 키워드를 사용하면 앞뒤 조건을 모두 만족하는 AND 연산을 수행한다. ',' 기호를 사용하면 OR 연산을 수행한다.
- (조건문): 미디어 쿼리를 적용할 조건문을 넣는 자리다. 조건문에는 뷰포트(viewport)의 크기, 화면 비율, 화면의 회전 방향 등을 지정한다. 해당 조건문이 true일 때 {실행문}에 있는 CSS 스타일을 적용한다. 조건문을 두 개 이상 사용해야 한다면 and 키워드 또는 ',' 기호로 연결한다.
- {실행문}: 조건문을 충족할 때 적용할 CSS 스타일을 작성한다.

미디어 쿼리 조건문

미디어 쿼리를 실행할 조건에는 브라우저 해상도, 세로 또는 가로 모드, 뷰포트의 비율 등을 지정할 수 있다. 조건문에 따라 미디어 쿼리를 적용하게 하는 몇 가지 예제를 살펴보겠다.

화면의 너비와 높이

화면의 너비와 높이를 확인해 CSS 스타일을 적용하는 조건을 만들 수 있다. 일반적으로 많이 사용하는 조건으로, 특정한 크기보다 크거나 작을 때 CSS 스타일을 적용하게 한다. 두 조건을 AND 연산이나 OR 연산으로 조합할 수도 있다.

```
@media all and (min-width : 640px) {
    // 너비가 640px 이상일 때 실행
    // Style A
}
```

그림 16-2 너비가 650px일 때 style A 적용

```
@media all and (min-width : 690px) and (max-width : 1024px) {
    // 너비가 690px 이상이고 1024px 이하일 때 실행
    // Style B
}
```

그림 16-3 너비가 800px일 때 style B 적용

```
@media all and (width : 500px ){
    // 너비가 500px일 때 실행
    // Style C
}
```

그림 16-4 너비가 500px일 때 style C 적용

orientation

orientation은 화면이 세로 모드인지 가로 모드인지 확인해 CSS 스타일을 적용할 때 사용하는 조건식이다.

```
@media all and (orientation:portrait) {
    // 세로 모드일 때 실행
    // Style A
}
```

Style A 적용

그림 16-5 세로 모드일 때 style A 적용

```
@media all and (orientation:landscape) {
    // 가로 모드일 때 실행
    // Style B
}
```

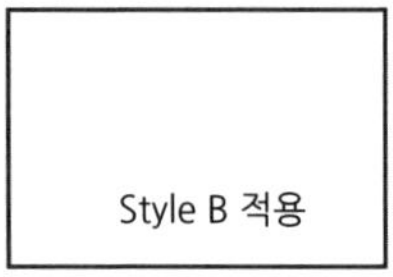

Style B 적용

그림 16-6 가로 모드일 때 style B 적용

aspect-ratio

aspect-ratio는 너비와 높이의 비율을 확인해 CSS 스타일을 적용할 때 사용하는 조건식이다. 조건식을 쓸 때는 '너비/높이' 형식으로 작성한다. min-width나 max-width처럼 'min-'과 'max-'를 접두사로 붙일 수 있다.

```
@media all and (min-aspect-ratio:3/2) {
    // 너비와 높이의 비가 3:2 이상이면 실행
    // Style A
}
```

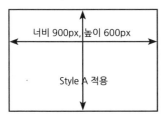

그림 16-7 너비와 높이의 비율이 3:2 이상일 때 Style A 적용

```
@media all and (max-aspect-ratio:10/5) {
    // 너비와 높이의 비가 2:1 이하이면 실행
    // Style B
}
```

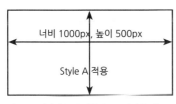

그림 16-8 너비와 높이 비율이 2:1 이하일 때 Style B 적용

```
@media all and (aspect-ratio:1) {
    // 너비와 높이의 비율이 1:1인 경우 실행
    // Style C
}
```

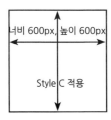

그림 16-9 너비와 높이의 비율이 1:1일 때 Style C 적용

너비나 높이, 화면 방향, 화면 비율 말고도 기기에서 사용하는 최대 색상, 흑백 화면 등 여러 조건 문을 사용할 수 있다. 더 많은 조건문과 사용법에 대해서는 널리 사이트[71]의 "CSS3 media query 에 대하여"[72]에서 자세하게 설명하고 있으니 참고한다.

샘플 페이지에 미디어 쿼리 적용

CSS를 적용한 예제 파일을 브라우저로 열면 네이버 모바일 웹의 메인 페이지 모양을 본떠 만든 화면이 나타난다. 지금은 화면이 정상적으로 보이는 정도로 CSS 스타일을 최소한으로 적용한 모 습이 보인다. 샘플 페이지는 다음 그림처럼 크게 뉴스 영역과 그 밖의 콘텐츠 영역으로 구성돼 있다.

뉴스 영역

그 외 콘텐츠 영역

그림 16-10 샘플 페이지의 콘텐츠 영역

index.html 파일의 소스코드를 보면 뉴스 영역은 아이디가 'mflick'이고 'cont'라는 클래스가 지 정된 DIV 요소로 구성돼 있다. 그 외의 영역인 IT 상식과 투데이 스토리는 'reco2'라는 클래스가 지정된 DIV 요소로 구성돼 있다.

---

71 널리 사이트(http://html.nhncorp.com)는 네이버가 축적한 마크업 기술과 마크업에 도움을 주는 도구를 공유하는 사이트다.
72 http://html.nhncorp.com/blog/42284

```
<div class="wrap id_news">
    <div class="wrap_margin"></div>
    <div class="wrap_cont">
        <!-- 뉴스 영역 -->
        <div class="cont" id="mflick" >
            <div class="flick-container">
                <div class="flick-ct" style="position:relative !important;">
                    <section>
                        ... 생략 ...
                    </section>
                </div>
            </div>
        </div>
        <!-- 뉴스 외 IT 상식, 투데이 스토리 영역 -->
        <div class="reco2">
            <section>
                IT 상식
            </section>
            <div>
                투데이 스토리
            </div>
        </div>
    </div>
</div>
```

이 페이지에 다음과 같은 조건을 만족하도록 미디어 쿼리를 적용해 보겠다.

- 화면의 너비가 640px 이상일 때는 뉴스 영역 옆에 IT 상식 영역이 나타난다.
- 화면의 너비가 640 ~ 859px일 때는 IT 상식 영역에 있는 3개의 이미지 콘텐츠 중에서 2개의 이미지 콘텐츠만 나타난다.
- IT 상식 영역의 제목은 영역의 너비에 따라 줄임표가 나타난다.

IT 상식 영역 처리

미디어 쿼리를 적용하기 전에는 뉴스 영역 아래에 그 외의 콘텐츠 영역인 IT 상식과 투데이 스토리가 나타난다. IT 상식과 투데이 스토리가 있는 영역이 브라우저의 크기에 따라 뉴스 영역 오른쪽에 보이도록 미디어 쿼리를 작성할 것이다.

그림 16-11 너비에 따른 IT 상식 영역의 위치 변화

다음은 브라우저의 크기가 640px 이상일 때 IT 상식 영역이 뉴스 영역 오른쪽에 나타나도록 작성한 미디어 쿼리의 예다.

```
@media all and (min-width: 640px) {
    /* 뉴스 */
    .wrap_cont {float: left;width: 62.5%;}

    /* IT 상식 */
    .reco2 {position: absolute;top: 4px;right: 0;z-index: 32;width: 37.5%;}
}
```

브라우저 창의 크기가 640px 이상일 때는 뉴스 영역의 너비가 62.5%가 되고, IT 상식 영역의 너비는 37.5%가 되도록 작성했다. 이제 브라우저에 페이지를 열어 브라우저의 크기를 키웠다 줄였다 하면 브라우저의 너비가 640px보다 작을 땐 뉴스 영역 아래에 IT 상식 영역이 나타나고, 640px 이상일 때는 뉴스 영역 오른쪽에 나타나는 것을 볼 수 있다.

이미지 콘텐츠 처리

브라우저 크기를 키워 IT 상식 영역이 오른쪽에 나타날 때 이미지 세 개가 서로 겹치는 모습을 볼 수 있다. 브라우저 전체 너비의 62.5%를 뉴스 영역이 차지하고 그 외 37.5%는 IT 상식 영역이 차지하는데, IT 상식 영역의 너비가 이미지 세 개를 모두 표현할 수 있을 만큼 크지 않기 때문이다.

예를 들어, 전체 너비가 300px을 차지하는 콘텐츠를 모두 정상적으로 표현하기 위해 너비가 400px인 공간이 필요하다면, 너비가 300px인 공간은 콘텐츠를 표현하기에는 공간이 부족하다. 그래서 원치 않는 위치에 콘텐츠가 표시될 수 있다. IT 상식 영역도 모든 이미지를 표현할 수 있는 최소 너비보다 작기 때문에 이미지 세 개가 서로 겹쳐 보이는 것이다.

그림 16-12 IT 상식 영역의 이미지 겹침

그림 16-12와 같이 이미지가 겹친 모습은 보기에 좋지 않다. 미디어 쿼리를 이용하면 이 문제를 간단히 개선할 수 있다. 특정한 크기보다 화면이 작거나 클 때 마지막 이미지를 감추거나 보이게 하면 이미지가 겹치지 않고 깔끔하게 화면에 나타나게 할 수 있다.

다음은 화면의 너비가 640px 이상, 859px 이하일 때는 이미지가 두 개만 보이고, 그 외의 경우에는 이미지 세 개가 다 보이도록 미디어 쿼리를 추가한 예제다.

```
@media all and (min-width: 640px) {
    /* 뉴스 */
    .wrap_cont {float: left;width: 62.5%;}

    /* IT 상식 */
    .reco2 {position: absolute;top: 4px;right: 0;z-index: 32;width: 37.5%;
    }
}

@media all and (min-width: 640px) and (max-width: 859px) {
    /* IT 상식 */
    .reco2 .tlst_w .tlst, .reco .tlst_w .tlst {clear: none;width: 50%;}
    .reco2 .tlst_w .tlst:nth-child(3) {display: none;}
}
```

화면의 너비가 640px 이상, 859px 이하일 때는 특정 클래스가 지정된 영역의 너비를 50%로 설정하고 세 번째 자식 노드를 감춘다. 이 미디어 쿼리를 적용하면 다음 그림과 같이 화면의 너비가 640 ~ 859px일 때는 이미지가 두 개만 나타나고, 859px보다 클 때는 이미지가 세 개 나타난다.

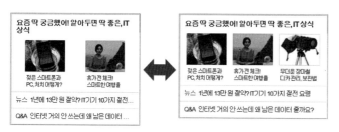

그림 16-13 IT 상식 영역의 이미지 처리

말 줄임 처리

그림 16-13에서 이미지가 두 개만 나올 때 섹션의 제목이 두 줄로 표시된다. 표현해야 할 글자는 많은데 공간이 없어 줄이 바뀌어 표시된 것이다. 두 줄로 나타나도 나쁘진 않지만 다른 콘텐츠가 밀리거나 가려져 화면이 원하던 디자인대로 보이지 않을 수도 있다. 그래서 두 줄로 표시된 텍스트가 한 줄로 표시되게 하고 줄임표가 나타나도록 말 줄임 속성을 적용하겠다.

말 줄임 속성인 text-overflow:ellipsis 속성은 미디어 쿼리는 아니지만 미디어 쿼리처럼 콘텐츠가 있는 영역의 크기에 따라 전체 콘텐츠가 나타나거나 줄임표가 나타난다.

다음은 섹션 영역의 너비가 제목보다 작으면 줄임표가 나타나도록 CSS 스타일을 추가한 예다. 말 줄임을 적용할 때는 글자를 표현할 공간이 없어도 줄 바꿈이 일어나지 않도록 white-space 속성을 함께 적용한다.

```
@media all and (min-width: 640px) {
    /* 뉴스 */
    .wrap_cont {float: left;width: 62.5%;}

    /* IT 상식 */
    .reco2 {position: absolute;top: 4px;right: 0;z-index: 32;width: 37.5%;}
}
```

```
@media all and (min-width: 640px) and (max-width: 859px) {
    /* IT 상식 */
    .reco2 .tlst_w .tlst, .reco .tlst_w .tlst {clear: none;width: 50%;}
    .reco2 .tlst_w  .tlst:nth-child(3) {display: none;}
}

.h_wrap .h {
    white-space: nowrap;text-overflow: ellipsis;
}
```

위의 스타일을 적용하면 다음 그림과 같이 IT 상식 영역의 너비가 작아질 때 제목에 줄임표가 나타난다.

그림 16-14 말 줄임 처리된 IT 상식 영역

미디어 쿼리 적용 결과

다음은 샘플 페이지에 적용한 미디어 쿼리와 말 줄임 속성 스타일이다.

```
@media all and (min-width: 640px) {
    /* 뉴스 */
    .wrap_cont {float: left;width: 62.5%;}

    /* IT 상식 */
    .reco2 {position: absolute;top: 4px;right: 0;z-index: 32;width: 37.5%;
    }
}

@media all and (min-width: 640px) and (max-width: 859px) {
    /* IT 상식 */
    .reco2 .tlst_w .tlst, .reco .tlst_w .tlst {clear: none;width: 50%;}
```

```
        .reco2 .tlst_w  .tlst:nth-child(3) {display: none;}
}

.h_wrap .h {
    white-space: nowrap;
    text-overflow: ellipsis;
}
```

모바일 기기의 화면은 크기도 다양하고, 기기의 방향에 따라 화면의 크기가 달라진다. 미디어 쿼리를 이용하면 다양한 화면 크기에 맞춰 콘텐츠를 배치해 사용자가 보기 편한 웹 페이지를 만들 수 있을 것이다.

17
플리킹 사용하기

네이버 모바일 웹 메인 페이지(http://m.naver.com)에서는 화면 위에 있는 탭을 누르거나 플리킹 동작으로 탭 사이를 이동할 수 있다. 플리킹 동작을 사용할 수 없는 페이지에서는 화면을 아래로 스크롤했을 때 다음 탭으로 이동하려면 다시 화면 위로 이동한 다음 탭을 눌러야 한다. 그러나 플리킹 동작을 사용할 수 있으면 플리킹 영역에 속한 어느 영역에서나 탭 사이를 이동할 수 있다.

샘플 페이지에서도 탭 사이를 쉽게 이동할 수 있게 JMC의 플리킹 컴포넌트로 뉴스 영역에 플리킹을 적용할 것이다.

그림 17-1 플리킹 기능을 적용한 샘플 페이지

슬라이드 플리킹 컴포넌트

JMC의 슬라이드 플리킹 컴포넌트는 네이버 서비스에서 많이 사용하는 컴포넌트 가운데 하나다. 정해진 공간에 많은 콘텐츠를 제공할 수 있고, 페이지를 이동하거나 내비게이션을 사용하지 않고도 플리킹 동작으로 한 화면에서 여러 콘텐츠를 확인할 수 있다.

"14. 플리킹되는 콘텐츠 만들기(213쪽)"에서 간단히 플리킹의 원리와 구현 방법을 설명했지만, 다양한 모바일 브라우저와 기기에서 사용하기에는 부족한 부분이 많다. JMC의 슬라이드 플리킹 컴포넌트는 다양한 모바일 브라우저와 모바일 기기에서 정상적으로 동작하게 만든 컴포넌트다. 컴포넌트 생성에 필요한 옵션과 몇 가지 함수만 적용하면 쉽게 모바일 웹에서 플리킹 기능을 구현할 수 있다.

여기서는 슬라이드 플리킹 컴포넌트의 옵션과 함수, 이벤트를 소개하고, 샘플 페이지에 슬라이드 플리킹 컴포넌트를 적용하면서 JMC의 컴포넌트를 사용하는 방법을 익히겠다.

슬라이드 플리킹 API 문서

슬라이드 플리킹에 대한 더 자세한 내용과 예제는 API 문서를 참고한다.

- **JMC의 슬라이드 플리킹 컴포넌트 페이지**

  http://jindo.dev.naver.com/docs/jindo-mobile/archive/latest/doc/external/classes/jindo.m.SlideFlicking.html

QR 코드를 이용하면 모바일 기기에서 API 문서를 열어 예제를 확인할 수 있다.

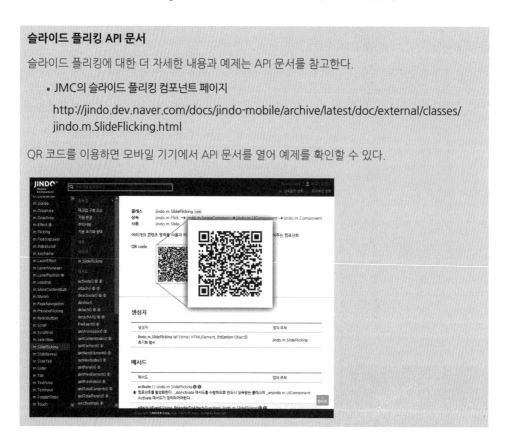

플리킹 컴포넌트를 사용하기 위한 마크업 구성

플리킹은 크게 뷰 영역과 컨테이너 영역, 패널 영역으로 구성돼 있다. 플리킹을 구성하는 영역을 평면도와 같이 펼쳐 본다면 다음 그림과 같다. 손가락을 왼쪽으로 쓸어 넘기면 뷰 영역의 오른쪽에 있는 콘텐츠가 나타나고, 오른쪽으로 쓸어 넘기면 뷰 영역의 왼쪽에 있는 콘텐츠가 나타난다.

그림 17-2 플리킹 구조

뷰

뷰는 실제 화면에 보이는 영역이다. overflow 속성을 hidden으로 처리해 영역 밖에 있는 콘텐츠는 보이지 않고 영역 안에 있는 콘텐츠만 사용자가 볼 수 있다. 마크업을 작성할 때는 뷰가 컨테이너와 패널을 포함하도록 작성한다. JMC의 플리킹 컴포넌트는 뷰 영역의 아이디를 파라미터로 받아 플리킹이 동작할 수 있도록 컴포넌트를 초기화한다.

컨테이너

컨테이너는 보여줄 콘텐츠가 있는 패널을 감싸는 영역이다. 컨테이너의 너비와 높이는 플리킹 동작에 맞게 조정된다. 마크업을 작성할 때 컨테이너는 뷰의 하위에 포함되는 〈div〉 태그로 작성하고, 클래스 이름은 "flick-container"로 설정한다.

패널

패널은 플리킹할 때 화면에 보이는 콘텐츠가 있는 영역이다. 마크업을 작성할 때 패널은 컨테이너의 하위에 포함되는 〈div〉 태그로 작성하고, 클래스 이름은 "flick-ct"로 설정한다. 여기서 설명할 샘플 페이지에서는 패널을 3개 추가했다.

다음은 플리킹의 구조를 HTML 마크업 형태로 구성한 예다.

```
<!-- 기준 요소 -->
<div id="mflick">
    <!-- 컨테이너 요소 -->
    <div class="flick-container">
        <!-- 각 패널 요소 -->
        <div class="flick-ct">콘텐츠 1</div>
        <div class="flick-ct">콘텐츠 2</div>
        <div class="flick-ct">콘텐츠 3</div>
    </div>
</div>
```

슬라이드 플리킹 동작 방식

슬라이드 플리킹 컴포넌트는 비순환 플리킹과 순환 플리킹으로 두 가지 방식으로 동작한다.

비순환 플리킹은 플리킹으로 마지막 패널까지 갔을 때 플리킹 동작으로 패널을 넘겨도 다른 패널로 넘어가지 않는 방식이다. 순환 플리킹은 마지막 패널에서 패널을 넘기면 첫 번째 패널로 이동하는 방식이다. 비순환 플리킹과 순환 플리킹은 동작은 물론 DOM 구성과 스타일 속성값, 패널의 마크업 구조에서도 차이가 난다.

비순환 플리킹

비순환 플리킹은 컨테이너의 하위에 3개 이상의 패널을 구성하고 뷰의 너비와 패널 개수에 따라 컨테이너의 너비가 정해지는 구조다. 예를 들어, 뷰의 너비가 320px이고 패널의 개수는 3개라고 가정하면, 각 패널의 너비는 100%로 정의되고 컨테이너의 너비는 960px(= 320px x 3)이 된다. 패널을 쓸어 넘기면 컨테이너의 left 값이 바뀌면서 플리킹 동작이 실행된다.

만약 뷰의 너비가 320px이고 패널의 개수가 5개라면 컨테이너의 너비는 1600px(= 320px x 5)이 된다.

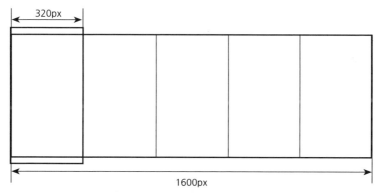

그림 17-3 뷰의 너비와 패널 개수에 따른 컨테이너의 너비

패널의 개수가 3개일 때와 5개일 때의 마크업 구조와 속성값의 차이를 HTML 코드로 비교해 보지. 뷰의 너비가 같아도 패널의 개수에 따라 컨테이너의 너비가 달라진다.

다음은 패널이 3개일 때의 HTML 코드다.

```
<!-- 3개의 패널 HTML -->
<div>
    <div class="flick-container" style="width:960px">
        <div class="flick-ct">콘텐츠 1</div>
        <div class="flick-ct">콘텐츠 2</div>
        <div class="flick-ct">콘텐츠 3</div>
    </div>
</div>
```

다음은 패널이 5개일 때의 HTML 코드다.

```
<!-- 5개의 패널 HTML -->
<div>
    <div class="flick-container" style="width:1600px">
        <div class="flick-ct">콘텐츠 1</div>
        <div class="flick-ct">콘텐츠 2</div>
        <div class="flick-ct">콘텐츠 3</div>
        <div class="flick-ct">콘텐츠 4</div>
        <div class="flick-ct">콘텐츠 5</div>
    </div>
</div>
```

비순환 플리킹에서는 컨테이너의 left 속성을 바꿔 플리킹 동작을 구현한다. 사용자가 화면을 왼쪽으로 쓸어 넘기면 컨테이너 전체가 왼쪽으로 이동하고 사용자가 보는 패널은 두 번째 패널이 된다. 이때 컨테이너의 left 값을 음수로 지정한다. 이렇게 컨테이너의 left 속성을 바꾸면서 세 번째 패널, 네 번째 패널이 나타난다.

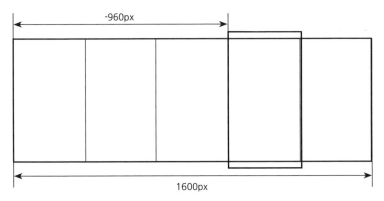

그림 17-4 네 번째 패널로 이동

그림 17-4의 상태를 HTML로 표현하면 다음과 같다.

```
<div>
    <div class="flick-container" style="width:1600px; left:-960px">
        <div class="flick-ct">콘텐츠 1</div>
        <div class="flick-ct">콘텐츠 2</div>
        <div class="flick-ct">콘텐츠 3</div>
        <div class="flick-ct">콘텐츠 4</div>
        <div class="flick-ct">콘텐츠 5</div>
    </div>
</div>
```

순환 플리킹

순환 플리킹은 마지막 패널에서 패널을 쓸어 넘기면 첫 번째 패널로 돌아가서 패널을 순환하는 방식으로 동작한다. 순환 플리킹은 비순환 플리킹과 기본 구조는 같다. 하지만 비순환 플리킹에서는 패널이 3개 이상이지만 순환 플리킹에서는 패널을 3개로 제한한다. 비순환 플리킹이 컨테이너의 left 속성값을 바꾸면서 플리킹 동작을 구현한 것과 달리, 순환 플리킹은 컨테이너와 패널 3개의 left 속성값을 바꿔서 패널의 순서를 조정하는 방법으로 플리킹 동작을 구현한다.

순환 플리킹의 기본 마크업 구조는 다음과 같다.

```
<div>
    <div class="flick-container" style="left:0%;">
        <div class="flick-ct" style="left:0%">콘텐츠 1</div>
        <div class="flick-ct" style="left:100%">콘텐츠 2</div>
        <div class="flick-ct" style="left:-100%">콘텐츠 3</div>
    </div>
</div>
```

패널의 left 속성으로 '콘텐츠 1' 패널은 가운데 위치하고 '콘텐츠 2' 패널과 '콘텐츠 3' 패널은 '콘텐츠 1' 패널의 오른쪽과 왼쪽에 위치하게 된다.

사용자가 플리킹 동작을 실행하고 있다면 컨테이너의 left 값이 양수나 음수로 바뀌면서 컨테이너가 이동한다. 플리킹 동작이 끝나면 컨테이너의 left 속성은 다시 0이 되고, 패널의 left 속성이 -100 ~ 100%로 바뀌면서 순환하는 방식으로 동작한다.

현재 '콘텐츠 1' 패널이 보인다고 가정하고 플리킹 동작이 일어날 때 마크업의 변화를 알아보자.

사용자가 화면을 왼쪽으로 쓸어 넘길 때는 컨테이너의 left 값이 0%에서 −100%로 바뀌면서 화면이 왼쪽으로 이동한다. 플리킹 동작이 다 끝나면 다음과 같이 컨테이너와 패널의 left 값이 바뀌면서 다음 패널이 화면에 보인다.

```
<div>
    <div class="flick-container" style="left:0%;">
        <div class="flick-ct" style="left:-100%">콘텐츠 1</div>
        <div class="flick-ct" style="left:0%">콘텐츠 2</div>
        <div class="flick-ct" style="left:100%">콘텐츠 3</div>
    </div>
</div>
```

반대로 사용자가 화면을 오른쪽으로 쓸어 넘길 때는 컨테이너의 left 값이 0%에서 100%로 바뀌면서 화면이 오른쪽으로 이동한다. 플리킹 동작이 다 끝나면 컨테이너와 패널의 left 값이 다음과 같이 바뀌면서 이전 패널이 화면에 보인다.

```
<div>
    <div class="flick-container" style="left:0%;">
        <div class="flick-ct" style="left:100%">콘텐츠 1</div>
        <div class="flick-ct" style="left:-100%">콘텐츠 2</div>
        <div class="flick-ct" style="left:0%">콘텐츠 3</div>
    </div>
</div>
```

3개 이상의 패널로 순환 플리킹을 구현하려면 플리킹 컴포넌트에서 제공하는 사용자 이벤트와 메서드 등을 이용해 직접 구현해야 한다. 3개 이상의 컴포넌트로 순환 플리킹을 구현하는 방법은 "슬라이드 플리킹 컴포넌트 적용(269쪽)"에서 설명하겠다.

슬라이드 플리킹 생성자와 옵션

JMC의 슬라이드 플리킹 컴포넌트를 사용하려면 다음 예제와 같이 컴포넌트를 초기화해야 한다. 컴포넌트를 초기화할 때 옵션을 어떻게 적용하느냐에 따라 플리킹 동작이 달라진다. 초기화 옵션으로 순환/비순환 플리킹, 가로/세로 플리킹, 전체 콘텐츠 개수, 슬라이드 애니메이션 지속 시간 등을 설정할 수 있다.

```
var oSlideFlicking = new jindo.m.SlideFlicking("mflick", {
    "bUseCircular" : true,
    "nTotalContents" : 6
});
```

다음은 플리킹 컴포넌트 초기화에 사용할 수 있는 주요 옵션이다. 더 많은 옵션은 JMC 사이트의
API 문서[73]를 참고한다.

표 17-1 플리킹 생성자 옵션

옵션	설명
bHorizontal	가로 방향 플리킹 설정(기본값: true). false로 설정하면 세로 방향으로 패널이 이동한다.
sClassPrefix	컨테이너와 패널을 구성하는 DIV 요소에 설정할 클래스 이름의 접두어 설정(기본값: flick-)
sContentClass	패널을 구성하는 DIV 요소에 설정할 클래스 이름의 접미어 설정(기본값: ct)
bUseCircular	순환 플리킹 설정(기본값: false). true로 설정하면 패널 3개를 순환하며 플리킹한다.
nTotalContents	플리킹할 콘텐츠의 전체 개수 설정(기본값: 3). 3개보다 많은 패널로 순환 플리킹을 구현할 때 패널의 개수보다 큰 숫자를 지정한다.
bActivateOnload	컴포넌트를 로딩할 때 활성화 여부(기본값: true)
bUseDiagonalTouch	대각선 방향으로 스크롤할 때 플리킹 동작 실행 여부(기본값: true)
bUseCss3d	CSS의 3D 속성(translate3d) 사용 여부(기본값: jindo.m._isUseCss3d(true)). 실행하는 기기에 따라 다르게 설정된다.
bUseTimingFunction	CSS의 타이밍 속성으로 애니메이션 실행 여부(기본값: jindo.m._isUseTimingFunction()). 실행하는 기기에 따라 다르게 설정된다. false로 설정하면 setTimeout() 메서드로 애니메이션을 실행한다.
nZindex	컴포넌트 요소의 z-index 값(기본값: 2000)

플리킹을 초기화할 때 위의 옵션을 설정한다. 패널의 개수가 3개보다 많을 때 순환 플리킹을 사용
하려면 bUseCircular 옵션을 true로 설정하고 nTotalContents 옵션을 패널의 개수로 설정한다.

bUseCss3d 옵션과 bUseTimingFunction 옵션의 기본값에 사용하는 jindo.m._IsUseCss3d() 메
서드와 jindo.m._IsUseTimingFunction() 메서드는 JMC의 경험이 녹아 있는 메서드다. 이 메서

---

73 http://jindo.dev.naver.com/docs/jindo-mobile/archive/latest/doc/external/classes/jindo.m.Flicking.html#constructor_jindo.m.Flicking

드는 플리킹을 실행하는 기기에서 CSS의 3D 속성을 사용하는 것이 효과적인지, CSS의 타이밍 속성과 setTimeout() 메서드 가운데 어떤 것을 사용하는 것이 좋은지 판단하는 메서드다.

안드로이드 4.0.x 미만에서는 CSS의 타이밍 속성보다 setTimeout() 메서드로 애니메이션을 실행하는 것이 효과적이고, iOS에서는 setTimeout() 메서드보다 CSS의 타이밍 속성을 사용하는 것이 좋다. 이 같은 차이를 반영해 메서드가 기기의 상태와 상황에 따라 어떤 방법을 사용할지 판단해서 반환하기 때문에 사용 여부를 직접 설정하는 것보다 기본값을 사용하는 것이 좋다.

슬라이트 플리킹 컴포넌트의 메서드

슬라이드 플리킹 컴포넌트는 더 다양한 기능을 구현할 수 있는 메서드를 제공한다. 메서드에는 패널을 이동하거나 현재 패널의 요소를 얻는 메서드 등이 있다. 플리킹 컴포넌트의 주요한 메서드와 기능을 간단하게 살펴보겠다.

activate()

컴포넌트를 활성화한다. 다음 예처럼 컴포넌트를 생성할 때는 컴포넌트를 활성화하지 않은 상태로 객체 초기화만 하고 컴포넌트를 사용하는 시점에 컴포넌트를 활성화하는 용도로 사용할 수 있다.

```
var oSlideFlicking = new jindo.m.SlideFlicking("mflick", {
    "bActivateOnload" : false
});

oSlideFlicking.activate();
```

활성화된 컴포넌트를 다시 비활성화는 deactivate() 메서드도 있다.

```
oSlideFlicking.deactivate();
```

컴포넌트가 활성화됐는지 여부는 isActivating() 메서드로 확인할 수 있다.

```
if(oSlideFlicking.isActivating()) {
    oSlideFlicking.deactivate();
}else {
    oSlideFlicking.activate();
}
```

attach()

커스텀 이벤트 핸들러를 등록하는 메서드다. 플리킹 컴포넌트에서는 플리킹하기 전이나 플리킹하고 난 후, 사용자가 패널을 쓸어 넘길 때와 같은 경우에 커스텀 이벤트가 발생한다. 커스텀 이벤트에 이벤트 핸들러를 등록하고 원하는 기능을 추가할 수 있다. 커스텀 이벤트에 대해서는 "슬라이드 플리킹 이벤트(266쪽)"에서 설명하겠다.

```
function fpHandler1(oEvent) { ... 생략 .... };
function fpHandler2(oEvent) { ... 생략 .... };

var oSlideFlicking = new jindo.m.SlideFlicking("mflick");
oSlideFlicking.attach("flicking", fpHandler1);    // attach() 메서드를 통해 등록
oSlideFlicking.attach({
    "flicking" : fpHandler1,
    "rotate" : fpHandler2
});
```

getContentIndex()

현재 콘텐츠가 보이는 패널의 인덱스 정보를 반환한다. 인덱스 번호가 1 ~ 5번인 총 5개의 패널이 있을 때 4번 패널이 보이고 있다면 인덱스 정보는 3이 반환된다. 순환 플리킹에서 현재 패널의 인덱스 정보를 얻어 그다음 콘텐츠를 동적으로 추가할 때 사용하거나 현재 패널의 인덱스 정보를 가공할 때 사용할 수 있다.

getPrevIndex()와 getNextIndex()

이전/다음 콘텐츠가 있는 패널의 인덱스 정보를 반환한다. 순환 플리킹에서 이전/다음 패널의 인덱스 정보를 활용해 콘텐츠를 동적으로 추가할 때 사용할 수 있다.

getPrevElement()와 getNextElement()

이전/다음 패널에 있는 콘텐츠의 요소를 반환한다. 이전/다음 패널에 콘텐츠를 동적으로 추가하거나 이전/다음 패널의 콘텐츠에 효과를 줄 때 사용하기도 한다.

```
var nNextIndex = oSlideFlicking.getNextIndex();
oSlideFlicking.getNextElement().html(aData[nNextIndex]);
var nPrevIndex = oSlideFlicking.getPrevIndex();
oSlideFlicking.getPrevElement().html(aData[nPrevIndex]);
```

위 코드에서 사용한 html() 메서드는 Jindo 프레임워크에 있는 $Element 객체의 메서드로, 특정 요소에 HTML 태그를 추가한다. 자바스크립트의 innerHTML 속성과 같은 기능을 하는 메서드다.

movePrev()와 moveNext()

지정한 시간 동안 이전/다음 패널로 이동한다. 사용자가 화면을 쓸어 넘기지 않아도 메서드를 호출해 패널을 이동시킬 수 있다. 파라미터로 시간(ms)을 지정하면 지정한 시간 동안 패널이 이동한다.

```
oSlideFlicking.moveNext(3000);
oSlideFlicking.movePrev(1000);
```

moveTo()

특정 패널로 이동한다. 0번째 패널에서 바로 4번째 패널로 이동할 수 있다. 파라미터로 인덱스 정보와 이동하는 시간(ms)을 넣을 수 있다. 인덱스 정보는 이동하려는 패널의 인덱스 번호다.

```
oSlideFlicking.moveTo(4);
oSlideFlicking.moveTo(4, 2000);
```

슬라이드 플리킹 이벤트

슬라이드 플리킹 컴포넌트는 커스텀 이벤트를 발생시켜 개발자가 이벤트에 함수를 바인딩해 호출할 수 있게 한다. 이벤트는 플리킹 동작 이전, 플리킹 동작 중, 플리킹 동작 이후에 발생한다.

슬라이드 플리킹 컴포넌트의 커스텀 이벤트에는 touchStart 이벤트가 발생하기 전에 발생하는 beforeTouchStart 이벤트, touchMove 이벤트가 발생하기 전에 발생하는 beforeTouchMove 이벤트, touchEnd 이벤트가 발생하기 전에 발생하는 beforeTouchEnd 이벤트 등이 있다. 다음은 슬라이드 플리킹 컴포넌트에서 발생하는 커스텀 이벤트의 목록이다.

표 17-2 슬라이드 플리킹 컴포넌트의 커스텀 이벤트

이벤트	설명
touchStart	화면에 손가락을 대면 발생하는 이벤트
beforeTouchStart	touchStart 이벤트가 시작되기 전에 발생하는 이벤트
touchMove	화면에 손가락을 댄 상태로 움직일 때 발생하는 이벤트
beforeTouchMove	touchMove 이벤트가 발생하기 전에 일어나는 이벤트
touchEnd	화면에서 손가락을 떼면 발생하는 이벤트
beforeTouchEnd	touchEnd 이벤트가 발생하기 전에 일어나는 이벤트
flicking	플리킹 동작이 완료되고 나서 발생하는 이벤트
beforeFlicking	플리킹 동작이 일어나기 전에 발생하는 이벤트
rotate	모바일 기기의 화면이 회전하면 발생하는 이벤트

커스텀 이벤트에 이벤트 핸들러를 등록할 때는 attach() 메서드를 사용한다.

다음은 touchStart 이벤트가 발생할 때 로그가 출력되도록 이벤트 핸들러를 등록한 예제다.

```
var oSlideFlicking = new jindo.m.SlideFlicking("mflick");
oSlideFlicking.attach({
    "touchStart" : function() {
        console.log("touchStart");
    }
});
```

크롬에서 개발자 도구를 실행한 다음 위의 코드를 실행하고 마우스로 플리킹 영역을 클릭하면 "touchStart"라는 로그가 출력될 것이다.

touchMove 이벤트와 touchEnd 이벤트, flicking 이벤트의 발생을 확인하는 코드는 다음 예제와 같이 작성할 수 있다.

```
var oSlideFlicking = new jindo.m.SlideFlicking("mflick");
oSlideFlicking.attach({
    "touchStart" : function() {
        console.log("touchStart");
    },
    "beforeTouchStart" : function() {
        console.log("beforeTouchStart");
    },
    "touchMove" : function() {
        console.log("touchMove");
    },
    "beforeTouchMove" : function() {
        console.log("beforeTouchMove");
    },
    "touchEnd" : function() {
        console.log("touchEnd");
    },
    "beforeTouchEnd" : function() {
        console.log("beforeTouchEnd");
    },
    "flicking" : function() {
        console.log("flicking");
    },
    "beforeFlicking" : function() {
        console.log("beforeFlicking");
    }
});
```

위 코드를 실행하면 크롬 개발자 도구의 콘솔에 다음과 같이 이벤트 발생 기록이 표시될 것이다.

```
[1] beforeTouchStart
[2] touchStart
[3] beforeTouchMove
[4] touchMove
[5] beforeTouchMove
[6] touchMove
[7] beforeTouchMove
[8] touchMove
[9] beforeTouchMove
[10] touchMove
[11] beforeTouchMove
[12] touchMove
[13] beforeFlicking
[14] touchEnd
[15] flicking
```

그림 17-5 플리킹 동작 시 발생하는 이벤트

슬라이드 플리킹 컴포넌트 적용

슬라이드 플리킹 컴포넌트를 살펴봤으니 이제 샘플 페이지에 슬라이드 컴포넌트를 적용해 보겠다.

먼저 플리킹을 적용할 HTML 마크업을 작성하고, 플리킹이 동작하도록 구현한다. 그리고 플리킹 동작에 따라 탭 메뉴도 바뀌도록 구현하겠다.

HTML 마크업

슬라이드 플리킹 컴포넌트를 적용하려면 Jindo 프레임워크와 JMC를 로딩해야 한다. 다음과 같이 두 스크립트 파일을 로딩하는 코드를 문서의 처음에 작성한다. JMC는 Jindo 프레임워크를 사용하기 때문에 Jindo 프레임워크가 JMC보다 먼저 로딩돼야 한다.

```
<script src="./js/jindo.js"></script>
<script src="./js/JMC.js"></script>
```

다음으로 "플리킹 컴포넌트를 사용하기 위한 마크업 구성(257쪽)"에서 설명한 대로 뷰 영역과 컨테이너, 패널에 해당하는 마크업을 작성한다. 플리킹 영역 전체를 감싸는 DIV 요소에는 "mflick" 으로 아이디를 적용했다.

```
<div class="wrap id_news">
    <div class="wrap_margin"></div>
    <div class="wrap_cont">
        <!-- 뉴스 영역 -->
        <div class="cont" id="mflick" >
            <div class="flick-container">
                <div class="flick-ct" style="position:relative !important;">
                    뉴스 첫 번째 패널 콘텐츠
                </div>
                <div class="flick-ct">
                    뉴스 두 번째 패널 콘텐츠
                </div>
                <div class="flick-ct">
                    뉴스 세 번째 패널 콘텐츠
```

```
            </div>
        </div>
    </div>
    <!-- 뉴스 외 IT 상식, 투데이 스토리 영역 -->
    <div class="reco2">
        <section>
            IT 상식
        </section>
        <div>
            투데이 스토리
        </div>
    </div>
    </div>
</div>
```

플리킹 적용

슬라이드 플리킹을 적용하려면 다음과 같이 HTML 문서 아래에 플리킹 컴포넌트를 생성하는 자바스크립트를 추가한다. 생성자에는 플리킹 영역을 감싸는 요소의 아이디를 파라미터로 설정한다.

```
    ... 생략 ...
    <script type="text/javascript">
        var oSlideFlicking = new jindo.m.SlideFlicking('mflick');
    </script>
</body>
```

위와 같이 스크립트를 작성한 다음 브라우저에서 샘플 페이지를 열면 뉴스 영역에서 플리킹이 정상적으로 동작하는 것을 확인할 수 있다.

그러나 샘플 페이지에서는 6개의 탭을 순환하는 플리킹을 구현하는 것이 목적이다. 순환 플리킹이 가능하도록 다음과 같이 생성자에 bUseCircular 옵션을 추가한다.

```
var oSlideFlicking = new jindo.m.SlideFlicking('mflick', {
    "bUseCircular" : true
});
```

옵션을 추가하기 전에는 패널 3개를 플리킹하면 더는 다음 패널로 넘어가지 않았지만 옵션을 추가하면 3개의 패널이 순환하며 나타난다.

탭 6개에 맞게 콘텐츠도 준비하고 스크립트도 수정하겠다. 6개의 콘텐츠는 미리 aData라는 변수에 정의해 뒀다. 콘텐츠도 준비돼 있으니 6개의 콘텐츠가 순환하면서 플리킹되도록 수정하자.

다음은 콘텐츠 6개가 순환할 수 있게 생성자를 수정한 예다.

```
var oSlideFlicking = new jindo.m.SlideFlicking('mflick', {
    nTotalContents : aData.length,
    bUseCircular : true
}).attach({
    "flicking" : function(we){
        if (we.bCorrupt) {
            this.getElement().html(aData[this.getContentIndex()]);
            this.getNextElement().html(aData[this.getNextIndex()]);
            this.getPrevElement().html(aData[this.getPrevIndex()]);
        } else {
            if (we.bNext) {
                this.getNextElement().html(aData[this.getNextIndex()]);
            } else {
                this.getPrevElement().html(aData[this.getPrevIndex()]);
            }
        }
    }
})
```

커스텀 이벤트인 flicking 이벤트를 사용해 플리킹이 완료되면 이전/다음 패널의 콘텐츠를 바꾸도록 변경했다. 3개의 패널에 6개의 콘텐츠를 표현하려면 플리킹할 때 이전/다음 패널에 보이는 콘텐츠를 바꿔야 한다. 손가락을 대고 왼쪽으로 이동한 다음 손가락을 떼면 오른쪽 패널의 콘텐츠를 보여주고, 다음 패널의 콘텐츠를 바꾼다. 반대로 오른쪽으로 이동하면 이전 패널의 콘텐츠를 바꾸게 한 것이다.

flicking 이벤트의 속성인 bCorrupt 속성은 순환 플리킹 동작에서 현재 패널의 정렬을 다시 해야 할 때 true를 반환하는 속성이다. bNext 속성은 플리킹 방향이 이전 방향일 때 true를 반환하는 속성이다. bNext 속성을 확인해 다음 방향으로 패널을 쓸어 넘겼다면 다음 패널의 콘텐츠를 바꾸고, 이전 방향으로 패널을 쓸어 넘겼다면 이전 패널의 콘텐츠를 바꾼다.

탭 연동 적용

플리킹 동작 시 6개의 콘텐츠가 돌아가지만 플리킹 영역 위쪽의 탭은 항상 뉴스 탭으로 선택돼 있다. 플리킹하는 콘텐츠에 맞게 탭 선택이 바뀌도록 수정하겠다.

탭 메뉴의 번호가 0 ~ 5번이라고 하면, 각 탭은 패널의 인덱스 번호 0 ~ 5번에 상응한다. 플리킹 동작 완료 후 플리킹의 인덱스 정보에 맞게 탭이 선택되게 할 것이다. 탭의 번호는 탭을 배열로 읽어들인 다음 배열의 인덱스 정보로 얻어 변수에 정의한다.

```
var aTab = jindo.$Element("nav").queryAll("ul > li");
```

Jindo 프레임워크의 $Element 객체의 queryAll() 메서드로 지정한 아이디(nav)의 자식 노드에서 LI 요소를 모두 찾아 배열로 반환받는다.

플리킹이 완료되면 발생하는 flicking 이벤트 핸들러에 콘텐츠의 인덱스에 해당하는 탭에 클래스 이름을 지정하고 나머지 탭에서는 클래스 이름을 제거하게 했다. 인덱스에 해당하는 탭에 적용할 클래스 이름은 'nav_lon'로 설정했다.

```
var aTab = jindo.$Element("nav").queryAll("ul > li");
var nChoice = 0;

var oSlideFlicking = new jindo.m.SlideFlicking('mflick', {
    nTotalContents : aData.length,
    bUseCircular : true
}).attach({
    "flicking" : function(we) {
        if (we.bCorrupt) {
            this.getElement().html(aData[this.getContentIndex()]);
            this.getNextElement().html(aData[this.getNextIndex()]);
            this.getPrevElement().html(aData[this.getPrevIndex()]);
        } else {
            if (we.bNext) {
                this.getNextElement().html(aData[this.getNextIndex()]);
            } else {
                this.getPrevElement().html(aData[this.getPrevIndex()]);
            }
        }
```

```
            aTab[we.nContentsIndex].addClass("nav_lon");
            aTab[nChoice].removeClass("nav_lon");
            nChoice = we.nContentsIndex;
            // nContentsIndex : 현재 화면에 보이고 있는 콘텐츠의 인덱스
        }
    })
```

이제 플리킹할 때마다 탭이 콘텐츠에 맞게 선택되는 것을 확인할 수 있다.

addClass("nav_lon") 메서드는 클래스 이름에 "nav_lon"이 없으면 요소에 클래스 이름을 추가하는 메서드다. 반대로 removeClass("nav_lon") 함수는 요소에서 클래스 이름을 삭제하는 메서드다.

마지막으로 탭을 누르면 해당 콘텐츠로 이동하게 한다. 탭의 인덱스에 따라 패널의 인덱스로 이동하게 하면 쉽게 구현할 수 있다.

```
jindo.$Element("nav").delegate("touchEnd", "li.nav_l", function(eEvent) {
    var wel = jindo.$Element(eEvent.element);
    if (!wel.hasClass("nav_lon")) {
        oSlideFlicking.moveTo(wel.parent().indexOf(wel), 0);
    }
});
```

$Element 객체의 delegate() 메서드로 터치한 요소의 인덱스 정보를 판단해 해당 인덱스에 맞는 패널로 이동하게 했다. 뉴스 탭을 예로 들면, 뉴스 탭의 인덱스가 0이면 0번째 패널로 이동한다.

delegate() 메서드는 이벤트 버블링을 통해 두 번째 파라미터로 지정한 선택자에만 이벤트가 동작하게 하는 메서드다.

슬라이드 플리킹 적용 결과

다음은 슬라이드 플리킹을 적용하는 전체 자바스크립트 코드다.

```
var aTab = jindo.$Element("nav").queryAll("ul > li");
var nChoice = 0;
```

```
var oSlideFlicking = new jindo.m.SlideFlicking('mflick', {
    nTotalContents : aData.length,
    bUseCircular : true
}).attach({
    "flicking" : function(we){
        if (we.bCorrupt) {
            this.getElement().html(aData[this.getContentIndex()]);
            this.getNextElement().html(aData[this.getNextIndex()]);
            this.getPrevElement().html(aData[this.getPrevIndex()]);
        } else {
            if (we.bNext) {
                this.getNextElement().html(aData[this.getNextIndex()]);
            } else {
                this.getPrevElement().html(aData[this.getPrevIndex()]);
            }
        }
        aTab[we.nContentsIndex].addClass("nav_lon");
        aTab[nChoice].removeClass("nav_lon");
        nChoice = we.nContentsIndex;
    }
})

jindo.$Element("nav").delegate("touchEnd", "li.nav_l", function(eEvent) {
    var wel = jindo.$Element(eEvent.element);
    if (!wel.hasClass("nav_lon")) {
        oSlideFlicking.moveTo(wel.parent().indexOf(wel), 0);
    }
});
```

6개의 패널이 순환하면서 플리킹되고, 화면에 보이는 패널에 해당하는 탭 메뉴가 선택된 상태로 보이게 구현했다. JMC의 컴포넌트를 이용했기 때문에 "14. 플리킹되는 콘텐츠 만들기(213쪽)" 에서 직접 구현할 때보다 더 쉽게 구현할 수 있었다.

18
숨어 있는 메뉴 사용하기

숨어 있는 메뉴는 현재(2013년 12월) 네이버 서비스 가운데 스타 캐스트[74]와 날씨 서비스[75]에 적용 돼 있다. 메뉴 버튼을 누르면 전체 화면이 이동하면서 숨어 있던 메뉴가 나타난다. 페이스북 앱의 메뉴도 숨어 있는 메뉴로 볼 수 있다.

숨어 있는 메뉴는 JMC의 SlideReveal 컴포넌트를 사용하면 손쉽게 구현할 수 있다. 이번에는 샘 플 페이지에 SlideReveal 컴포넌트로 숨어 있는 메뉴를 적용하겠다.

그림 18-1 스타 캐스트 서비스의 숨어 있는 메뉴

---

74 http://m.star.naver.com
75 http://m.weather.naver.com

SlideReveal 컴포넌트

JMC의 SlideReveal 컴포넌트는 스타캐스트에 적용하려고 만든 컴포넌트다. 화면에 표시해야
하는 콘텐츠의 목록이 많아 요소를 숨겨 두고 버튼을 눌러 요소가 보이게 하는 UI를 제공하려고
SlideReveal 컴포넌트를 사용하고 있다. 한 페이지에 모두 나열하기에는 내비게이션이 너무 많고
화면이 복잡해질 때 SlideReveal 컴포넌트를 사용하면 UI를 훨씬 간결하게 만들 수 있을 것이다.

SlideReveal API 문서

Slide Reveal 컴포넌트에 대한 더 자세한 내용과 예제는 API 문서를 참고한다.

JMC의 SlideReveal 컴포넌트 페이지: http://jindo.dev.naver.com/docs/jindo-mobile/archive/
latest/doc/external/classes/jindo.m.SlideReveal.html

QR 코드를 이용하면 모바일 기기에서 API 문서를 열어 예제를 확인할 수 있다.

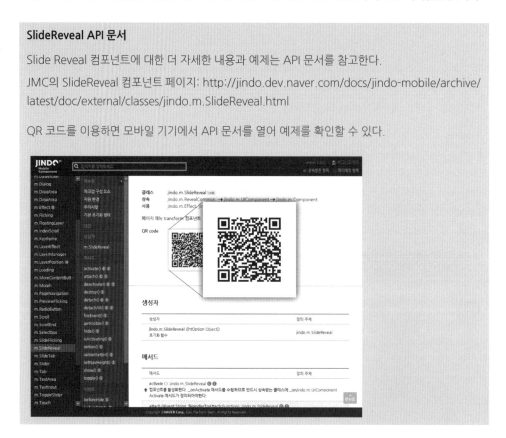

SlideReveal 컴포넌트를 사용하기 위한 마크업 구성

SlideReveal 컴포넌트는 헤더(header)와 콘텐츠(contents), 내비게이션 영역으로 이뤄져 동작한
다. 3개의 영역이 서로 밀면서 내비게이션이 나타나고 사라지는 동작이 이뤄진다.

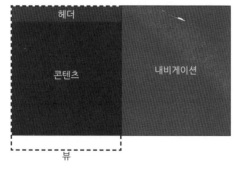

그림 18-2 SlideReveal 구조

실제 화면에서 보이는 영역은 위의 그림에서 뷰 영역이다. 사용자의 동작에 따라 내비게이션이 콘텐츠를 밀어내고 뷰 영역으로 들어오거나 뷰 영역 밖으로 나가는 형태로 동작한다.

헤더 영역은 꼭 필요한 부분은 아니다. 단, SlideReveal 컴포넌트를 적용해 위에서 아래로 내려오는 메뉴를 만들 때는 헤더 영역이 필요하다.

콘텐츠 영역은 웹 페이지의 내용이 있는 영역이다. 샘플 페이지에서는 뉴스가 있는 영역이 콘텐츠 영역이다.

내비게이션 영역은 화면 밖에 있다가 사용자의 동작으로 뷰 영역에 나타나는 메뉴 영역이다.

다음은 SlideReveal 컴포넌트를 사용하기 위한 HTML 마크업 구조다.

```
<body>
    <!-- 헤더 영역 -->
    <div class="reveal-header">
        ... 생략 ...
    </div>
    <!-- 내비게이션 영역 -->
    <div class="reveal-nav">
        ... 생략 ...
    </div>
    <!-- 콘텐츠 영역 -->
    <div class="reveal-contents">
        ... 생략 ...
    </div>
</body>
```

SlideReveal 컴포넌트의 동작 방식

SlideReveal 컴포넌트를 초기화하면 헤더와 콘텐츠만 보이고, 사용자의 동작으로 메뉴인 내비게이션 영역이 전체 영역을 밀고 들어오면서 나타나는 방식으로 동작한다. 내비게이션 영역이 들어오고 나갈 때는 헤더와 콘텐츠, 내비게이션 영역의 left 속성과 top 속성의 값을 바꾸면서 이동한다. left 속성을 바꿔 오른쪽에서 왼쪽으로 혹은 왼쪽으로 오른쪽으로 이동시키고, top 속성을 바꿔 위에서 아래로 내려오게 한다.

오른쪽에서 왼쪽으로 나타나는 메뉴

처음에는 헤더와 콘텐츠가 화면에 보여야 하기 때문에 left 속성값은 0이다. 내비게이션 영역은 처음에는 보이지 않고 화면 밖에 있어야 하기 때문에 뷰 영역의 너비만큼 left 속성값을 설정한다. 내비게이션 영역의 너비는 뷰 영역의 너비에서 여백의 너비를 뺀 만큼이다. 내비게이션이 나타난 뒤에 다시 숨기는 버튼이 있을 여백이 필요하기 때문에 내비게이션이 나왔을 때 뷰 영역 전체를 가리게 하면 안 되기 때문이다.

버튼을 눌러 내비게이션 영역이 나타나면 헤더와 콘텐츠 영역의 left 속성값은 뷰 영역의 너비에서 여백을 뺀 나머지만큼의 음수 값으로 바뀐다. 내비게이션 영역은 버튼이 있는 여백만큼 left 속성값이 설정된다.

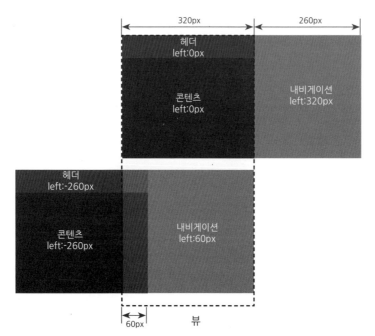

그림 18-3 오른쪽에서 왼쪽으로 나타나는 형태의 숨어 있는 메뉴

그림 18-3에서 위쪽 상태가 초기화한 상태다. 헤더와 콘텐츠 영역의 left 속성값은 0px이고 내비게이션 영역의 left 속성값은 뷰 영역의 너비인 320px이다. 또한 내비게이션의 너비는 뷰 영역의 너비인 320px에서 60px의 여백을 뺀 260px이다.

그림 18-3에서 아래쪽 상태가 숨어 있던 메뉴가 나타난 상태다. 헤더와 콘텐츠 영역은 내비게이션 영역의 너비만큼 왼쪽으로 이동해서 left 속성값이 -260px이 됐다. 내비게이션 영역의 left 속성값은 여백만큼인 60px이 됐다.

다음 그림에서 오른쪽 검은색 바탕 영역이 내비게이션 영역이고, 왼쪽에 헤더와 콘텐츠 영역이 살짝 보이는 부분이 여백이다. 여백에 있는 버튼을 누르면 화면 전체가 움직이면서 내비게이션 영역이 사라진다.

그림 18-4 내비게이션 영역과 여백(오른쪽에서 왼쪽으로 이동)

오른쪽에서 왼쪽으로 나타나는 메뉴 예제

http://me2.do/xyOy07xv

왼쪽에서 오른쪽으로 나오는 메뉴

왼쪽에서 오른쪽으로 움직이려면 내비게이션 영역이 콘텐츠 영역 왼쪽에 있어야 한다. 헤더와 콘텐츠 영역의 left 속성값은 0이고, 내비게이션 영역의 left 속성값은 내비게이션 영역 너비의 음수값이다. 내비게이션 영역의 너비는 오른쪽에서 왼쪽으로 이동할 때와 마찬가지로 뷰 너비에서 여백의 너비를 뺀 값이다. 다음 그림에서는 320px이 뷰 영역의 너비고 60px이 여백의 너비이므로 내비게이션 영역의 너비는 260px이다.

버튼을 눌러 메뉴가 나타났을 때 헤더와 콘텐츠 영역의 left 속성값은 내비게이션 영역의 너비인 260px이 되고, 내비게이션 영역의 left 속성값은 0이 된다.

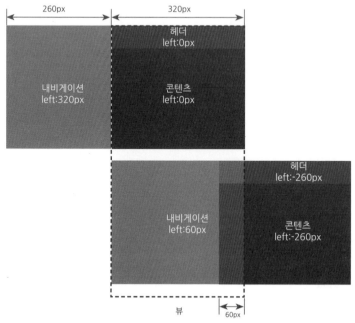

그림 18-5 왼쪽에서 오른쪽으로 나타나는 형태의 숨어 있는 메뉴

오른쪽에서 왼쪽으로 메뉴가 나타나는 방식과 반대로 왼쪽의 검은색 바탕이 내비게이션 영역이고 오른쪽에 헤더와 콘텐츠 영역이 보이는 부분이 여백이다. 여백에 있는 버튼을 눌러 내비게이션 영역이 나타나게 하거나 감춘다.

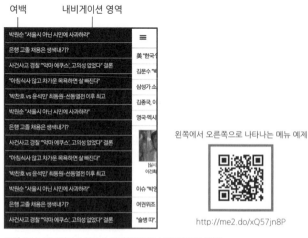

왼쪽에서 오른쪽으로 나타나는 메뉴 예제

http://me2.do/xQ57jn8P

그림 18-6 내비게이션 영역과 여백(왼쪽에서 오른쪽으로 이동)

위에서 아래로 나타나는 메뉴

위에서 아래로 움직이며 메뉴가 나타날 때는 위에 있는 내비게이션 영역만큼 전체 화면이 아래로 내려간다. 다시 버튼을 누르면 화면이 위로 올라가면서 내비게이션 영역이 사라진다.

위에서 아래로 나타나는 메뉴 예제

http://me2.do/GC37lBLb

그림 18-7 위에서 아래로 내려온 메뉴

메뉴가 위에서 아래로 내려오는 방식에는 따로 여백이 필요없다. 다만 좌우로 이동하는 방식에서는 left 속성값으로 영역을 이동했지만 위에서 아래로 내려오는 방식에서는 top 속성값으로 영역을 이동한다. 따라서 내비게이션 영역의 높이에 따라 움직이는 거리가 달라지고 초기에 적용하는 위치값이 달라진다.

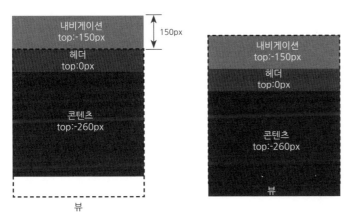

그림 18-8 위에서 아래 방향으로 나타나는 메뉴

SlideReveal 컴포넌트를 초기화할 때는 헤더와 콘텐츠 영역의 top 속성값이 0px이다. 내비게이션 영역의 top 속성값은 영역의 높이를 음수로 바꾼 값이다. 사용자의 동작으로 메뉴가 나타나면 헤더와 콘텐츠 영역의 top 속성값은 내비게이션 영역의 높이와 같은 값이고, 내비게이션 영역의 top 속성값은 0px이 된다.

SlideReveal 컴포넌트 생성자와 옵션

JMC의 SlideReveal 컴포넌트를 초기화할 때 옵션을 어떻게 적용하느냐에 따라 동작 방식이 달라진다. 초기화 옵션으로 여백, 메뉴가 나타나는 방향, 애니메이션 지속 시간 등을 설정할 수 있다. 다음은 SlideReveal 컴포넌트 초기화에 사용할 수 있는 주요 옵션이다. 더 많은 옵션은 JMC 사이트의 API 문서[76]를 참고한다.

표 18-1 SlideReveal 생성자 옵션

옵션	설명
nDuration	애니메이션 지속 시간(단위: ms)(기본값: 500)
nMargin	메뉴가 나타났을 때 남아 있을 여백의 크기(기본값: 100). 여백에는 메뉴를 나타나고 들어가게 하는 버튼을 넣을 수 있다.
sDirection	메뉴가 나타나는 방향(기본값: down) • down: 화면 위에서 아래 방향으로 나타난다. • left: 화면 오른쪽에서 왼쪽 방향으로 나타난다. • right: 화면 왼쪽에서 오른쪽 방향으로 나타난다.
bActivateOnload	컴포넌트를 로딩할 때 활성화(기본값: true)
sClassPrefix	SlideReveal 컴포넌트를 적용할 DIV 요소에 설정할 클래스 이름의 접두어를 설정(기본값: reveal-)

샘플 페이지에서는 오른쪽에서 왼쪽 방향으로 메뉴가 나타나게 할 것이므로 sDirection 옵션을 left로 설정한다. 여백은 기본값인 100을 사용할 수도 있지만 샘플 페이지에서는 60으로 조정할 것이다. 다음은 샘플 페이지에서 사용할 SlideReveal 컴포넌트를 초기화한 예다.

```
var oSlideReveal = new jindo.m.SlideReveal({
    "nMargin: : 60,
    "sDirection" : "left"
});
```

76 http://jindo.dev.naver.com/docs/jindo-mobile/archive/latest/doc/external/classes/jindo.m.SlideReveal.html

SlideReveal 컴포넌트의 메서드

SlideReveal 컴포넌트도 개발자가 더 다양한 기능을 구현할 수 있게 메서드를 제공한다. SlideReveal 컴포넌트의 주요한 메서드와 기능을 간단하게 살펴보겠다.

activate()

컴포넌트를 활성화한다. 다음 예제처럼 컴포넌트를 활성화하지 않은 상태로 생성한 다음 컴포넌트를 사용할 때 활성화하는 용도로 사용할 수 있다.

```
var oSlideReveal = new jindo.m.SlideReveal({
    "bActivateOnload" : false
});

oSlideReveal.activate();
```

활성화된 컴포넌트를 비활성화하는 deactivate() 메서드도 있다.

```
oSlideReveal.deactivate();
```

attach()

커스텀 이벤트 핸들러를 등록하는 메서드다. SlideReveal 컴포넌트에서는 내비게이션 영역이 나타나기 선이나 나타난 후, 기기의 화면을 회전했을 때 등에 커스텀 이벤트가 발생한다. 커스텀 이벤트에 이벤트 핸들러를 등록하면 원하는 기능을 추가할 수 있다. 커스텀 이벤트의 종류에 대해서는 "SlideReveal 컴포넌트의 이벤트(285쪽)"에서 설명하겠다.

```
function fpHandler1(oEvent) { ... 생략 .... };
function fpHandler2(oEvent) { ... 생략 .... };

var oSlideReveal = new jindo.m.SlideReveal();
oSlideReveal.attach("show", fpHandler1); // attach 함수를 통해 등록
oSlideReveal.attach({
    "show" : fpHandler1,
    "hide" : fpHandler2
});
```

show()

내비게이션 영역이 화면에 나타나게 하는 메서드다. 내비게이션이 보이지 않는 상태에서 show() 메서드를 호출하면 초기화 옵션인 sDirection에 설정한 방향대로 내비게이션이 나타난다.

show() 메서드에 애니메이션 지속 시간(ms)을 파라미터로 넣으면 설정한 시간 동안 내비게이션 영역이 움직이면서 나타난다. 파라미터를 넣지 않으면 애니메이션 없이 바로 내비게이션 영역이 화면에 나타난다.

```
oSlideReveal.show(3000);
oSlideReveal.show();
```

hide()

show() 메서드와 반대로 나타난 내비게이션 영역을 숨기는 메서드다. hide() 메서드를 호출하면 내비게이션 영역이 뷰 영역 밖으로 나가 화면에 보이지 않게 된다.

show() 메서드와 마찬가지로 애니메이션 지속 시간을 파라미터로 넣을 수 있다. 파라미터를 넣지 않으면 애니메이션 없이 바로 내비게이션 영역이 화면에서 사라진다.

```
oSlideReveal.hide(3000);
oSlideReveal.hide();
```

getVisible()

getVisible() 메서드는 내비게이션 영역이 화면에 나와 있는지 확인하는 메서드다. 내비게이션 영역이 화면에 나와 있으면 true를 반환한다.

```
// 화면에 내비게이션 영역이 보이는 상태
oSlideReveal.getVisible();    // true

// 화면에 내비게이션 영역이 보이지 않는 상태
oSlideReveal.getVisible();    // false
```

toggle()

toggle() 메서드는 show() 메서드나 hide() 메서드와 달리 현재 내비게이션 영역이 화면에 나와 있는지 여부에 따라 동작한다. 내비게이션 영역이 화면에 나와 있는 상태에서 toggle() 메서드를 호출하면 내비게이션 영역을 숨긴다. 반대로 내비게이션 영역이 화면에 나와 있지 않은 상태에서 toggle() 메서드를 호출하면 내비게이션 영역이 나타나게 한다. toggle() 메서드는 내부에서는 내비게이션의 현재 상태에 따라 show() 메서드나 hide() 메서드를 호출한다.

toggle() 메서드에도 파라미터를 넣을 수 있다. 첫 번째 파라미터에는 동작 방식을 넣는다. show와 hide 가운데 하나를 넣을 수 있으며, show로 설정하면 show() 메서드와 똑같이 동작한다. hide로 설정하면 hide() 메서드와 똑같이 동작한다. 두 번째 파라미터에는 애니메이션 지속 시간을 넣는다.

```
oSlideReveal.toggle();

// 상태에 관계 없이 화면에 나타나도록 동작
// show() 함수와 같다.
oSlideReveal.toggle("show");

// 상태에 관계 없이 사라지도록 동작
// hide() 함수와 같다.
oSlideReveal.toggle("hide");

// 2000ms로 화면에 나타나도록 동작
oSlideReveal.toggle("show", "2000");
```

SlideReveal 컴포넌트의 이벤트

SlideReveal 컴포넌트는 내비게이션 영역이 나오거나 들어가는 동작이 완료되거나 시작되기 전에 커스텀 이벤트를 발생해 개발자가 이벤트 핸들러로 함수를 호출할 수 있게 한다.

표 18-2 SlideReveal 컴포넌트의 커스텀 이벤트

이벤트	설명
show	내비게이션 영역이 화면에 나타난 후 발생
beforeShow	show() 메서드나 toggle() 메서드가 호출되고 내비게이션 영역이 화면에 나타나기 전에 발생

이벤트	설명
hide	내비게이션 영역이 화면에서 나간 후 발생
beforeHide	hide() 메서드나 toggle() 메서드가 호출되고 내비게이션 영역이 화면에서 나가기 전에 발생
rotate	기기의 화면 방향이 바뀌어 요소의 위치가 다시 정의된 후 발생

다음은 내비게이션 영역이 화면에 나오면 콘솔에 이벤트 이름을 표시하게 한 예다. show 이벤트에 이벤트 핸들러를 등록해 구현했다.

```
var oSlideReveal = new jindo.m.SlideReveal();
oSlideReveal.attach({
    "show" : function() {
        console.log("show");
    }
});
```

SlideReveal 컴포넌트 적용

이제 샘플 페이지에 메뉴를 추가하고 SlideReveal 컴포넌트를 적용해 보겠다. 먼저 컴포넌트를 적용할 HTML 마크업을 작성하고 컴포넌트를 초기화한다. 그리고 메뉴를 나오고 들어가게 할 버튼을 추가한다.

그림 18-9 샘플 페이지의 숨어 있는 메뉴

HTML 마크업

"17. 플리킹 사용하기(255쪽)"에서 Jindo 프레임워크와 JMC 파일을 추가했으므로 여기서는 따로 자바스크립트 파일을 추가하지 않아도 된다.

샘플 페이지에 사용할 마크업은 다음과 같다. 아이디가 aside인 DIV 요소가 오른쪽에서 왼쪽으로 나타날 내비게이션 영역이다. 내비게이션 영역에는 클래스 이름으로 reveal-nav를 추가한다.

헤더 영역은 header로 아이디를 지정하고 클래스 이름에 reveal-header를 추가해 SlideReveal 컴포넌트를 적용할 요소임을 표시했다.

콘텐츠 영역은 뉴스 등과 같은 주요 콘텐츠가 있는 영역이다. "17. 플리킹 사용하기(255쪽)"에서 작성한 HTML 마크업이 콘텐츠 영역 안에 있다. 콘텐츠 영역에는 reveal-contents라는 클래스 이름을 추가해 역시 SlideReveal 컴포넌트를 적용할 요소임을 표시한다.

컴포넌트가 적용돼 내비게이션 영역이 이동하면 헤더 영역과 콘텐츠 영역까지 모두 이동하게 된다.

```
<div id="header" class="header reveal-header">
    <header>
        <!-- 검색창 -->
        <button id="sch_ext_btn" type="button" class="sch_btn sch_region">
            <span class="imsc imsc_region">버튼</span>
        </button>
    </header>
    <div>
        <!-- 실시간 급상승 -->
    </div>
    <div>
        <!-- 플리킹 상단 탭 -->
    </div>
</div>
<!-- 오른쪽 내비게이션 -->
<div id="aside" class="reveal-nav" style="display: none;z-index:2200">
    <aside style="">
        <h2 class="blind">확장형 좌측 메뉴</h2>
        <div class="sc_psn" id="scroll_view">
            <div>
```

```
            <h3 class="asd_h3">자주가는 서비스</h3>
            <ul>
                <li>
                    <a href="http://jindo.dev.naver.com/jindo_home/" class="sv_
a"><em class="sv_t">JindoJS</em></a>
                </li>
                <li>
                    <a href="http://jindo.dev.naver.com/jindo_home/Component.
html" class="sv_a"><em class="sv_t">Jindo Component</em></a>
                </li>
                <li>
                    <a href="http://jindo.dev.naver.com/jindo_home/Mobile.html"
class="sv_a"><em class="sv_t">Jindo Mobile Component</em></a>
                </li>
                … 중략 …
                <li>
                    <a href="http://m.news.naver.com/" class="sv_a"><em class="sv_
t">TV편성표</em></a>
                </li>
                <li>
                    <a href="http://m.news.naver.com/" class="sv_a"><em class="sv_
t">다이어리</em></a>
                </li>
            </ul>
        </div>
    </div>
</aside>
</div>
<div class="reveal-contents">
    <!--메인 콘텐츠-->
</div>
```

SlideReveal 컴포넌트 활성화

SlideReveal 컴포넌트의 기본 옵션은 샘플 페이지의 설정과 달라 옵션을 수정해야 한다. 샘플 페이지에서는 내비게이션 영역이 나왔을 때 남는 여백의 너비를 60px로 설정했다. 그리고 내비게이션 영역이 왼쪽에서 오른쪽으로 나타나게 할 것이다. 다음은 샘플 페이지의 설정에 맞게 SlideReveal 컴포넌트를 초기화한 예다. nMargin 옵션과 sDirection 옵션을 수정했다.

```
var oReveal = new jindo.m.SlideReveal({
    "nMargin" : 60,
    "sDirection" : "left"
});
```

버튼 적용

SlideReveal 컴포넌트를 초기화했지만 이대로는 숨어 있는 메뉴가 나타나지 않는다. 숨어 있는 메뉴를 나타나게 하는 버튼을 추가해야 한다.

샘플 페이지에는 네이버 모바일 웹 메인 페이지에 있는 검색 버튼 대신 메뉴를 나타나게 하는 버튼을 추가했다. 버튼을 누르면 숨어 있는 메뉴가 나타나거나 다시 들어가게 구현할 것이다.

다음 예제는 메뉴를 나오고 들어가게 하는 버튼의 HTML 마크업이다. 헤더 영역에 버튼을 추가했다.

```
<button id="sch_ext_btn" type="button" class="sch_btn sch_region">
    <span class="imsc imsc_region">버튼</span>
</button>
```

그림 18-10 버튼의 위치

이 버튼을 누르면 내비게이션 영역이 나오거나 들어가도록 다음과 같은 자바스크립트를 추가한다.

```
jindo.$Element("sch_ext_btn").delegate("click", ".imsc_region", function(eEvent) {
    oReveal.toggle();
});
```

Jindo 프레임워크의 $Element 객체의 delegate() 메서드를 사용했다. delegate() 메서드는 이벤트 위임 방식으로 이벤트를 처리한다. 이벤트 위임 방식은 이벤트 버블링을 이용해 이벤트를 관리하는 상위 요소를 따로 둬서 효율적으로 이벤트를 관리하는 방법이다. 여기서는 아이디가 sch_ext_btn인 요소에 click 이벤트를 등록하고 클래스 이름이 imsc_region인 요소에까지 이벤트가 발생했을 때 함수를 호출하게 했다.

웹 페이지를 열어 버튼을 누르면 화면 오른쪽에서 왼쪽으로 메뉴가 나타나는 모습을 확인할 수 있다. 버튼을 한 번 더 누르면 메뉴가 다시 화면 오른쪽으로 들어간다.

SlideReveal 컴포넌트를 적용한 결과

SlideReveal을 적용할 때는 다음과 같은 자바스크립트 코드만 작성하면 된다.

```
var oReveal = new jindo.m.SlideReveal({
    "nMargin" : 60,
    "sDirection" : "left"
})

jindo.$Element("sch_ext_btn").delegate("click", ".imsc_region", function(eEvent) {
    oReveal.toggle();
});
```

세 영역의 이동이나 이벤트, 애니메이션 동작 등을 신경 쓰지 않고 간단하게 컴포넌트를 사용해 구현할 수 있었다. 그러나 메뉴의 내용이 많을 때는 메뉴만 스크롤해도 헤더 영역과 콘텐츠 영역까지 스크롤되는 문제가 있다. 다음 장에서는 메뉴 영역에만 스크롤을 적용해 다른 영역은 움직이지 않고 메뉴만 편하게 스크롤해서 볼 수 있도록 JMC의 스크롤 컴포넌트를 사용하는 방법을 알아보겠다.

19
스크롤 사용하기

앞에서 내비게이션에 SlideReveal 컴포넌트를 적용해봤다. SlideReveal 컴포넌트를 적용한 샘플 페이지를 열어 내비게이션이 나타나게 하면 내비게이션에 있는 메뉴가 화면 한 페이지를 넘어갈 정도로 긴 것을 볼 수 있다. 아래에 있는 메뉴를 보려고 내비게이션을 스크롤하면 헤더와 콘텐츠 영역이 함께 위로 올라가면서 내용이 없는 빈 공간까지 나타난다. 내비게이션에 있는 내용을 줄일 수는 없고, 내비게이션 영역만 스크롤되게 하는 것이 가장 좋은 방법일 것이다.

실제로 페이스북 앱이나 네이버 모바일 웹의 날씨 서비스(http://m.weather.naver.com) 등에서는 내비게이션 영역에 스크롤 기능이 적용돼 있어 본문 영역은 움직이지 않고 내비게이션 영역의 내용만 스크롤된다.

이번에는 샘플 페이지에서도 내비게이션 영역만 스크롤되게 JMC의 Scroll 컴포넌트를 적용하겠다.

그림 19-1 날씨 서비스의 내비게이션 스크롤

Scroll 컴포넌트

JMC의 Scroll 컴포넌트는 네이버 날씨, 스타캐스트 등에서 사용하고 있다. 웹 페이지에서 특정한 영역 내부를 밀면 브라우저의 스크롤이 아니라 left 속성이나 top 속성의 값으로 스크롤하는 컴포넌트다. 단순히 스크롤만 되는 것이 아니라 가속 여부에 따라 스크롤 속도도 조절할 수 있는 등 다양한 기능을 개발할 수 있다. 앞서 설명한 "12. 스크롤되는 콘텐츠 만들기(159쪽)"에서 작성한 모듈과 달리 기기별 오류와 이슈에 대응해 쉽게 웹 페이지에 적용할 수 있다.

그럼 이번에는 컴포넌트 생성자와 옵션, 메서드, 이벤트 등을 알아보고 Scroll 컴포넌트를 샘플 페이지에 적용해 보겠다.

Scroll 컴포넌트 API 문서

Scroll 컴포넌트에 대한 더 자세한 내용과 예제는 API 문서를 참고한다.

• JMC의 Scroll 컴포넌트 페이지: http://jindo.dev.naver.com/docs/jindo-mobile/archive/latest/doc/external/classes/jindo.m.Scroll.html

QR 코드를 이용하면 모바일 기기에서 API 문서를 열어 예제를 확인할 수 있다.

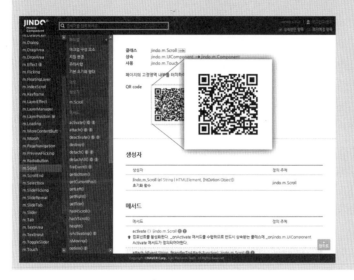

Scroll 컴포넌트를 사용하기 위한 마크업 구성

Scroll 컴포넌트는 크게 고정된 영역인 뷰(view) 영역과 뷰 영역의 하위에 있는 스크롤러(scroller) 영역, 콘텐츠(contents) 영역으로 이뤄져 동작한다. 뷰 영역에서 사용자가 화면을 스크롤하면 스크롤러의 top 속성값을 바꿔 화면을 스크롤한다. 스크롤 막대는 컴포넌트가 뷰 영역에 동적으로 표시한다.

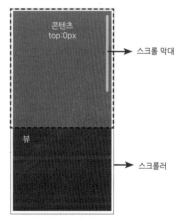

그림 19-2 Scroll 컴포넌트 구조

뷰 영역은 높이 값이 고정된 영역으로, 스크롤러에 있는 콘텐츠가 보이는 영역이다. 뷰 영역을 벗어난 내용은 보이지 않도록 overflow:hidden 속성이 적용된다.

스크롤러는 뷰 영역의 첫 번째 자식 요소로, 사용자의 동작에 따라 위아래로 이동하는 영역이다. 요소의 top 속성값에 따라 요소의 위치가 바뀌도록 position:absolute 속성이 적용된다.

스크롤 막대는 컴포넌트가 동적으로 생성한다. 뷰 영역의 마지막 자식 요소에 position:absolute 속성을 적용해 구현했다.

다음은 Scroll 컴포넌트를 적용할 부분의 HTML 마크업이다.

```
<div id="view"> <!-- Wrapper -->
    <div>   <!-- Scrooller -->
        <div>
            스크롤될 대상: <ul> 태그 또는 <div> 태그....
        </div>
    </div>
    <!-- 동적으로 생성되는 scrollbar -->
    <div></div>
</div>
```

Scroll 컴포넌트 동작 방식

뷰 영역에는 overflow:hidden 속성이 적용된다고 설명했다. 그 이유는 고정된 높이 값을 벗어난 스크롤러 영역을 보이지 않게 처리하기 위해서다. 스크롤러 영역은 position:absolute 속성이 적용되어 top 속성값의 변경에 따라 위치가 바뀌면서 스크롤되는 식으로 동작한다. 옵션에 따라 동적으로 생성되는 스크롤 막대 역시 position:absolute 속성과 top 속성값을 이용해 구현했다.

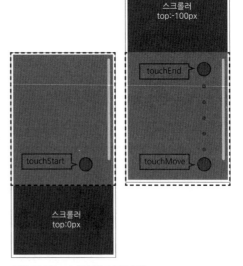

그림 19-3 Touch를 통한 스크롤 동작

스크롤러 영역의 top 속성값은 처음에는 0px이며, 스크롤 막대의 top 속성값도 0px이다. 사용자가 화면을 눌러 이동하면 스크롤이 동작하고 스크롤러 영역의 top 속성값이 음수로 줄어들면서 위로 움직인다. 스크롤 막대의 top 속성값은 전체 높이와 스크롤러가 이동한 비율에 따라 양수로 증가한다.

간단히 HTML로 표현하면 다음과 같다.

```
<div id="scroll_view" style="overflow:hidden; height:450px">
    <div style="position:absolute; top:-100px">
        <div>
            스크롤될 대상: <ul> 태그 또는 <div> 태그....
        </div>
    </div>
    <!-- 동적으로 생성되는 scrollbar -->
    <div style="position:absolute; top:30px">
    </div>
</div>
```

Scroll 컴포넌트의 생성자와 옵션

Scroll 컴포넌트도 다른 JMC와 마찬가지로 생성자의 옵션으로 다양한 형태와 동작을 설정할 수 있다. 스크롤되는 속도에 가속도를 더할 수 있고, 가로 스크롤로 동작할지 세로 스크롤로 동작할지 등을 설정할 수 있다.

다음은 Scroll 컴포넌트 초기화에 사용할 수 있는 주요 옵션이다. 더 많은 옵션은 JMC 사이트의 API 문서[77]를 참고한다.

표 19-1 Scroll 컴포넌트의 생성자 옵션

옵션	설명
nHeight	뷰 영역의 높이(기본값: 0). 값이 0이면 뷰 영역의 높이를 자동으로 확인해 설정한다.
nWidth	뷰 영역의 너비(기본값: 0). 값이 0이면 뷰 영역의 너비를 자동으로 확인해 설정한다.

---

77 http://jindo.dev.naver.com/docs/jindo-mobile/archive/latest/doc/external/classes/jindo.m.Scroll.html

옵션	설명
bActivateOnload	컴포넌트 로딩 시 활성화 여부(기본값: true).
bUseHScroll	수평 스크롤 사용(기본값: false). 스크롤러 영역의 너비가 뷰 영역의 너비보다 클 때 적용할 수 있다.
bUseVScroll	수직 스크롤 사용(기본값: true). 스크롤러 영역의 높이가 뷰 영역의 높이보다 클 때 적용할 수 있다.
bUseMomentum	가속도를 사용한 스크롤(기본값: true). 손가락으로 스크롤러 영역을 빠르게 쓸어 넘길 때 스크롤에 가속도가 붙어서 움직인다.
bUseBounce	가속도를 사용해 스크롤한 다음 바운스 효과 적용(기본값: true)
bUseScrollbar	스크롤 막대 사용(기본값: true)
bUseFixedScrollbar	스크롤 막대를 항상 표시(기본값: false)
sScrollbarBorder	스크롤 막대의 테두리 스타일(기본값: 1px solid white)
sScrollbarColor	스크롤 막대의 색깔(기본값: #8e8e8e)

Scroll 컴포넌트를 적용할 때는 수평 스크롤을 사용할지, 수직 스크롤을 사용할지 고려한 다음 bUseHScroll 옵션과 bUseVScroll 옵션을 설정한다. 수평 스크롤이나 수직 스크롤을 사용하려면 스크롤러 영역의 너비나 높이가 뷰 영역의 너비와 높이보다 커야 한다. 뷰 영역의 너비와 높이보다 작으면 스크롤을 적용해도 동작에 변화를 느낄 수 없다.

다음은 수직 스크롤을 사용하도록 옵션을 설정해 Scroll 컴포넌트를 초기화한 예다.

```
var oScroll = new jindo.m.Scroll("scroll_view", {
    bUseHScroll : false,
    bUseVScroll : true
});
```

Scroll 컴포넌트의 메서드

스크롤에 다양한 기능을 더할 수 있도록 Scroll 컴포넌트도 많은 메서드를 제공한다. 현재 스크롤러의 위치와 수평 스크롤 사용 여부 등을 메서드로 확인할 수 있고, 스크롤러를 위한 환경을 갱신할 수도 있다. 스크롤 컴포넌트의 주요한 메서드와 기능을 간단하게 살펴보겠다.

activate()

컴포넌트를 활성화한다. 처음 컴포넌트를 초기화할 때는 활성화하지 않고, 사용자의 동작이 있을 때 컴포넌트를 활성화하는 용도로 사용할 수 있다.

```
var oScroll = new jindo.m.Scroll("scroll_view", {
    "bActivateOnload" : false
});
oScroll.activate();
```

컴포넌트를 비활성화하는 deactivate() 메서드도 있다.

```
oScroll.deactivate();
```

getBottom()

스크롤러 영역의 아래쪽 위치를 반환한다. 수직 스크롤에서 getBottom() 메서드로 얻은 값을 비교해 스크롤의 마지막에 다다르면 더 많은 콘텐츠를 추가하는 기능을 구현할 때 사용할 수 있다.

```
oScroll.getBottom();
```

getCurrentPos()

스크롤러의 현재 위치값을 반환한다. 수직 스크롤일 때는 top 속성값을 반환하고, 수평 스크롤일 때는 left 속성값을 반환한다.

```
oScroll.getCurrentPos();
```

scrollTo()

left 속성값과 top 속성값을 기준으로 스크롤을 이동한다. 파라미터에 넣은 값은 절댓값으로 변환하므로 음수를 넣어도 양수를 넣었을 때와 동일하게 동작한다.

```
oScroll.scrollTo(0, 100);    // 목록이 아래로 100px 내려간다.
oScroll.scrollTo(o, -100);   // 목록이 아래로 100px 내려간다(절댓값 처리).
```

refresh()

스크롤러를 위한 환경을 갱신한다. 기기의 화면이 회전했거나 영역이 넓어져 위치를 다시 설정해야 하는 상태가 된다면 refresh() 메서드로 동작 환경을 갱신할 수 있다.

```
oScroll.refresh()
```

Scroll 컴포넌트의 이벤트

Scroll 컴포넌트도 커스텀 이벤트를 발생해 개발자가 함수를 바인딩해 기능을 추가할 수 있다. 다음은 Scroll 컴포넌트에서 발생하는 커스텀 이벤트의 목록이다.

표 19-2 Scroll 컴포넌트의 커스텀 이벤트

이벤트	설명
afterScroll	스크롤러의 위치 변경이 완료된 뒤에 발생
position	스크롤러의 위치가 변경되면 발생
beforePosition	스크롤러의 위치가 변경되기 전에 발생
touchStart	컴포넌트가 touchstart 이벤트를 실행한 뒤에 발생
beforeTouchStart	컴포넌트가 touchstart 이벤트를 실행하기 전에 발생
touchMove	컴포넌트가 touchmove 이벤트를 실행한 뒤에 발생
beforeTouchMove	컴포넌트가 touchmove 이벤트를 실행하기 전에 발생
touchEnd	컴포넌트가 touchend 이벤트를 실행한 뒤에 발생
beforeTouchEnd	컴포넌트가 touchend 이벤트를 실행하기 전에 발생

다음은 attach() 메서드로 touchStart 이벤트에 이벤트 핸들러를 등록한 예다. 손가락을 스크롤러에 대면 'touchStart'를 콘솔 로그에 출력한다.

```
var oScroll = new jindo.m.Scroll("scroll_view");
oScroll.attach({
    "touchStart" : function() {
        console.log("touchStart");
    }
});
```

다음은 표 19-2에 있는 이벤트에 이벤트 핸들러를 등록해 스크롤할 때 발생하는 이벤트를 확인한 결과다. bUseMomentum 옵션을 true로 설정한 상태에서 스크롤했을 때 발생한 이벤트를 순서대로 출력했다.

```
beforeTouchStart
touchStart
beforeTouchMove
beforePosition
position
touchMove
beforeTouchMove
beforePosition
position
touchMove
beforeTouchEnd
touchEnd
beforePosition
position
beforePosition
position
beforePosition
position
beforePosition
position
beforePosition
position
afterScroll
```

그림 19-4 Scroll 컴포넌트 이벤트 발생

처음 화면에 손가락을 대면 beforeTouchStart 이벤트가 발생하고 touchStart 이벤트가 발생했다. 계속해서 손가락을 움직이면 beforeTouchMove 이벤트가 발생하고 스크롤러가 움직이면서 beforePosition 이벤트와 position 이벤트, touchMove 이벤트가 순서대로 반복해서 발생한다. 손가락을 떼도 가속도에 의해 스크롤러의 위치가 계속 바뀌기 때문에 beforePosition 이벤트와 position 이벤트가 반복해서 발생한다. 스크롤이 다 끝났을 때는 마지막으로 afterScroll 이벤트가 발생한다.

위의 이벤트 발생 순서를 알고 있으면 기능을 추가하거나 이벤트 핸들러를 등록할 때 도움이 될 것이다.

Scroll 컴포넌트 적용

Scroll 컴포넌트에 대해 익혔다면 SlideReveal 컴포넌트를 적용한 샘플 페이지의 내비게이션 영역에 Scroll 컴포넌트를 적용하자.

Scroll 컴포넌트를 적용하도록 HTML 마크업을 수정하고, Scroll 컴포넌트를 적용하겠다.

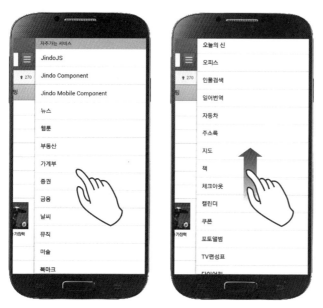

그림 19-5 Scroll 컴포넌트가 적용된 오른쪽 내비게이션

HTML 마크업

샘플 페이지의 내비게이션 영역에 해당하는 HTML 코드를 보면 다음과 같이 아이디가 scroll_view인 DIV 요소가 있다. 이 부분이 스크롤을 적용할 뷰 영역이 된다.

```
<div id="aside" class="reveal-nav"> // SlideReveal의 내비게이션 영역
    <aside style="">
        <div id="scroll_view">  // (가)
            <div>   // (나)
                <ul>
                    <li>리스트 1</li>
```

```
                <li>리스트 2</li>
                <li>리스트 3</li>
                   ... 생략 ...
                <li>리스트 19</li>
                <li>리스트 20</li>
            </ul>
        </div>
    </div>
  </aside>
</div>
```

뷰 영역은 화면에 표시할 고정된 높이를 설정하는 기준 요소다. overflow:hidden 속성을 적용해 설정한 높이를 벗어난 부분은 화면에 표시하지 않게 한다. 스크롤러 역할을 하는 (나) 영역은 top 속성값이 변경되면서 위나 아래로 움직이면 스크롤 효과를 내는 영역이다.

스크롤 적용

Scroll 컴포넌트를 사용하려면 다음과 같이 기준 요소를 지정하고 필요한 옵션 정보를 설정해야 한다. 샘플 페이지에서는 아이디가 scroll_view인 DIV 영역이 기준 요소다.

```
var oScroll = new jindo.m.Scroll("scroll_view", {
    bUseHScroll : false,
    bUseVScroll : true,
    bUseMomentum : true,
    nHeight : jindo.$Document().clientSize().height
});
```

세로 스크롤을 사용할 것이므로 bUseVScroll 옵션을 true로 설정하고, 가속도를 적용하기 위해 bUseMomentum 옵션을 true로 설정했다. 그리고 브라우저의 높이만큼 뷰 영역의 높이를 설정하도록 nHeight 옵션의 값을 Jindo 프레임워크의 clientSize() 메서드로 받아오게 했다.

Scroll 컴포넌트를 초기화하는 코드는 위 코드가 전부다. 하지만 이 코드만으로는 스크롤이 정상적으로 동작하지 않는다. SlideReveal 컴포넌트를 적용한 내비게이션 영역의 요소(아이디가 aside인 DIV 요소)에 적용된 display 속성이 none이기 때문이다. 내비게이션 영역이 화면에 보이지 않는 상태에서는 Scroll 컴포넌트가 참조할 요소가 없기 때문에 오류가 발생한다.

내비게이션 영역이 보이는 상태일 때 Scroll 컴포넌트를 초기화하도록 수정해야 한다. 수정하는 방법은 여러 가지다. 하나는 내비게이션 영역의 display 속성을 block으로 설정한 다음 페이지 로딩이 완료되면 none으로 설정을 바꾸는 방법이다. 또 다른 방법은 내비게이션 영역이 감춰져 있다가 나타날 때 Scroll 컴포넌트를 초기화하는 방법이다. 여기서는 두 번째 방법을 사용해 내비게이션 영역이 나타날 때 Scroll 컴포넌트를 초기화하겠다.

내비게이션 영역이 나타난 뒤에 Scroll 컴포넌트를 적용하면 화면이 깜빡이는 현상이 있어 내비게이션 영역이 나타나기 직전에 Scroll 컴포넌트를 활성화하는 것이 좋다. SlideReveal 컴포넌트는 내비게이션 영역이 나타나기 직전에 beforeShow 이벤트를 발생시키므로 beforeShow 이벤트에 이벤트 핸들러를 등록해 Scroll 컴포넌트를 초기화하는 함수를 호출하게 했다.

다음은 beforeShow 이벤트에 이벤트 핸들러를 등록해 구현한 예다.

```
var oScroll = null;
oReveal.attach({
    "beforeShow" : function(oCustomEvent) {
        if(!oScroll) {
            oScroll = new jindo.m.Scroll("scroll_view", {
                bUseHScroll : false,
                bUseVScroll : true,
                bUseMomentum : true,
                nHeight : jindo.$Document().clientSize().height
            });
        }
    }
});
```

oReveal 객체는 SlideReveal 컴포넌트를 초기화한 객체다. Scroll 컴포넌트를 초기화한 객체인 oScroll의 값을 null로 정의하고, beforeShow 이벤트가 발생했을 때 oScroll의 값을 확인해 Scroll 컴포넌트를 초기화하게 했다. oScroll을 확인하는 이유는 SlideReveal 컴포넌트에 적용한 버튼을 눌러 내비게이션 영역이 나타날 때마다 Scroll 컴포넌트를 초기화하는 것을 막기 위해서다.

Scroll 컴포넌트를 적용한 결과

다음은 Scroll 컴포넌트를 적용한 전체 자바스크립트 코드다.

```
var oScroll = new jindo.m.Scroll("scroll_view", {
    bUseHScroll : false,
    bUseVScroll : true,
    bUseMomentum : true,
    nHeight : jindo.$Document().clientSize().height
});

var oScroll = null;
oReveal.attach({
    "beforeShow" : function(oCustomEvent) {
        if(!oScroll) {
            oScroll = new jindo.m.Scroll("scroll_view", {
                bUseHScroll : false,
                bUseVScroll : true,
                bUseMomentum : true,
                nHeight : jindo.$Document().clientSize().height
            });
        }
    }
});
```

특정 영역에서만 스크롤이 동작하게 하는 기능을 JMC의 컴포넌트로 쉽게 구현할 수 있었다.

05

부록

부록 A
효과적인 애니메이션 구현하기

애니메이션은 하나 이상의 이미지(frame)를 일정한 시간(second) 간격으로 순차적으로 호출해 이미지가 움직이는 것처럼 보이도록 착시 현상을 유도하는 기술이다. 이때 보이는 이미지의 개수와 시간 간격의 비를 FPS(frames per second)라고 하며, FPS의 값이 클수록 더 자연스러운 애니메이션을 표현할 수 있다.

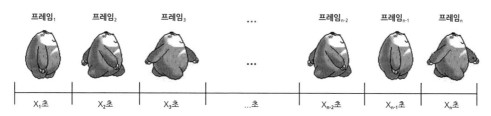

그림 A-1 애니메이션 구현 원리

보통 눈의 잔상효과를 이용해 움직이는 동작을 표현할 때는 25 ~ 30FPS 정도를 사용하면 애니메이션 효과를 느끼게 할 수 있다. 하지만 더 자연스러운 애니메이션을 표현하려면 60 ~ 120FPS를 유지해야 한다. 웹에서는 60FPS 정도면 충분히 자연스러운 효과를 낼 수 있다.

모바일 웹에서 애니메이션을 구현하는 두 가지 방법을 살펴보고 그 특징을 정리한 후, 각 방법의 장단점을 비교해 현재 모바일 웹에서 활용 가능한 최적의 애니메이션을 구현하는 방법도 함께 확인하겠다.

자바스크립트 기반의 애니메이션

웹 기술의 발전과 더불어 현재는 자바스크립트 외에 다양한 방법으로 애니메이션을 구현할 수 있다. 하지만 웹이 생겼던 초기에는 애니메이션을 구현하는 방법이 많지 않았다. 그 가운데 가장 전통적이고 전형적인 방법은 setTimeout() 메서드와 setInterval() 메서드를 이용한 방법이다.

자바스크립트 기반의 애니메이션 구현 방법은 '애니메이션 동작을 처리하는 함수'를 일정 시간(ms)마다 호출해 '애니메이션 대상(DOM 요소)'을 이동하거나 상태를 변경해서 애니메이션을 구현하는 방법이다.

> **참고**
>
> 애니메이션 동작을 처리하는 함수를 일정한 시간마다 호출하지 않고 호출하는 시간에 변화를 줘서 요소가 변화하는 속도에 변화를 줄 수도 있다. 이 책에서는 이해를 돕기 위해 일정한 시간마다 함수를 호출하는 방법을 설명한다. 호출 시간에 변화를 주어 애니메이션을 구현하는 방법은 http://www.schillmania.com/content/projects/javascript-animation-3을 참고한다.

구현하기

자바스크립트 기반의 애니메이션은 대개 다음과 같은 순서로 구현한다.

1. 애니메이션 대상이 되는 DOM을 작성한다. 다음 예제에서는 100 x 100px 크기의 빨간색 사각형 영역을 마크업으로 구성했다.

    ```
    <div id="box" style="position:absolute; left:0px; border:1px solid red;
    width:100px; height:100px"></div>
    ```

2. 원하는 FPS에 해당하는 단위 시간(ms)을 구하고 단위 시간마다 애니메이션을 처리하는 함수를 호출한다. 단위 시간은 다음과 같은 공식으로 구할 수 있다.

    ```
    단위 시간(ms) = 1,000 / 원하는 FPS
    ```

    예를 들어, 60FPS라면 '1,000/60 = 약 16.7ms'의 단위 시간을 구할 수 있다. 즉, 16.7ms마다 이미지를 하나씩 보여주거나 상태를 변경하면 60FPS의 애니메이션을 표현할 수 있다.

3. 애니메이션 대상이 될 DOM 요소의 상태를 변경하는 함수를 작성한다. 이 예제에서는 fAnimate() 함수로 작성했다.

4. setTimeout() 메서드 또는 setInterval() 메서드를 이용해 fAnimate() 함수를 단위 시간(ms)마다 호출한다.

• 다음은 setTimeout() 메서드를 사용해 아이디가 'box'인 DIV 요소를 1000/60초(약 16.7ms)마다 5px씩 오른쪽으로 300px 이동하는 예다.

```
var elBox = document.getElementById("box"),
    nAnimateTimer = null,
    fAnimate = function() {
        elBox.style.left =parseInt(elBox.style.left,10) + 5 +"px";
        // 종료 시점
        if(parseInt(elBox.style.left, 10) < 300) {
            nAnimateTimer=setTimeout(fAnimate,1000/60);
        }
    };
nAnimateTimer = setTimeout(fAnimate,1000/60);
```

• 다음은 setInterval() 메서드를 사용해 아이디가 'box'인 DIV 요소를 1000/60초(약 16.7ms)마다 5px씩 오른쪽으로 300px만큼 이동하는 예다.

```
var elBox = document.getElementById("box"),
    nAnimateInterval = null,
    fAnimate = function() {
        elBox.style.left =parseInt(elBox.style.left,10) + 5 +"px";
        // 종료시점
        if(parseInt(elBox.style.left, 10) > 300) {
            clearInterval(nAnimateInterval);
        }
    };
nAnimateInterval = setInterval(fAnimate,1000/60);
```

setTimeout() 메서드는 함수를 한 번만 호출하고, setInterval() 메서드는 함수를 반복해서 호출한다는 차이가 있다. 하지만 종료 시점이 있고, 단위 시간마다 반복되는 구조라는 점에서 기본적인 구조는 동일하다.

setTimeout() 메서드로 애니메이션을 구현한 예는 다음과 같다.[78]

setTimeout() 메서드로 구현한 애니메이션

http://me2.do/F6yP89FP

```
<html>
    <head>
        <title>setTimeout() 메서드를 이용한 애니메이션 구현</title>
    </head>
    <body>
        <div id="box" style="position:absolute; left:0px; border:1px solid red;
width:100px; height:100px"></div>
        <script>
            var elBox = document.getElementById("box"),
            nAnimateTimer = null,
            fAnimate = function() {
                elBox.style.left = parseInt(elBox.style.left, 10) + 5 + "px";
                // 종료 시점
                if (parseInt(elBox.style.left, 10) < 300) {
                    nAnimateTimer = setTimeout(fAnimate, 1000 / 60);
                }
            };
            nAnimateTimer = setTimeout(fAnimate, 1000 / 60);
        </script>
    </body>
</html>
```

setInterval() 메서드로 애니메이션을 구현한 예는 다음과 같다.[79]

setInterval() 메서드로 구현한 애니메이션

http://me2.do/IIPTEwpr

---

78 소스코드는 https://github.com/wikibook/navermobileuidev/blob/gh-pages/Append01/setTimeoutForAnimation.html에서도 확인할 수
있다.
79 소스코드는 https://github.com/wikibook/navermobileuidev/blob/gh-pages/Append01/setIntervalForAnimation.html에서도 확인할 수 있다.

```
<html>
    <head>
        <title>setInterval() 메서드를 이용한 애니메이션 구현</title>
    </head>
    <body>
        <div id="box" style="position:absolute; left:0px; border:1px solid red;
width:100px; height:100px"></div>
        <script>
            var elBox = document.getElementById("box"),
            nAnimateInterval = null,
            fAnimateLoop = function() {
                elBox.style.left = parseInt(elBox.style.left, 10) + 5 + "px";
                // 종료 시점
                if (parseInt(elBox.style.left, 10) > 300) {
                    clearInterval(nAnimateInterval);
                }
            };
            nAnimateInterval = setInterval(fAnimateLoop, 1000 / 60);
        </script>
    </body>
</html>
```

자바스크립 기반 애니메이션의 문제점

setTimeout() 메서드나 setInterval() 메서드로 애니메이션을 구현할 수는 있지만, 이 방법에는 두 가지 치명적인 문제점이 있다.

- setTimeout() 메서드와 setInterval() 메서드를 사용할 때마다 브라우저는 애니메이션 대상인 DOM 요소를 변경하고, 이로 인해 리렌더링(re-rendering)이 단위 시간마다 발생한다. 과도한 리렌더링은 CPU의 점유율을 높여 모바일 기기의 전력이 빠르게 소모된다. 또한 브라우저가 백그라운드에서 실행되고 있을 때, 최소화됐을 때, 화면에 보이지 않을 때 등 모든 상황에서 애니메이션이 계속 호출되어 전력이 소모된다.
- 자바스크립트 엔진은 단일 스레드 기반으로 동작하며 비동기로 발생하는 이벤트를 큐(queue)에 쌓아 순차적으로 실행한다. 그래서 setTimeout() 메서드와 setInterval() 메서드에서 사용한 시간의 정확성을 보장받지 못한다. 이로 인해 실제 애니메이션은 매끄럽지 못하게 표현되거나 부자연스럽게 표현된다.

setTimeout() 메서드나 setInterval() 메서드를 이용하더라도 앞에서 언급한 문제점을 모두 완벽하게 해결할 수는 없다. 하지만 그 영향을 최소화할 수는 있다.

첫 번째 방법은 DOM 기반의 스타일 변경을 최소화해 리렌더링을 최소화하는 방법이다. 다음과 같이 구현하면 스타일 변경을 줄일 수 있다.

- 애니메이션 대상의 위치 속성을 'position:absolute'로 지정하면 이러한 대상 요소의 위치를 변경할 때 다른 요소에 미치는 영향을 줄일 수 있다.
- 대상 요소의 투명도와 배경 이미지의 변경을 자제한다. 배경 이미지 대신 고정된 크기의 IMG 요소로 대체할 수 있으면 좋다.

두 번째 방법은 setTimeout() 메서드 대신 requestAnimationFrame API를 사용하는 방법이다.

requestAnimationFrame API와 setTimeout() 메서드는 기능이 거의 같다. 하지만 setTimeout() 메서드가 단위 시간마다 무조건 애니메이션을 호출하는 것과 달리, requestAnimationFrame API는 브라우저에서 화면 업데이트가 가능한 시기를 통보받아 애니메이션을 호출한다. 그렇기 때문에 끊김 없는 부드러운 애니메이션을 구현할 수 있으며, 불필요한 자원 사용을 방지해 전력 소비를 줄일 수 있다.

다음은 requestAnimationFrame API를 사용해 애니메이션을 구현한 예다.[80]

requestAnimationFrame API로 구현한
애니메이션

http://me2.do/xS2dl5OS

```
<html>
    <head>
        <title>requestAnimationFrame() 메서드를 이용한 애니메이션 구현</title>
    </head>
    <body>
        <div id="box" style="position:absolute; left:0px; border:1px solid red;
        width:100px; height:100px"></div>
        <script>
```

---

80 소스코드는 https://github.com/wikibook/navermobileuidev/blob/gh-pages/Append01/rqaForAnimation.html에서도 확인할 수 있다.

```
                // requestAnimationFrame을 브라우저별로 정의
            window.requestAnimationFrame = (function() {
                return window.requestAnimationFrame || window.
    webkitRequestAnimationFrame || window.mozRequestAnimationFrame || window.
    oRequestAnimationFrame || window.msRequestAnimationFrame ||
                function(/* function FrameRequestCallback */callback, /* DOMElement
    Element
                */element) {
                    window.setTimeout(callback, 1000 / 60);
                };
            })();
            var elBox = document.getElementById("box"), nAnimateTimer = null, fAnimate
    = function() {
                elBox.style.left = parseInt(elBox.style.left, 10) + 5 + "px";
                // 종료 시점
                if (parseInt(elBox.style.left, 10) < 300) {
                    nAnimateTimer = requestAnimationFrame(fAnimate);
                }
            };
            nAnimateTimer = requestAnimationFrame(fAnimate);
        </script>
    </body>
</html>
```

requestAnimationFrame API는 W3C Web Performance Working Group의 명세 초안(draft)
으로 애니메이션을 위한 효과적인 그래픽 타이머다. 하지만 안타깝게도 현재는 크롬 10 이상, 인
터넷 익스플로러 10 이상, 오페라 모바일, 파이어폭스 4 이상에서 고유의 접두어(prefix)를 붙여
야 사용할 수 있고, 모바일 웹 브라우저에서는 이 메서드가 동작하지 않는다. 그러나 머지않아 모
든 모바일 브라우저에서 사용할 수 있을 것이다.

requestAnimationFrame API를 사용하는 접두어는 다음과 같다.

- 웹킷 브라우저: webkitRequestAnimationFrame
- 인터넷 익스플로러: msRequestAnimationFrame
- 파이어폭스: mozRequestAnimationFrame

requestAnimationFrame API의 더 자세한 사용법은 https://developer.mozilla.org/en/
DOM/window.mozRequestAnimationFrame을 참고한다.

CSS3기반의 애니메이션

CSS3 기반의 애니메이션은 자바스크립트 기반의 애니메이션과 달리 애니메이션의 처음과 끝을 개발자가 아닌 브라우저가 인지하고 관리한다. 따라서 다음과 같은 장점이 있다.

- 웹 브라우저는 단일 스레드를 사용하기 때문에 애니메이션이 동작하는 도중에 비동기식 작업이 진행되면 애니메이션이 매끄럽게 진행되지 못하지만 CSS3 기반의 애니메이션을 이용할 때는 이러한 간섭이 발생하지 않는다.
- 하드웨어인 GPU의 가속 기능을 사용할 수 있어서 속도가 빠르다.
- 복잡한 계산으로 얻을 수 있는 애니메이션 이동 곡선을 속성값 설정만으로 간단하게 구현할 수 있다.

CSS3에서는 동적인 애니메이션 처리를 쉽게 적용할 수 있는 transition 속성과 transform 속성, 직관적인 @keyframe 애니메이션 등을 제공하고 있다. 여기서는 대표적인 CSS3 기반 애니메이션인 트랜지션을 살펴보고, CSS3를 이용한 애니메이션의 특징을 살펴본다.

구현하기

CSS3의 트랜지션은 CSS 속성을 변경함으로써 대상 요소를 일정 시간 동안 자연스럽게 이동하는 기술이다. CSS만을 이용해 구현할 수도 있지만 자바스크립트를 함께 사용하면 더욱 효과적으로 애니메이션을 구현할 수 있다.

대표 속성으로 transition을 사용하고, 브라우저 제조사별로 다음과 같은 고유의 접두어가 붙은 transition 속성을 제공한다. 이 책에서는 편의상 -webkit-transition 속성을 기준으로 설명하겠다.

- 웹킷 브라우저: -webkit-transition
- 파이어폭스: -moz-transition

CSS3 트랜지션을 이용한 애니메이션은 보통 다음과 같은 순서로 구현한다.

1. 애니메이션 대상이 되는 DOM의 처음 스타일을 지정한다.

```
<div id="box" style="position:absolute; border:1px solid red; left:0px;
width:100px; height:100px"></div>
```

2. 애니메이션 대상 요소에 트랜지션을 지정한다.

```
-webkit-transition : [변경될 대상의 스타일] [duration] [timing function]
[delay]
```

애니메이션을 적용할 스타일과 애니메이션 지속 시간(duration), 애니메이션 방식(timing function), 초기 지연 시간(delay)을 지정할 수 있다. 다음은 애니메이션이 천천히 끝나게 하는 ease-out 방식으로 2초 동안 left 속성을 변경하는 예다.

```
<style>
    .leftTransition {
        -webkit-transition: left 2s ease-out;
    }
</style>
<script>
    var ele = document.getElementById("box");
    ele.className = "leftTransition";
</script>
```

3. 자바스크립트로 마지막 상태의 스타일을 지정한다.

4. 애니메이션이 완료되면 onTransitionEnd 이벤트가 발생한다. 다음은 left 속성을 300px로 지정하는 예다.

```
var ele=document.getElementById("box");
ele.style.left = "300px";
```

transform 속성을 이용한 애니메이션

transform 속성을 이용하면 left 속성과 top 속성을 변경하지 않고, translate 값을 변경해 애니메이션을 구현할 수 있다.

이 방법은 다음과 같은 장점이 있다.

1. 레이어(layer)로 구성되어 애니메이션이 발생하는 동안에 레이어 병합을 사용하기 때문에 애니메이션 도중 렌더링이 계속 발생하지 않아 속도가 빠르다. 레이어와 레이어 병합에 대한 더 자세한 내용은 "부록 B. 애니메이션 성능을 높이는 방법(323쪽)"에서 설명한다.

2. translate3d 속성을 사용해 GPU 가속 기능을 사용할 수 있다. 단, 안드로이드는 3.0(허니콤) 이상에서 지원한다.

transform 속성과 translate 속성을 이용하려면 다음과 같이 transition 속성에서 변경될 대상의 스타일을 transform으로 지정하고, translate 속성을 사용한다.

```
.leftTranslate {
    -webkit-transition: -webkit-transform 2s ease-out;
    -webkit-transform : translate(0,0);
}
```

이때 GPU 가속 기능을 사용하려면 translate 대신 translate3d로 지정하고, translate 속성에 z 좌표를 하나 더 지정한다.

```
.leftTranslate3d {
    -webkit-transition: -webkit-transform 2s ease-out;
    -webkit-transform : translate3d(0,0,0);
}
```

실제 구현한 예제는 다음과 같다. 사각형 영역 3개를 transition과 translate, translate3d를 사용해 이동하는 예다.[81]

CSS를 이용한 애니메이션

http://me2.do/GZl8v4l8

```
<html>
    <head>
        <title>CSS를 이용한 애니메이션 구현</title>
        <style>
            .leftTransition {
                -webkit-transition: left 2s ease-out;
            }

            .leftTranslate {
                -webkit-transition: -webkit-transform 2s ease-out;
                -webkit-transform: translate(0,0);
            }
```

---

81 소스코드는 https://github.com/wikibook/navermobileuidev/blob/gh-pages/Append01/css3ForAnimation.html에서도 확인할 수 있다.

```
            .leftTranslate3d {
                -webkit-transition: -webkit-transform 2s ease-out;
                -webkit-transform: translate3d(0,0,0);
            }
        </style>
    </head>
    <body>
        <div id="box1" style="position:absolute; border:1px solid red; left:0px;
top:0px; width:100px; height:100px">
            left
        </div>

        <div id="box2" style="position:absolute; border:1px solid blue; left:0px;
top:120px; width:100px; height:100px">
            translate
        </div>

        <div id="box3" style="position:absolute; border:1px solid green; left:0px;
top:240px; width:100px; height:100px">
            translate3d
        </div>
        <script>
            var ele1 = document.getElementById("box1");
            var ele2 = document.getElementById("box2");
            var ele3 = document.getElementById("box3");

            ele1.className = "leftTransition";
            ele2.className = "leftTranslate";
            ele3.className = "leftTranslate3d";

            setTimeout(function() {
                ele1.style.left = "300px";
                ele2.style.webkitTransform = "translate(300px,0px)";
                ele3.style.webkitTransform = "translate3d(300px,0px,0)";
            }, 10);
        </script>
    </body>
</html>
```

CSS3 기반 애니메이션의 문제점

웹킷 기반의 모바일 브라우저는 CSS3 트랜지션을 모두 활용해 최적의 애니메이션을 구현할 수 있다. 하지만 다음과 같은 문제점이 있다.

- CSS3을 사용해서 얻을 수 있는 최고 효과인 성능 향상을 얻으려면 3D 속성을 사용해 GPU 가속을 활성화해야 하지만 3D 속성에 관련된 오류가 여럿 있어 현실적으로 트랜지션을 적용하는 데 많은 어려움이 있다.
- GPU 가속 기능을 사용하면 네이티브 앱과 같은 성능을 얻을 수 있는 반면, 전력 소모는 증가한다.
- 애플의 모바일 기기는 안정적인 GPU를 탑재해 최고의 성능을 얻을 수 있다. 하지만 그 외 제조사의 기기에는 GPU가 있다고 해도 제조사에 따라 GPU의 성능에 확연한 차이가 있다.

기술적으로는 웹에서 애니메이션을 구현하는 최고의 방법은 CSS3를 이용하는 것이다. CSS3를 이용하면 전력 소모 문제를 제외하고는 모든 면에서 다른 방법보다 우수하다. 하지만 실제로는 CSS3를 구현한 모바일 브라우저 및 제조사의 오류로 인해 이 방법을 사용하기는 힘들다. 그러나 브라우저 오류를 우회할 수 있는 여러 방법으로 CSS3와 관련된 오류를 피할 수 있다.

iOS의 브라우저에서는 '애니메이션 대상'에 CSS3 Transform 3D(translate3d, preserve-3d) 속성을 처음에 지정할 때 해당 요소가 깜빡이는 문제가 있다. iOS는 CSS3 Transform 3D 속성을 지정할 때 애니메이션에 필요한 정보를 OpenGL Texture 형태로 GPU에 저장한다. 이때 요소가 깜빡이는 현상이 나타난다. 이 문제를 해결하려면 애니메이션 대상이 되는 요소를 보이지 않게 하고 CSS3를 설정한 다음 요소를 다시 보이게 한다.

그 외에도 iOS 브라우저에서는 화면 전체가 깜빡거리는 현상이 나타날 때도 있다. CSS3의 translate3d 속성을 사용하는 웹 페이지에 em 값의 절대치가 큰(-9999em, 200em 등) 요소가 있으면 페이지 전체가 깜빡거리게 된다. 이때는 em 값을 -70 ~ 70em의 값으로 바꾸거나 단위를 em에서 px로 수정하면 문제를 해결할 수 있다.

iOS 4에서 화면 깜빡거림

iOS 4는 1024 x 1024px의 텍스처(texture) 단위로 정보를 생성하는데, 1024 x 1024px 범위를 넘는 콘텐츠가 있을 때는 지속적으로 화면이 깜빡거리거나 애니메이션이 지연되는 문제가 생길 수 있다. iOS 5는 iOS 4보다 큰 텍스처 단위로 정보를 생성하기 때문에 문제가 발생하지 않는다.

iOS에서 발생하는 애니메이션 관련 문제의 더 많은 사례는 http://joehewitt.com/2011/10/05/fast-animation-with-ios-webkit을 참고한다.

안드로이드 브라우저에서는 애니메이션 동작 후 링크를 눌렀을 때의 하이라이트가 정상적으로 나오지 않고, 이동 전 영역의 좌표가 터치한 영역으로 표시되는 문제가 있다.

그림 A-2 하이라이트가 정상적으로 나오지 않는 문제

이 문제를 해결하려면 다음과 같은 순서로 수정해야 한다.

1. 애니메이션이 끝나면 자바스크립트로 지정한 CSS3 속성(translate, translate3d)을 해지하게 한다.
2. 자바스크립트로 대상 요소의 위치(left ,top, offset)를 다시 지정한다.
3. 애니메이션 내부 영역 태그에서 focus() 메서드를 호출한다.

```
_fixedBugForAndroid : function() {
    var ele = self._htWElement["scroller"].$value();
    var htCssOffset = jindo.m.getCssOffset(ele);  // CSS3의 현재 포지션 얻기
    // 1. CSS3 속성 해지
    ele.style[self.sCssPrefix + "TransitionDuration"] = null;
    ele.style[self.sCssPrefix + "Transform"] = null;

    // 2. 자바스크립트로 오프셋 재지정
    var htScrollOffset = self._htWElement["scroller"].offset();
    this._htWElement["scroller"].offset(htCssOffset.top + htScrollOffset.top,
htCssOffset.left +htScrollOffset.left);

    // 3. 내부 태그 focus 호출
    this._elDummyTag.focus();
}
```

> **참고**
>
> <a> 태그에는 포커스가 이동해도 소프트 키보드가 나타나지 않기 때문에 내부 영역의 태그로는 <a> 태그를
> 사용한다.
>
> ```
> <a href='javascript:void(0);' style='position:absolute; left:-10000px'></a>
> ```

그 밖에 translate3d 속성과 함께 다른 속성을 사용하면 애니메이션이 작동하지 않는 문제도
있다.

```
<div style="-webkit-transition:-webkit-transform 2s ease-out; -webkit-transform :
translate3d(30px,0,0),rotate(45deg)">애니메이션</div>
```

자바스크립트 기반 애니메이션과 CSS3기반 애니메이션의 혼합

앞에서 설명한 자바스크립트 기반 애니메이션과 CSS3 기반 애니메이션은 각기 장단점이 있다. 이
번에는 이 두 가지 방법을 혼용해서 애니메이션을 구현하는 방법을 설명하겠다. 이 방법의 핵심은
애니메이션 주기는 자바스크립트로 구현하고 DOM 요소의 이동 및 변경은 CSS3로 구현하는 것
이다. 이렇게 혼용한 방식을 적용하면 다음과 같은 장점이 있다.

- CSS3를 사용해 DOM 요소를 이동하거나 DOM 요소의 상태를 변경하기 때문에 GPU 가속을 사용할 수 있고, 리렌더링이 발생하지 않는다.
- 안드로이드 브라우저에서 translate() 메서드나 translate3d() 메서드로 인해 발생하는 잔상 및 깜빡임 현상이 거의 발생하지 않는다.

구현하기

자바스크립트로 단위 시간마다 함수를 호출하고, 함수가 호출될 때마다 처리되는 DOM 요소의 이동 및 상태 변화는 CSS3를 사용하도록 애니메이션을 구성한다.

자바스크립트 방식과 CSS3 방식을 혼합한 애니메이션은 대개 다음과 같은 순서로 구현한다.

1. 애니메이션 대상이 되는 DOM을 작성한다.

```
<div id="box" style="position:absolute; left:0px; border:1px solid red;
width:100px; height:100px" class="leftTranslate3d"></div>
```

2. 원하는 FPS에 해당하는 단위 시간(ms)을 구한다.

3. 애니메이션 대상에 트랜지션을 지정한다. 이때 애니메이션 지속 시간(duration)은 0으로 지정한다.

```
<style>
.leftTranslate3d {
    -webkit-transition: -webkit-transform 0s ease-out;
    -webkit-transform : translate3d(0,0,0);
}
</style>
<body>
    <div id="box" style="position:absolute; left:0px; border:1px solid red;
width:100px; height:100px" class="leftTranslate3d"></div>
</body>
```

4. 애니메이션 대상을 이동하는 fAnimate() 함수를 작성한다. DOM 요소의 이동은 CSS3를 사용해 구현한다.

```
var fAnimate = function() {
        nLength += 5;
        elBox.style.webkitTransform = "translate3d(" + nLength +"px,0px,0)";
        nAnimateTimer=setTimeout(fAnimate,1000/60);
};
```

5. setTimeout() 메서드나 setInterval() 메서드, requestAnimationFrame() 메서드 등을 이용해
fAnimate() 함수를 단위 시간(ms)마다 호출한다. 다음은 setTimeout() 메서드로 아이디가 'box'인
DIV 요소를 단위 시간(약 16.7ms)마다 5px씩 오른쪽으로 이동하는 예다.

```
var elBox = document.getElementById("box"),
    nAnimateTimer = null,
    nLength = 0;
    fAnimate = function() {
        nLength += 5;
        elBox.style.webkitTransform = "translate3d(" + nLength +"px,0px,0)";
        nAnimateTimer=setTimeout(fAnimate,1000/60);
    };
nAnimateTimer = setTimeout(fAnimate,1000/60);
```

전체 소스코드는 다음과 같다.[82]

자바스크립트 방식과 CSS3
방식을 이용한 애니메이션

http://me2.do/FxlTNPzj

```
<html>
    <head>
        <title>자바스크립트 방식과 CSS3 방식을 이용한 애니메이션 구현</title>
        <style>
            .leftTranslate3d {
                -webkit-transition: -webkit-transform 0s ease-out;
                -webkit-transform: translate3d(0,0,0);
            }
        </style>
    </head>
    <body>
```

82 소스코드는 https://github.com/wikibook/navermobileuidev/blob/gh-pages/Append01/translateTimerForAnimation.html에서도 확인할
수 있다.

```
        <div id="box" style="position:absolute; left:0px; border:1px solid red;
width:100px; height:100px" class="leftTranslate3d"></div>
        <script>
            var elBox = document.getElementById("box"), nAnimateTimer = null, nLength
= 0;

            fAnimate = function() {
                nLength += 5;
                elBox.style.webkitTransform = "translate3d(" + nLength + "px,0px,0)";
                nAnimateTimer = setTimeout(fAnimate, 1000 / 60);
            };
            nAnimateTimer = setTimeout(fAnimate, 1000 / 60);
        </script>
    </body>
</html>
```

자바스크립트와 CSS3를 혼합한 애니메이션의 문제점

자바스크립트와 CSS3를 혼합해서 사용하기 때문에 이 방식 또한 자바스크립트 기반 방식에 있는 문제점을 똑같이 안고 있다.

- 애니메이션 시간 주기를 자바스크립트로 제어하기 때문에 구현이 어렵다.
- 시간 주기가 자바스크립트로 구현되기 때문에 CSS3 방식에 비해 애니메이션이 매끄럽지 못하다.
- requestAnimationFrame API를 사용하지 못하는 지금의 모바일 환경에서는 setTimeout() 메서드나 setInterval() 메서드로 호출하기 때문에 시간의 정확성을 보장받지 못해 실제 애니메이션은 매끄럽지 못하거나 부자연스럽게 표현된다.

자바스크립트와 CSS3를 혼합한 애니메이션은 자바스크립트에 비해 더 훌륭한 성능을 보장하고 CSS3의 문제점을 해결할 수 있는 방법이지만, 위에서 언급한 애니메이션 구현 방법 및 품질, 전력 소모에 대한 문제는 여전히 남아있다.

다음 표를 살펴보면 성능 면에서는 자바스크립트와 CSS3를 혼용하는 방법과 CSS3에 기반을 둔 방법이 가장 우수하고, 애니메이션 품질 면에서는 CSS3 기반 애니메이션이 좋다. 구현 난이도 부분에서는 자바스크립트 기반 방식이 유리하다는 점을 알 수 있다. 하지만 절대적으로 모든 면에서 우수한 방법은 없다.

표 A-1 애니메이션 구현 방법의 비교

구분	자바스크립트 기반	CSS3 기반	자바스크립트 + CSS3 기반
동작 방식	브라우저는 애니메이션을 인지하지 못하고, 무조건 DOM과 스타일을 변경하는 작업을 한다.	애니메이션 시작 시 브라우저가 애니메이션의 처음과 끝을 인지해서 작동된다.	애니메이션 처리 함수 호출 주기는 브라우저가 인지하지 못하나, 변경되는 대상의 상태 변화는 인지할 수 있다.
성능	보통 단, requestAnimationFrame API를 적용할 때 효과적이다.	좋음	좋음
GPU 가속	사용 못함	사용	사용
애니메이션 품질	하	상	중
구현 난이도	상	하	중
전력 소모	많음	GPU 가속 시 현저히 증가	GPU 가속 시 현저히 증가
안정성	좋음	안드로이드 기기에서 오류가 많음 iOS 기기에서는 최고의 성능과 품질을 제공함	좋음

향후 모바일 브라우저 개발 회사와 모바일 기기 제조사가 CSS3와 GPU 안전성을 확보함으로써 성능, 구현, 품질, 안정성이 뛰어난 CSS3 방식의 애니메이션을 사용할 수 있겠지만, 현재는 상황에 맞는 적절한 현실적인 대안을 찾아야 한다. 현재 가장 현실적인 대안은 운영체제와 모바일 기기에 따라 CSS3 방식 애니메이션을 사용하거나 자바스크립트와 CSS3를 혼용한 애니메이션을 사용하는 것이다.

물론 기기마다 약간의 특성이 있지만 다음과 같은 방법으로 애니메이션을 구현한다면 모바일 웹에서 최적의 애니메이션 성능을 나타낼 수 있을 것이다.

표 A-2 모바일 웹에서 애니메이션 구현 방식 선택

구현 방식	적용 운영체제와 모바일 기기
CSS3	CSS3 방식 애니메이션의 안정성이 확보된 iOS 기기 GPU 가속이 원활히 이뤄지는 삼성전자의 안드로이드 기기
자바스크립트와 CSS3 혼용	CSS3 방식 애니메이션의 안정성이 낮은 대부분의 안드로이드 기기

부록 B
애니메이션 성능을 높이는 방법

애니메이션이 많은 화면에서는 성능과 관련된 문제가 일어나기 쉽다. 특히, 하드웨어 성능이 PC에 비해 열악한 모바일 환경에서는 성능이 문제가 되는 경우가 더욱 많다.

"부록 A. 효과적인 애니메이션 구현하기(305쪽)"에서는 애니메이션을 구현하는 방법을 이야기했다. 이번에는 애니메이션을 구현할 때 신경 써야 할 성능 요소를 더 상세히 살펴보겠다.

브라우저 렌더링 과정

웹 브라우저의 애니메이션 성능을 이야기하기 전에 이해해야 할 것이 브라우저의 렌더링 과정이다. 애니메이션도 브라우저 렌더링 과정의 한 형태이기 때문에 브라우저 렌더링 과정을 이해하면 성능에 영향을 미치는 부분을 찾을 수 있다.

다음 HTML 파일은 BODY 요소 아래에 총 6개의 DOM으로 구성돼 있다.

```
<html>
    <body>
        <div> DOM1 - RendersLayer </div>
        <div> DOM2 - RendersLayer </div>
        <div> DOM3 - RendersLayer </div>
```

```
                <div style="-webkit-transform: rotateY(30deg) rotateX(-30deg); width: 400px;">
                    DOM4 - RendersLayer - GraphicLayer (transform : rotate)
                </div>
                <div style="display:none"> DOM5</div>
                <div> DOM6 - RendersLayer </div>
        </body>
    </html>
```

이 HTML이 화면에 보이는 과정은 다음과 같다.

1. 브라우저가 HTML을 파싱한다.

2. DOM 트리를 구성한다. 여기서는 DIV 요소 6개가 DOM 트리로 구성된다(HEAD, BODY와 같은 기본적인 DOM과 텍스트 노드와 같은 DOM은 설명에서 제외했다).

   DOM은 HTML 페이지에 있는 요소를 데이터로 갖는 자료 형태이며, DOM 트리는 각 요소에 대응되는 노드로 구성된다.

3. DOM 트리에서 화면에 표시되는 DOM1, DOM2, DOM3, DOM4, DOM6을 렌더 객체 (RenderObject) 트리로 구성한다. 렌더 객체 트리는 DOM 트리에서 화면에 보이는 요소를 노드를 구성한다. 가령 display:none 속성인 요소나 HEAD, SCRIPT와 같이 화면에 보이지 않는 노드는 렌더 객체 트리에서 제외된다.

4. 렌더 객체 트리에서 별도의 영역으로 구성할 수 있는 노드를 렌더 레이어(RenderLayer) 트리로 구성한다. 렌더 레이어 트리는 렌더 객체 트리에서 transform과 같은 특수 속성이 적용된 노드로 구성된다. 렌더 레이어에 속하기 위해 필요한 속성은 "레이어 구성하기(326쪽)"에서 자세히 설명한다.

5. 브라우저는 구성된 정보를 바탕으로 비동기식으로 화면을 표현한다.

다음은 위의 HTML을 DOM 트리와 렌더 객체 트리, 렌더 레이어 트리로 표현한 그림이다.

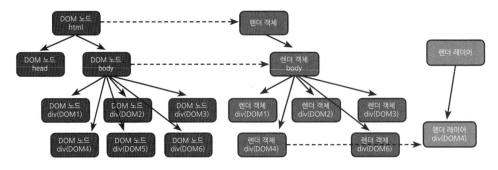

그림 B-1 브라우저 렌더링 시 구성되는 DOM 트리, 렌더 객체 트리, 렌더 레이어 트리[83]

---

83 이 그림은 http://www.chromium.org/developers/design-documents/gpu-accelerated-compositing-in-chrome을 참고해서 그린 그림이다.

크롬의 개발자 도구에 있는 Timeline 탭에서 실제 렌더링이 어떻게 이뤄지는지 확인할 수 있다. Timeline 탭에서 앞의 HTML을 불러오면 다음과 같이 렌더링 과정이 나타난다.

그림 B-2 크롬 개발자 도구의 Timeline 탭에서 성능 확인

1. Parse HTML: HTML을 파싱할 때 발생한다. 예로 든 페이지가 파싱된다.

2. Recalculate Style: 요소에 스타일이 적용될 때 발생한다. DIV 요소에 지정된 스타일 속성이 적용된다.

3. Layout: 적용된 스타일에 의해 위치나 크기가 변경되어 계산이 필요할 때 발생한다. DIV 요소에 width 속성을 지정해서 레이아웃을 계산하는 작업이 진행된다.

4. Paint: 요소를 화면에 다시 그려야 할 때 발생한다. transform 속성을 사용한 DOM4는 별도의 렌더 레이어로 구성되어 그려지고, 그 외의 영역(document)도 다시 그려진다.

5. Composite Layers: 변경되지 않는 각 렌더 레이어를 합성할 때 발생한다. transform 속성을 사용한 DOM4 렌더 레이어와 문서(document)의 렌더 레이어가 합성되어 표현된다.

브라우저는 문서를 화면에 표시하려고 위와 같은 다양한 과정을 수행한다. 이 예의 Timeline 탭에서는 HTML 파싱에 가장 많은 시간이 걸렸지만 실제 애니메이션은 HTML 파싱이 완료된 후 사용자의 동작에 의해 실행되기 때문에 애니메이션 성능에 영향을 미치는 요소는 다르다. 애니메이션이 동작할 때는 레이아웃 계산이나 연속적인 페인트(paint) 작업으로 성능 문제가 발생한다.

애니메이션 성능을 높이는 방법

크롬 개발자 도구에서 알 수 있듯이 렌더링 과정 중에 DIV 요소에 적용된 스타일의 속성이 무엇이냐에 따라 레이아웃 작업이 발생하기도 하고, 레이어 병합(composite layers) 작업이 이뤄지기도 한다.

레이어 구성하기

레이어는 얇은 투명막과 같이 여러 장을 겹쳐서 화면을 구성할 수 있는 요소로, 여기서는 렌더 객체를 지칭한다. 브라우저가 레이어를 구성하는 목적은 변경될 요소가 많은 영역을 별도로 관리해 해당 영역이 변경됐을 때 해당 부분만 반영하려는 것이다.

다음 그림은 한 화면이 레이어로 구성된 것을 표현한 그림이다.

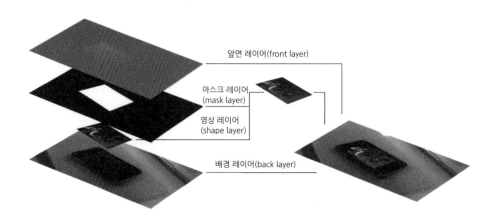

앞면 레이어(front layer)
마스크 레이어(mask layer)
영상 레이어(shape layer)
배경 레이어(back layer)

그림 B-3 레이어로 구성한 화면[84]

하나의 화면이 4개의 레이어로 구성돼 있고, 실제 화면에 표시될 때에는 4개의 레이어가 합쳐져 화면에 보이게 된다. 휴대폰 화면 속 영상이 변경될 때 실제 변경되는 부분은 전체 화면이 아니라 휴대폰 화면 속의 영상만이다. 배경과 휴대폰 모양의 사진은 기존 레이어(배경 레이어, 휴대폰 모양 사진 레이어)를 그대로 사용할 수 있다. 즉, 변경된 부분만 바꾸고 나머지 부분을 합쳐 빠르게 화면을 구성할 수 있다. 이를 레이어 병합이라고 한다. 레이어 병합을 사용하면 페인트나 레이아웃 작업이 발생하지 않기 때문에 변경된 화면을 빠르게 구성할 수 있다.

이러한 레이어 구성은 브라우저가 판단하며, 그 규칙은 다음과 같다.

- 3D(translate3d, preserve-3d 등)나 perspective transform을 사용하는 경우
- 〈video〉 태그나 〈canvas〉 태그를 사용하는 경우

---

84 http://blog.dotify.fr/interactive-video-part-2-developing-the-player-with-the-new-as3-api/

- 플래시나 ActiveX 컨트롤을 사용하는 경우
- CSS 애니메이션, CSS 필터를 사용하는 경우
- 자식 요소가 레이어로 구성돼 있을 경우
- z-index가 낮은 형제 요소가 레이어로 구성돼 있을 경우 대상 요소도 레이어로 구성된다.

애니메이션은 대상 요소의 스타일을 주기적으로 변경해서 이동한다. 스타일 변경 때문에 페인트나 레이아웃 작업이 연속적으로 발생해 애니메이션의 성능을 저하시키는 경우가 있다. 이때 레이어 병합을 이용해 페인트와 레이아웃 작업이 일어나지 않도록 유도하면 애니메이션의 성능을 높일 수 있다.

GPU 가속 사용하기

GPU 가속은 앞에서 설명한 레이어 병합 방식으로만 동작한다. 하지만 브라우저의 레이어 병합 방식과 달리 각 레이어를 GPU 메모리에 비트맵 형태의 텍스처(texture)로 저장해 실제 레이어를 병합할 때는 GPU의 메모리에서 실행한다. 그래서 굉장히 빠르다.

다음 스타일이 적용되면 브라우저는 해당 요소 영역(layer)을 GPU 메모리에 텍스처로 저장한다.

- -webkit-transform : translate3d
- -webkit-transform : translateZ
- -webkit-transform : rotate3d
- -webkit-transform : scale3d
- -webkit-transform-style : preserved-3d

그러나 GPU는 하드웨어에 따라 성능이 달라지기 때문에 GPU 가속을 사용할 때는 주의를 기울여야 한다. 무분별한 GPU 사용은 오히려 브라우저를 느리게 한다. 요소에 GPU 사용 속성이 부여되는 순간 브라우저가 대상 영역을 GPU 메모리에 로딩하기 때문에 콘텐츠가 클 경우에는 화면이 깜빡이는 현상이 발생할 수 있다.

요소에 GPU 사용 속성이 부여되면 레이어로 분리되며 레이어는 변경되는 내용이 없는 한 다시 요소의 내용을 GPU 메모리에 올리지 않는다. GPU 사용 속성을 사용한 요소의 내용이 변경되면 GPU 메모리가 갱신되기 때문에 요소의 내용을 미리 변경하고 그 이후에 GPU 사용 속성을 부여한다.

성능이 안 좋은 휴대폰에서 하드웨어 가속을 사용하는 것은 오히려 성능 저하의 주범이 된다. 경험상 iOS 3.x 이상과 안드로이드 4.1 이상을 지원하는 기기에서 GPU 가속을 적용했을 때 더 성능이 좋았다.

애니메이션 동작 시 레이아웃을 변경하는 스타일이나 메서드 사용하지 않기

브라우저 렌더링 과정 중 가장 느린 작업 가운데 하나가 레이아웃 작업이다. 이 작업은 요소의 위치나 크기를 계산하는 작업이라서 비용이 높고, 자주 하면 성능에 치명적이다. 특히, 주기적으로 요소의 스타일을 변경하는 애니메이션에서 너비나 높이와 같이 대상의 크기를 변경하는 레이아웃 작업이 발생하면 부드러운 애니메이션을 기대하기 어렵다.

다음은 레이아웃 작업을 유발하는 스타일이나 메서드를 정리한 표다.

표 B-1 레이아웃 작업을 유발하는 스타일, 메서드

대상	메서드 및 속성
요소	clientHeight, clientLeft, clientTop, clientWidth, focus(), getBoundingClientRect(), getClientRects(), innerText, offsetHeight, offsetLeft, offsetParent, offsetTop, offsetWidth, outerText, scrollByLines(), scrollByPages(), scrollHeight, scrollIntoView(), scrollIntoViewIfNeeded(), scrollLeft, scrollTop, scrollWidth
위치	left, top, position, float
박스, 테두리	height, width, padding, margin, display, border-width, border
범위	getBoundingClientRect(), getClientRects()
window 객체	getComputedStyle(), scrollBy(), scrollTo(), scrollX, scrollY, webkitConvertPointFromNodeToPage(), webkitConvertPointFromPageToNode()

따라서 되도록 애니메이션을 동작할 때 위의 표에 나열된 메서드와 속성은 호출하거나 변경하지 않는 편이 좋다. 혹시 변경이 필요하다면 애니메이션을 동작할 때가 아니라 동작 전후에 미리 작업을 하거나 레이아웃 작업이 발생하지 않는 대체 속성을 사용하는 것이 좋다. 다음 속성을 대체하면 레이아웃 작업 대신 레이어 병합이 발생한다.

- width, height ➜ transform : scale
- left, top ➜ transform : translateX, translateY 또는 translate(x,y), translate3d(x,y,0)

애니메이션 성능 개선 연습

지금까지 설명한 내용을 기준으로 사각형 영역을 오른쪽으로 옮기는 간단한 예제의 성능을 개선해 보자. 다음은 간단하게 사각형 영역을 이동하는 예제다. 이 예제에서는 left 속성값을 변경해 영역을 이동한다.

```html
<html>
    <head>
        <meta charset=utf-8 />
        <title>애니메이션 성능개선</title>
    </head>
    <body>
        <div id="testDiv" style="width:100px;height:100px;background-color:#188B18;position:absolute;"></div>

        <script type="text/javascript">
            var el = document.getElementById("testDiv");
            var nAdd = 0;
            var nInterval = setInterval(function() {
                nAdd += 10;
                el.style.left = nAdd + "px";
                if (nAdd >= 400) {
                    clearInterval(nInterval);
                    nInterval = null;
                }
            }, 16);
        </script>
    </body>
</html>
```

left 속성은 레이아웃을 변경하기 때문에 매번 레이아웃 작업이 발생한다.

이 과정을 크롬 개발자 도구에서 보면 다음과 같다. Recalculate Style - Layout - Paint가 반복해서 발생하는 것을 볼 수 있다.

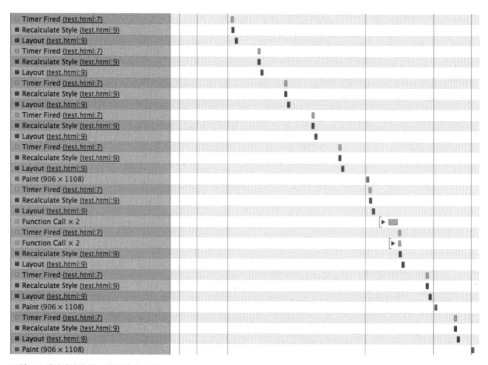

그림 B-4 애니메이션 성능 개선 전 Timeline

Layout과 Paint를 처리하는 데 드는 비용을 줄이기 위해 레이어로 사각형 영역을 구성해 레이어 병합이 발생하도록 유도하고 GPU 가속을 사용하도록 개선하겠다.

레이어를 구성하기 위해 left 속성으로 변경되는 방식을 transform의 translate로 변경하고, GPU 가속을 사용하기 위해 translate 대신 translate3d를 사용한다. 변경된 코드는 다음과 같다.

```
<html>
    <head>
        <meta charset=utf-8 />
        <title>애니메이션 성능 개선</title>
    </head>
    <body>
        <div id="testDiv" style="width:100px;height:100px;background-color:#188B18;po
sition:absolute;"></div>
```

```
            <script type="text/javascript">
                var el = document.getElementById("testDiv");
                var nInterval = setInterval(function() {
                    nAdd += 10;
                    el.style.webkitTransform = "translate3d(" + nAdd + "px,0,0)";
                    if (nAdd >= 400) {
                        clearInterval(nInterval);
                        nInterval = null;
                    }
                }, 16);
            </script>
        </body>
    </html>
```

위 코드를 크롬 개발자 도구에서 실행해 보면 다음과 같이 나타난다. Layout과 Paint 작업이 사라지고, Recalculate Style 작업과 Composite Layers 작업만 있다.

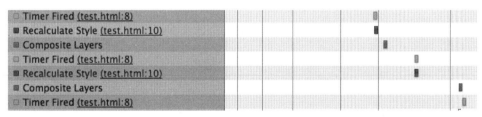

그림 B-5 애니메이션 성능 개선 후 Timeline

모바일 환경에서 두 예제를 확인해 보면 개선 후의 코드를 실행했을 때 사각형 영역이 개선 전보다 더 빠르고 매끄럽게 이동한다. 수정한 부분은 단순히 한 줄이지만 실제로 성능이 개선되는 정도는 엄청나다.

여기서 설명한 예제뿐만 아니라 다양한 브라우저 환경에서도 브라우저 렌더링의 특징을 잘 이해하고 있다면 간단한 속성을 변경하는 것만으로 성능을 크게 개선할 수 있다. 이 책에서 다루지 못한 브라우저 렌더링에 대한 더 자세한 내용은 "브라우저는 어떻게 동작하는가(http://helloworld.naver.com/helloworld/59361)"를 참고한다.

부록 C
모바일 웹 디버깅

처음 모바일 웹 개발을 시작하는 사람이 느끼는 가장 큰 어려움은 아마도 모바일 웹에서 디버깅하는 것일 것이다. 모바일 기기는 데스크톱에 비해 화면도 작고 입력 장치도 불편해 실제로 개발하고 디버깅하는 데 많은 어려움이 있다. 특히, 데스크톱에서 지원하는 디버깅 도구에 익숙한 개발자라면 답답한 정도가 더할 것이다.

초창기 모바일 웹에서는 디버깅의 기본인 로그 하나 남기는 것도 지원되지 않았다. 개발자는 로그를 확인하기 위해 무수한 alert() 메서드로 경고 메시지를 표시하면서 프로그램을 추적할 수밖에 없었다. 생각만 해도 끔찍한 일이 아닐 수 없다.

모바일 환경에서 디버깅 방법은 최근에 와서야 많이 발전했다. 기기에서 자체적으로 로그를 남길 수 있는 환경이 제공되고, 원격 환경에서도 기기의 상태를 확인할 수 있다. 물론 현실적인 제약은 있지만 다행인 점은 이 책을 쓰고 있는 순간에도 디버깅 방법이 계속 발전하고 있다는 것이다.

갖가지 디버깅 도구와 기법이 있지만 여기서는 기기나 운영체제에 제한되지 않고 범용적으로 사용할 수 있는 디버깅 방법을 소개하겠다.

모바일 웹 개발자 도구

개발이 완료된 프로그램을 대상으로 디버깅하기도 하지만 개발하고 있을 때도 개발된 부분을 확인하고 테스트하기 위해 디버깅을 실시한다. 실제 기기에 개발한 소스코드를 반영하고, 테스트하고, 디버깅하는 것은 매우 번거로운 일이다. 이러한 번거로움을 해소하려고 에뮬레이터나 시뮬레이터, 브라우저 개발자 도구를 이용해 데스크톱 환경에서 테스트와 디버깅을 한다.

다음은 데스크톱 환경에서 사용하는 모바일 개발자 도구다.

표 C-1 데스크톱 환경에서 사용할 수 있는 모바일 개발자 도구

개발자 도구	설치환경	대상 장비	특징
안드로이드 에뮬레이터와 DDMS	모든 OS	안드로이드	안드로이드 SDK에 포함된 에뮬레이터와 DDMS. DDMS로 안드로이드의 상세 로그를 볼 수 있고, 에뮬레이터를 이용해 기능을 확인할 수 있다.
iOS Simulator와 iWebInspector	OS X	iOS 4.x 이상	iWebInspector를 이용해 브라우저 개발자 도구와 같이 디버깅할 수 있다. iOS Simulator를 이용해 테스트할 수 있다.
크롬 브라우저 개발자 도구	모든 OS	안드로이드 iOS	UserAgent 정보를 변경할 수 있고, 터치 이벤트를 발생시킬 수 있다. 데스크톱과 같은 디버깅 환경을 제공한다. 특히 웹킷 기반의 안드로이드와 iOS 브라우저의 작동 원리와 유사하다. 데스크톱 크롬 31 이상에서는 USB로 원격 디버깅이 가능하다. 단, 안드로이드 4.0 이상의 안드로이드용 크롬에서만 가능하다.
사파리 브라우저 개발자 도구	모든 OS	안드로이드 iOS	UserAgent 정보를 변경할 수 있다. 데스크톱과 같은 디버깅 환경을 제공한다. 특히 웹킷 기반의 안드로이드와 iOS 브라우저의 작동 원리와 유사하다. 사파리 6 이상, Mac OSX Lion 이상, XCode 4.5와 iOS 6 SDK가 있을 경우, iOS 6.x부터는 원격 디버깅 환경을 제공한다.

안드로이드 SDK에 있는 에뮬레이터와 DDMS는 많은 정보를 제공하지만 에뮬레이터 자체의 속도가 느려서 현실적으로 개발 도중에 기능을 확인하면서 개발을 진행하기가 번거롭다. 반면 iOS Simulator나 iWebInspector는 맥에서만 사용할 수 있기 때문에 윈도우를 사용하는 개발자는 사용하기 어렵다. 또한 두 가지 도구 모두 각각 모바일 OS에만 사용할 수 있기 때문에 범용적으로 사용하기 힘들다.

모바일 웹 사이트를 개발할 때 기기나 운영체제에 제한을 받지 않고 범용적으로 사용할 수 있는 방법으로 브라우저의 개발자 도구를 이용하는 방법이 있다.

브라우저의 개발자 도구 사용하기

UserAgent 정보

동일한 도메인으로 웹 페이지에 접근할 때 모바일 웹 화면을 보여줄지, 데스크톱 화면을 보여줄지는 일반적으로 navigator 객체의 userAgent 정보를 기준으로 결정한다. userAgent 정보에 모바일 기기의 정보가 있으면 모바일 웹 페이지로 이동하고, 데스크톱의 정보가 있으면 데스크톱 화면으로 이동한다.

다음 그림처럼 사용자가 www.naver.com으로 접근했을 때 모바일 기기로 접근했는지 데스크톱에서 접근했는지에 따라 각각 다른 웹 페이지로 이동한다.

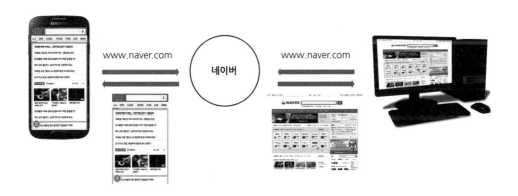

그림 C-1 UserAgent 정보에 따라 다르게 나타나는 서비스 페이지

따라서 개발자의 데스크톱 환경에서 userAgent 정보를 모바일 기기의 정보로 변경하면 모바일 웹 페이지를 볼 수 있다. 이에 착안해 모바일 브라우저의 렌더링 방식과 유사한 웹킷 계열 브라우저인 크롬이나 사파리에서 브라우저의 userAgent 정보를 바꿔 데스크톱 환경에서도 모바일 장비로 접근한 것과 유사한 환경을 만들어 모바일 웹 페이지를 개발하고 디버깅할 수 있다.

에뮬레이터나 시뮬레이터에서는 데스크톱의 마우스 동작을 터치로 인식해 작동하게 할 수 있다. 하지만 단순히 userAgent 정보만 바꾼 브라우저에서는 터치 이벤트가 발생하지 않는다. 다만, 크롬 브라우저의 개발자 도구에서 옵션을 설정하면 데스크톱 환경에서도 모바일의 터치 이벤트를 사용할 수 있다. 사파리에서는 아쉽게도 터치 이벤트를 발생시키는 기능이 없다.

크롬 브라우저로 가상 모바일 웹 환경 구성하기

크롬 브라우저는 개발자 도구로 userAgent 정보도 변경할 수 있고, 터치 이벤트도 가상으로 발생시킬 수 있다. 그 외에도 화면 해상도, 모바일 기기의 회전, Geolocation, CSS 미디어 종류 변경 등 다양한 설정으로 데스크톱에서 가상의 모바일 웹 환경을 구성할 수 있다.

다음은 크롬 브라우저에서 userAgent 정보를 안드로이드 4.x로 변경하고, 터치 이벤트가 발생하도록 설정하는 방법이다.

1. 크롬에서 확인하려는 웹 페이지의 주소(www.naver.com)를 열고 메뉴에서 **도구 > 개발자 도구**를 선택한다.
2. 개발자 도구가 나타나면 개발자 도구 창의 아래에 있는 **Settings ⚙**를 누른다.

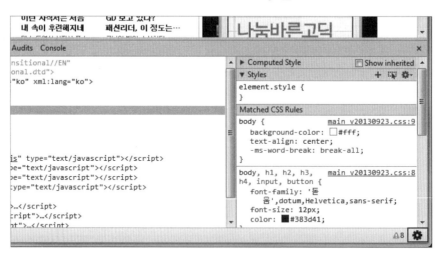

336 쉽고 빠른 모바일 웹 UI 개발

3. **Settings**의 **Overrides** 탭에서 **Emulate touch events**를 선택한다.

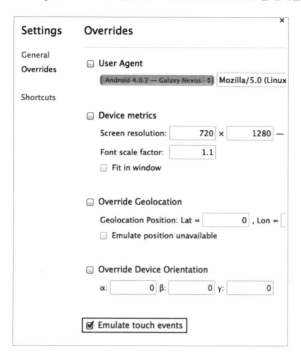

4. **Overrides** 탭의 **User Agent**에서 원하는 운영체제와 모바일 기기를 선택하고 대화 상자를 닫는다.

5. 브라우저에서 웹 페이지를 새로 고치면 모바일 웹 페이지가 나타난다.

원격 디버깅 도구

모바일 웹 페이지를 개발할 때는 가상 모바일 웹 개발 환경을 이용해 기능을 구현하지만 서비스를 시작하려면 실제 모바일 기기에서 동작 여부를 확인해야 한다. 하지만 모바일 환경은 작은 화면과 불편한 입력 장치로 인해 작성한 코드에 문제가 있어도 그 문제의 원인을 파악하기가 어렵다.

이러한 문제를 해결하려고 다양한 원격 디버깅 도구가 개발됐고 지금도 계속 개발되고 있다. 다음은 현재 많이 사용되고 있는 원격 디버깅 도구다.

표 C-2 원격 디버깅 도구

도구	사용 환경	특징
크롬 DevTools	• 설치 환경: Chrome Android SDK • 대상 장비: Chrome for Android • 연결 방식: USB 연결 • 관련 URL: https://developers.google.com/chrome-developer-tools/docs/remote-debugging	• 안드로이드 4.0부터 지원하는 안드로이드 용 크롬에서만 가능하다. • 안드로이드 SDK의 ADB를 이용해 USB로 연결한다.
사파리 Web Inspector	• 설치 환경 　-사파리 6 이상 　-OS X Lion 이상 　-Xcode 4.5 • 대상 장비: iOS 6.x 이상 • 연결 방식: USB 연결 • 관련 URL: http://webdesign.tutsplus.com/tutorials/workflow-tutorials/quick-tip-using-web-inspector-to-debug-mobile-safari	• iOS 6.0 SDK가 설치돼 있어야 사용할 수 있다. • USB로 연결해 실제 장비와 가상장비(iOS Simulator)에서 디버깅할 수 있다.
weinre	• 설치 환경: Node.js • 대상 장비: 모든 기기 • 연결 방식: 네트워크 연결 • 관련 URL: http://people.apache.org/~pmuellr/weinre/docs/latest	• Node.js가 설치된 모든 장비에서 테스트 할 수 있다. • 중단점(break point)과 같은 고급 디버깅 기술은 사용할 수 없다.

크롬 DevTool이나 사파리 Web Inspector 모두 USB 연결만으로 데스크톱의 브라우저 개발자 도구에서 기기를 원격으로 디버깅할 수 있다. USB로 연결된 구조이기 때문에 원격이지만 데스크톱에서 디버깅하는 것과 같은 속도로 디버깅할 수 있고, 브라우저의 개발자 도구에 있는 기능을 모두 사용할 수 있다. 하지만 초기 설치가 복잡하고 일부 모바일 장비에서만 사용할 수 있기 때문에 범용적으로 사용할 수는 없다.

기기와 운영체제에 제한을 받지 않고 범용적으로 사용할 수 있는 디버깅 도구로는 네트워크 연결 방식을 이용하는 weinre가 있다. 여기서는 weinre를 사용하는 방법에 대해 좀 더 알아보겠다.

weinre

weinre는 'Web INspector REmote'의 약자로서, 웹 페이지를 디버깅하기 위한 용도로 만들어진 도구다. 원격에 있는 모바일 장비를 디버깅할 수 있는 구조라는 점을 제외하면 파이어폭스의 파이어버그와 웹킷 기반의 개발자 도구와 같은 웹 디버깅 도구다.

그림 C-2 weinre를 이용한 디버깅

기본 개념

weinre는 네트워크 연결 방식으로 모바일 기기와 데스크톱을 연결한다. 여기서 모바일 기기는 디버깅 대상(target)이 되고, 디버깅하는 데스크톱은 클라이언트가 된다. 디버깅 대상 기기와 클라이언트 사이에서 정보를 전달하고 처리하는 역할은 weinre 서버가 담당한다.

다음은 디버깅 대상 기기, 서버, 클라이언트의 관계를 나타낸 구성도다.

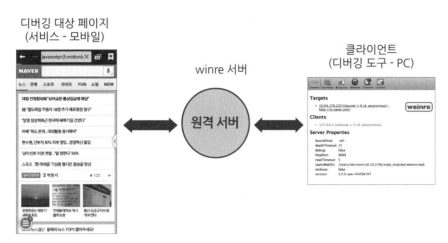

디버깅 대상 페이지
(서비스 - 모바일)

winre 서버

클라이언트
(디버깅 도구 - PC)

그림 C-3 weinre의 구성도

설치하기

weinre에서 디버깅 대상 페이지와 클라이언트는 웹 브라우저에서 동작한다. 하지만 실제 디버깅
대상 페이지와 클라이언트를 연결하는 서버는 별도로 설치해야 한다. weinre 서버는 weinre 2.0
이후 Node.js에서 동작하도록 바뀌었다. 따라서 기본적으로 Node.js를 설치해야 weinre를 사용
할 수 있다.

Node.js와 weinre를 설치하는 방법은 다음과 같다. 여기서는 윈도우에 Node.js를 설치하는 방법
을 기준으로 설명한다.

1. Node.js 홈페이지(http://nodejs.org)에서 Node.js 설치 프로그램을 내려받는다.

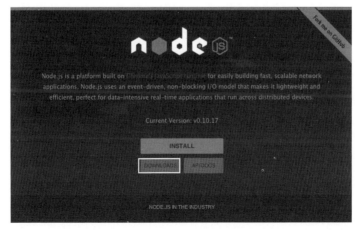

2. 내려받은 설치 프로그램을 실행한 다음 설치 마법사의 안내에 따라 Node.js를 설치한다.

3. Node.js 설치가 끝나면 윈도우의 **명령 프롬프트**를 관리자 권한으로 실행한다.

4. **명령 프롬프트**의 명령어 입력줄에서 **node --version**을 실행해 Node.js가 제대로 설치됐는지 확인한다. 버전 정보가 나타나면 Node.js가 제대로 설치된 것이다.

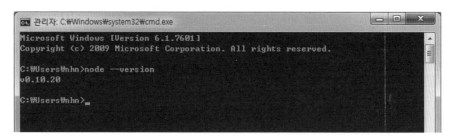

5. **명령 프롬프트**의 명령어 입력줄에서 **npm -g install weinre**를 실행해 weinre를 설치한다.

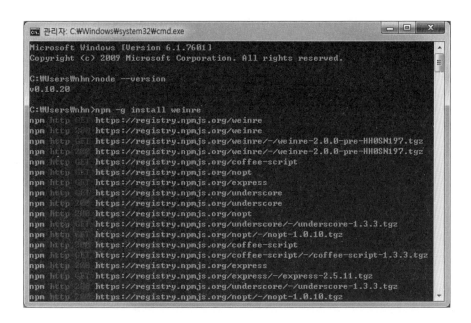

6. weinre가 정상적으로 설치되면 윈도우 7에서는 **C:₩Users₩사용자명₩AppData₩Roaming₩ npm₩node_modules₩weinre**에 weinre가 설치되고, **C:₩Users₩사용자명₩AppData₩ Roaming₩npm₩weinre**로 링크가 설정된다.

모바일 기기를 원격으로 디버깅하기

weinre를 이용해 안드로이드에서 실행되는 네이버 모바일 웹 서비스(http://m.naver.com)를 실제로 디버깅하면서 weinre를 사용하는 방법을 간략히 살펴보겠다.

weinre 서버 구동하기

모바일 웹 페이지를 원격으로 디버깅하려면 먼저 디버깅할 대상과 클라이언트를 연결하는 서버를 구동한다. 관리자 계정으로 실행한 명령 프롬프트에서 weinre를 실행하면 http://localhost:8080으로 접속할 수 있는 서버를 구동할 수 있다.

그림 C-4 기본 설정으로 실행한 weinre

weinre 서버를 기본값으로 시작하면 localhost를 서버의 도메인으로 사용하고, 8080을 포트로 사용한다. 하지만 localhost는 외부에서 접근할 수 없는 도메인이기 때문에 실제로 사용할 때는 외부에서 접근할 수 있는 IP 주소나 도메인을 지정해야 한다.

weinre를 시작할 때 사용할 수 있는 옵션은 **weinre --help**를 실행해 확인할 수 있다.

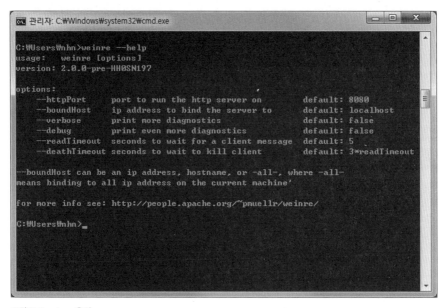

그림 C-5 weinre 옵션

- --httpPort: weinre 서버의 포트 지정
- --boundHost: weinre 서버에 바운드할 IP 주소나 도메인 지정. -all-로 설정하면 weinre 서버가 설치된 장비의 모든 IP 주소가 바운드된다.

다음은 원격지에서 접근할 수 있게 weinre를 9999 포트로 구동하는 명령의 예다.

```
weinre --boundHost -all- --httpPort 9999
```

그림 C-6 weinre 서버 구동

이 명령을 실행하고 브라우저에서 http://localhost:9999를 열면 다음과 같은 페이지가 나온다.

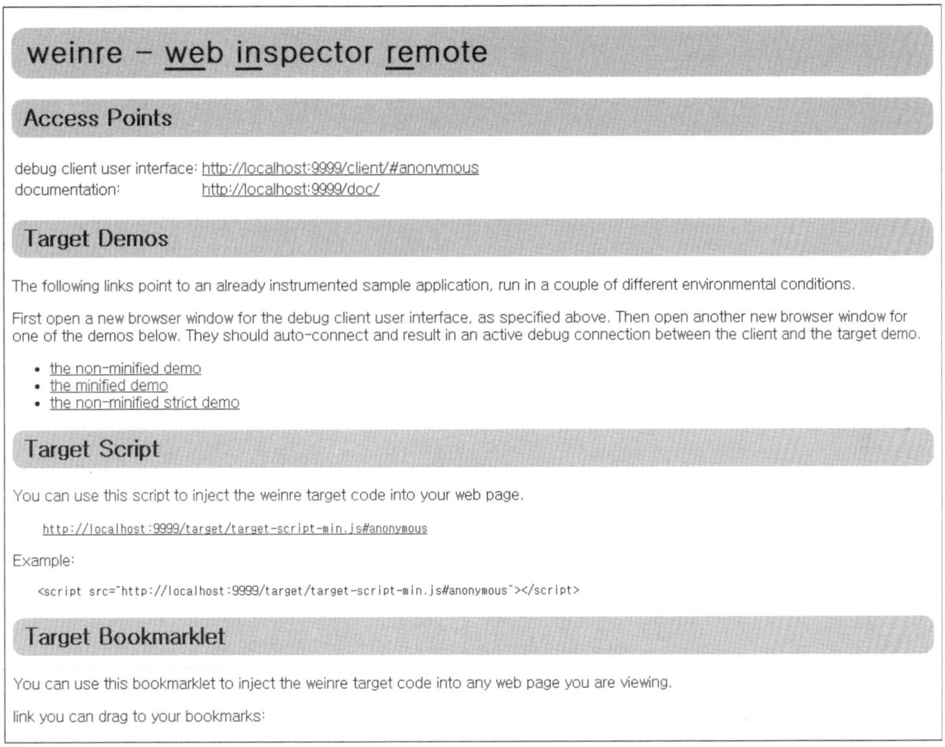

weinre - web inspector remote
Access Points
debug client user interface: http://localhost:9999/client/#anonymous
documentation: http://localhost:9999/doc/
Target Demos
The following links point to an already instrumented sample application, run in a couple of different environmental conditions.
First open a new browser window for the debug client user interface, as specified above. Then open another new browser window for one of the demos below. They should auto-connect and result in an active debug connection between the client and the target demo.
the non-minified demo
the minified demo
the non-minified strict demo
Target Script
You can use this script to inject the weinre target code into your web page.
http://localhost:9999/target/target-script-min.js#anonymous
Example:
<script src="http://localhost:9999/target/target-script-min.js#anonymous"></script>
Target Bookmarklet
You can use this bookmarklet to inject the weinre target code into any web page you are viewing.
link you can drag to your bookmarks:

그림 C-7 weinre 서버 페이지

weinre 클라이언트 열기

weinre 서버 페이지의 Access Points에서 debug client user interface의 주소로 접근하면 weinre 클라이언트를 실행할 수 있다.

weinre - web inspector remote
Access Points
debug client user interface: http://localhost:9999/client/#anonymous
documentation: http://localhost:9999/doc/

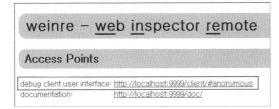

그림 C-8 weinre 클라이언트 접속 URL

웹 브라우저에서 접근한 클라이언트는 다음 그림과 같다.

그림 C-9 weinre 클라이언트

Remote 탭에서는 서버에 접속한 디버깅 대상 페이지와 클라이언트의 정보, weinre 서버의 정보
를 확인할 수 있다. 그 밖의 Elements 탭과 Resources 탭, Network 탭, Timeline 탭, Console 탭
은 크롬이나 사파리의 개발자 도구와 같은 기능이다.

weinre 서버와 디버깅 대상 연결하기

디버깅할 대상과 weinre 서버를 연결하는 방법은 두 가지다.

- 디버깅할 페이지에 자바스크립트를 추가해 페이지가 로딩될 때 weinre 서버에 연결하는 방법
- 북마클릿(bookmarklet) 기법을 이용해 디버깅할 페이지가 로딩된 후 동적으로 weinre 서버에 연결하는 방법

첫 번째 방법은 페이지를 수정할 수 있는 환경에서 다음과 같은 형식으로 자바스크립트를 디버깅
할 페이지에 추가하는 방법이다.

```
<script src="http://[weinre 서버 호스트]:[weinre 서버 포트]/target/target-script-min.
js#anonymous"></script>
```

이 방법은 디버깅할 페이지를 수정할 수 있을 때 사용한다. 만약 프락시(proxy) 등으로 디버깅할
페이지를 변조할 수 있다면 운영 중인 서비스도 이 방법으로 디버깅할 수 있다.

두 번째 방법은 운영 중인 서비스를 책갈피로 저장해서 설정해 두고 디버깅하는 방법이다. 하지만 페이지가 로딩되는 순간은 디버깅할 수 없다는 단점이 있다.

두 번째 방법으로 디버깅할 페이지를 weinre 서버와 연결하는 자세한 방법은 다음과 같다. 여기서는 'http://m.naver.com'을 예로 들어 weinre 서버에 연결해 보겠다.

1. 안드로이드의 기본 브라우저에서 디버깅할 웹 페이지를 연다.

2. 디버깅할 페이지를 책갈피로 추가한다. 여기서는 구별하기 쉽게 책갈피 이름을 'weinre'로 저장했다.

3. 기본 브라우저에서 weinre 서버에 접속해 Target Bookmarklet에 있는 자바스크립트를 복사한다.

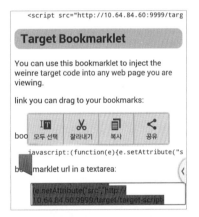

4. 저장한 weinre 책갈피를 편집해서 책갈피의 주소를 앞에서 복사한 자바스크립트로 바꾼다.

5. 디버깅할 페이지를 기본 브라우저에서 열고 weinre 책갈
피를 실행하면 weinre 서버와 연결된다.

6. weinre 서버와의 연결 작업이 진행된 후 클라이언트에서 접속한 대상 페이지의 정보를 확인할 수 있다.

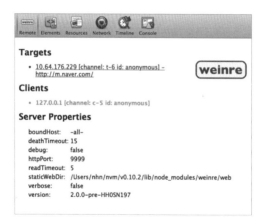

weinre를 이용해 디버깅하기

디버깅 대상 페이지와 weinre 서버가 연결됐고, weinre와 클라이언트가 연결됐다. 이제 클라이언
트에서 원격지의 페이지를 디버깅할 수 있다.

클라이언트에서 Elements 탭을 선택하면 디버깅할 페이지의 HTML 구조를 확인할 수 있다. 원
격지의 페이지에서 선택한 요소가 클라이언트에 표시되고 CSS 속성도 확인할 수 있다.

그림 C-10 weinre를 이용한 원격 디버깅

weinre 클라이언트는 중단점 설정과 같은 기능을 사용할 수 없다는 점을 제외하면 크롬과 사파리의 개발자 도구와 사용법이 같다. DOM과 CSS를 실시간으로 수정해 원격지의 페이지를 변경할 수 있으며, 자바스크립트를 실행해 값을 확인하거나 변경할 수 있다. 실제 디버깅 방법에 대한 내용은 이 책의 내용을 벗어나므로 더 자세하게 다루지 않는다.

이 장에서는 다양한 모바일 환경에서 범용적으로 디버깅하고 테스트할 수 있는 방법을 설명했다. 그러나 실제로 모바일 웹 사이트를 개발할 때는 기준이 되는 기기에 최적화된 디버깅 도구를 이용하는 편이 가장 효과적이다.

예를 들어, iOS 6 이상일 때는 Safari Remote Debugging을 사용하고, 안드로이드 4.0 이상일 때는 Chrome Remote Debugging을 사용한다. 그래야 중단점 설정과 같은 고급 디버깅 기술을 사용할 수 있다. 또한 네트워크 연결 방식이 아닌 USB 연결 방식이라서 훨씬 안정적으로 디버깅할 수 있다. 여기서는 자세하게 설명하지 않았지만 프락시 도구를 이용해 실제 운영 중인 서비스를 디버깅할 수도 있다.

도구 사용법과 디버깅 방법을 주로 설명했으나 궁극적으로는 현재 모바일 디버깅 환경을 이해하고 새로운 디버깅 도구가 나왔을 때 적극적으로 활용할 수 있는 능력을 키우는 것이 더 중요하다. 이 책에서 설명한 디버깅 도구 말고도 훌륭한 디버깅 도구가 많이 있고 지금도 계속 출시되고 있다. 이 책을 통해 독자가 다양한 도구에 쉽게 접근하고 활용할 수 있는 역량을 키울 수 있기를 바란다.

찾아보기

찾아보기

찾아보기